特殊兒童親職教育

何　華　國　著

美國北科羅拉多大學教育學博士
嘉義大學特殊教育學系退休教授
南華大學師資培育中心教授

五南圖書出版公司 印行

著者簡歷

何華國

臺灣省嘉義市人　民國三十六年生

學　歷

臺南師範專科學校畢業
臺灣教育學院教育學士
美國北科羅拉多大學特殊教育碩士
美國北科羅拉多大學教育學博士

經　歷

曾任　國民小學教師、教務主任
國民中學益智班教師、輔導教師
臺灣教育學院特殊教育系副教授兼特殊教育中心主任
臺南師範學院特殊教育學系教授兼系主任
澳洲昆士蘭大學訪問學者
嘉義大學特殊教育學系退休教授
南華大學師資培育中心教授

著　作

智能不足國民職業教育
高雄復文圖書出版社，民 71
特殊教育：普通班與資源教師如何輔導特殊兒童（編譯）
臺北五南圖書出版公司，民 71
傷殘職業復健
高雄復文圖書出版社，民 80
啟智教育研究
臺北五南圖書出版公司，民 94
人際溝通
臺北五南圖書出版公司，民 94
特殊兒童心理與教育
臺北五南圖書出版公司，民 93

◇ 序 ◇

近代學校教育的蓬勃發展，並未減低家庭教育對兒童發展的重要性。然而，身爲家庭教育主要掌舵者的父母，卻常見其有「父母難爲」之嘆。要作爲一般兒童稱職的父母固然不簡單，而想扮演好特殊兒童父母的角色又豈是容易。一般兒童的父母需要親職教育，特殊兒童的父母對親職教育的需求應該更爲迫切。其理由十分簡單，特殊兒童比一般兒童對家庭可能帶來更大的壓力與挑戰，也可能使爲人父母者更傷腦筋，而期盼獲得更多的協助與支持。

特殊兒童親職教育者，乃是透過教育的過程以協助特殊兒童父母扮演好親職的角色。特殊兒童父母所要扮演的親職角色，也因其所面臨的壓力與挑戰而具有特殊性。特殊的親職角色需求，當然也需要有特殊的親職教育才能提供必要的幫助。

特殊兒童親職教育如欲有效地實施，對特殊兒童父母可能的問題與需求似應確切地掌握。此外，適當的親職教育策略之運用，也是成功的親職教育所必需。本書的撰寫即是以教育與輔導人員在規劃與實施特殊兒童親職教育的需要爲主要的考慮。全書計分十二章。其中緒論、親職教育理論、親職教育型態、親職教育活動之規劃，與親職教育活動之評鑑各章大致與親職教育的理念與策略有關。而家庭系統理論、家庭成員的互動關係、殘障者的福利服務、社會資源與支持系統、家長與專業人員的互動關係及家長的權利與責任各章，則涉及特殊兒童父母的問題與需求之討論。至於親職教育需求與輔導一章係針對資優、智能不足、視障、聽障、肢障及行為異常兒童家長的親職教育需求與輔導策略作綜合性的介紹。

本書各章出現的先後，大致依循從理論至實務，從一般到具體的原則，循序漸進地探討特殊兒童親職教育的相關概念。希望以這樣的呈現方式，能逐步充實有志特殊兒童親職教育的同道必要的專業知能。本書雖旨在為特殊兒童親職教育與輔導人員而撰寫，而對欲扮演好特殊兒童父母角色職分的家長而言，本書亦同樣可提供有用的資訊。

本書的撰寫從資料蒐集至撰稿完成，前後雖歷經兩年，其中尚包括教授休假一年的大半時間。然由於作者的不揣譾陋，對本書的撰述雖勉力為之，疏失或難倖免，尚祈親職教育同道不吝指正是幸。

何華國　謹誌

民國八十五年七月十二日

於臺灣諸羅城寓所

◇目　次◇

序

第一章　緒論　1～16

第一節　社會變遷與家庭教育功能　2

☞家庭的性質與功能　2

☞社會變遷對家庭教育功能的影響　4

☞面對社會變遷教育人員應有的認識　6

第二節　親職教育的意義　7

☞親職教育的涵義　7

☞親職教育與親職治療之區別　9

第三節　特殊兒童家長需要親職教育　11

☞特殊兒童親職教育之必要性　11

☞特殊兒童親職教育之重點　13

第二章　家庭系統理論　17～46

第一節　家庭系統的涵義　18

☞家庭系統的概念　18

☞家庭系統的層次　20

第二節　家庭系統理論簡介　23

☞多元架構模式　23

☞社會生態模式　36

☞壓力理論模式　41

☞家庭適應模式　43

☞社會支持模式　44
☞對家庭系統理論之評價　46

第三章　家庭成員的互動關係　47～74

第一節　殘障兒童對家庭的影響　**48**
☞殘障兒童的問題與需求　48
☞殘障兒童對家庭的衝擊　49

第二節　父母與殘障子女的關係　**53**
☞父母面對家有殘障可能的防衛機制　53
☞父母面對家有殘障的調適過程　55
☞如何協助父母接納殘障子女　59

第三節　祖父母與殘障孫子女的關係　**61**
☞祖父母面對家有殘障的反應　61
☞祖父母的角色與影響因素　62

第四節　兄弟姊妹與殘障同胞手足的關係　**65**
☞殘障同胞手足對其兄弟姊妹的影響　65
☞影響同胞手足適應家有殘障之因素　68

第四章　親職教育理論　75～142

第一節　艾德勒學派的親職教育理論　**76**
☞親職教育的理論基礎　76
☞親職教育的實施策略　84

第二節　吉諾特的親職教育理論　**87**
☞親職教育的理念　87
☞親職教育或輔導的實施策略　92

第三節　高登的親職教育理論　**100**
☞親職教育的理念　100
☞親職教育的實施內容　103

第四節　溝通分析的親職教育觀　114
☞溝通分析理論要旨　114
☞溝通分析在親職教育上的應用　126
第五節　行為學派的親職教育觀　130
☞行爲學派對行爲改變的觀點　130
☞行爲改變技術在親職教育上的應用　135
第六節　對親職教育理論之評價　139
☞親職教育理論之比較　139
☞對親職教育理論應用之評價　141

第五章　親職教育型態　143～156
第一節　親職教育的實施型態　144
☞親職教育型態的多樣性　144
☞團體與個別性的親職教育　146
☞家庭與機構本位的親職教育　151
☞開放與結構性的親職教育　153
第二節　親職教育型態之選擇　154
☞親職教育型態之比較　154
☞選擇親職教育型態應有的考慮　155

第六章　殘障者的福利服務　157～202
第一節　我國殘障者的福利服務　158
☞福利服務的供給內容　158
☞接受福利服務的條件　162
☞殘障者接受福利服務條件的評估　163
第二節　美國殘障者的福利服務　165
☞對殘障者的服務供給內容　165
☞接受服務的條件　169

☞殘障者接受服務條件之評估　169
第三節　日本殘障者的福利服務　**183**
☞對殘障者的服務供給內容　183
☞接受服務的條件　191
☞服務需求的評估措施　191

第七章　社會資源與支持系統　203～222
第一節　社會支援對殘障者的重要性　**204**
☞殘障導致的家庭困難　204
☞社會資源與支援系統對殘障者之重要性　206
第二節　社會資源與支持系統的類型與運用　**208**
☞社會資源與支持系統的類型　208
☞社會資源與支持系統的運用策略　216

第八章　家長與專業人員的互動關係　223～260
第一節　家長與專業人員的互動關係之性質　**224**
☞殘障者的家長需要專業人員的協助　224
☞專業服務需要家長的參與　225
☞家長與專業人員需要發展合作的互動關係　226
第二節　家長與專業人員之互動問題　**227**
☞家長與專業人員互動關係的基礎　227
☞家長與專業人員的衝突　234
☞造成家長與專業人員衝突的因素　237
第三節　促進家長與專業人員的良好互動關係　**242**
☞有助於發展家長與專業人員合作關係之理念　242
☞促進家長與專業人員有效溝通之策略　249

第九章　家長的權利與責任　261～274

第一節　美國特殊兒童家長之權利與責任　**262**

☞美國特殊兒童家長之權利　262

☞美國特殊兒童家長之責任　264

第二節　我國家長之權利與責任　**267**

☞我國家長之權利　267

☞我國家長之責任　269

第十章　親職教育活動之規劃　275～288

第一節　我國學校親職教育之發展方向　**276**

☞家長接受親職基礎教育　276

☞鼓勵家長參與特殊子女教育　277

第二節　親職教育活動之規劃過程　**281**

☞親職教育活動之規劃原則　281

☞親職教育活動之規劃程序　283

第十一章　親職教育需求與輔導　289～328

第一節　資優兒童親職教育需求與輔導　**290**

☞資優兒童親職教育需求　290

☞資優兒童親職教育與輔導　295

第二節　智能不足兒童親職教育需求與輔導　**300**

☞智能不足兒童親職教育需求　300

☞智能不足兒童親職教育與輔導　304

第三節　視覺障礙兒童親職教育需求與輔導　**309**

☞視覺障礙兒童親職教育需求　309

☞視覺障礙兒童親職教育與輔導　311

第四節　聽覺障礙兒童親職教育需求與輔導　**314**

☞聽覺障礙兒童親職教育需求　314

☞聽覺障礙兒童親職教育與輔導　318
第五節　肢體障礙兒童親職教育需求與輔導　**319**
☞肢體障礙兒童親職教育需求　319
☞肢體障礙兒童親職教育與輔導　321
第六節　行為異常兒童親職教育需求與輔導　**322**
☞行爲異常兒童親職教育需求　322
☞行爲異常兒童親職教育與輔導　323

第十二章　親職教育活動之評鑑　329～344

第一節　教育評鑑的基本概念　**330**
☞評鑑的意義　330
☞教育評鑑的類型　332
☞教育評鑑的過程　336
☞影響教育評鑑過程之因素　338
第二節　實施親職教育活動評鑑應有的考慮　**339**
☞評鑑目的的確立　339
☞評鑑範圍的決定　340
☞評鑑人員的選擇　342
☞評鑑資料的蒐集與分析　342
☞評鑑結果的應用　343

參考文獻　345～366

索引　367～388

一、人名部分　**367**
二、名詞部分　**379**

第一章

緒論

第一節 社會變遷與家庭教育功能

一、家庭的性質與功能

家庭是社會組成的重要次級系統（*subsystem*），也是一個人成長、發展與安身立命的重要憑靠。人們對家庭倚賴的情況，或許大同小異，但生活在同一屋簷下的家庭成員，其組成關係卻可能不盡相同。一般而言，吾人習慣上把以婚姻和血緣關係（包括血緣關係補充形式的收養關係）為紐帶，而具有一定社會功能的生活共同體，稱作家庭（畢誠，民*83*）。家庭的組成固以生物學（血緣）與法定（如婚姻、收養）關係為常態，然而仍有出自不正常的結合（*irrational attachment*）之情形（*Karpowitz, 1980*）。

從家庭成員的的結構來看，家庭這一社會的次級系統，最常見的型態有下列幾種：

1. 小家庭（*nuclear family*）：小家庭又稱為核心家庭。小家庭的成員頂多包括父母與子女這兩代。

2. 大家庭（*extended family*）：大家庭的成員除了父母與子女這兩代外，也可能包括了祖父母、伯、叔、伯母、嬸母、姑、姪等。其成員係由核心家庭延伸擴大而來。

3. 單親家庭（*one-parent family*）：這是家中只有父或母，以及最少有一個子女的家庭。

4. 重組家庭（*reconstituted family*）：有子女的人離婚後如又再

婚，這樣所形成的家庭即為重組家庭。

不管是哪一種家庭型態，家庭在作為其成員生命的堡壘，以滿足其成員生理、心理與社會等的需求之作用，並無二致。吾人如將家庭在滿足個人需求的功能加以具體的區別，大致可再分為下列九種家庭功能類型（*Skrtic, Summers, Brotherson, & Turnbull, 1984; Turnbull & Turnbull, 1986*）：

1. 經濟的功能（*economic functions*）：家庭本身可視為一個消費與生產的單位。家庭這種經濟的功能大抵涵蓋了所得的獲取、勞務的分配、各種費用的支出等。

2. 健康保育的功能（*health care functions*）：健康保育的功能牽涉至廣，如飲食、衣物、居處的供給、孩子的養育與照顧、安全與健康的維護、交通的接送等皆是。

3. 休閒的（*recreational*）功能：家庭應該是可以作為其成員擺脫各種工作壓力，休養生息，再重新出發的地方。家庭的休閒功能常可見諸其成員對興趣與嗜好的追求。

4. 社會化（*socialization*）的功能：家庭成員的許多價值觀、態度、信仰、人際交往的技巧等，皆可能從家庭這樣的環境中學得。

5. 自我認定（*self-identity*）的功能：家庭成員經由家庭內外的人際接觸及互動關係，將可逐漸發展出其自我形象（*self-image*）、自我認定、自我價值（*self-worth*），以及其在眾人心目中的地位之感覺。

6. 情意（*affection*）的功能：家庭的環境有機會讓其成員學習如何表達愛意與喜悅，並幫助其克服憂慮、苦痛、怨怒與罪惡感，以及逐漸獲致情緒的成熟（*emotional mastery*）。此外，家庭也提供其成員必要的養育與支持的環境，並培養其屬於感（*a sense of belonging*）與親子手足之情。

7. 輔導（*guidance*）的功能：家庭在發揮其對成員的輔導功能時，多透過賞罰的運用去規範個人的行為，同時也經由回饋（*feed-*

back）的提供，以協助其成員解決日常所面對的問題。因此，家庭在輔導其成員時，事實上是扮演一種控制團體（*a control group*）的角色（*Caplan, 1976*）。

8. 教育（*education*）的功能：家庭的教育功能主要包含兩種意義。一方面家庭為有效發揮其各種功能，它須汲取外界的有關資訊與知能；另一方面它也須對其成員善盡分享資訊與教導的責任。

9. 職業的功能（*vocational functions*）：家庭對其成員的職業功能，最主要是表現在培養工作倫理（*work ethic*）與在生涯抉擇（*career choice*）的協助方面。

家庭的功能雖可區分為上述九種，但這些功能中尤以教育的功能特別凸顯。甚至吾人亦可認為社會化、自我認定、情意、輔導、職業等的功能，皆是廣義的家庭教育功能的一環。由此可見，家庭教育確為家庭的重要功能，其成敗應關乎整個家庭的興衰。

二、社會變遷對家庭教育功能的影響

家庭教育者，乃是在家庭中所實施的教育。此種教育通常多指父母或其他長輩對子孫晚輩所進行的教育，同時也指家庭成員之間的相互影響（畢誠，民 *83*）。不過，家庭教育功能的發揮，卻與整個社會大環境的變遷息息相關。社會變遷對家庭教育功能之影響，吾人似可從農業社會與工商社會的家庭所顯現的差異，而見其端倪。

大體而言，在農業社會的家庭多會表現下列這幾方面的特色：

1. 大家庭是主要的家庭型態：家庭即是其成員的教育、經濟與社會活動的中心。

2. 家長負有教育子女的主要責任：我國自古以來即有所謂「子不教，父之過」的話。此外，在十七世紀中葉，美國的麻塞諸賽海灣殖民地（*Massachusetts Bay Colony*）曾有家長如教育子女不力會被罰款的規定（*Simpson, 1982*）。這些皆在表明家庭教育受重視的程度。

3. 家中長輩多扮演成人典範（*adult models*）之角色，藉以傳遞家庭與社會共同信守的價值理念。

4. 家庭與社會的價值觀與對行為的規範，具有高度的共同性。

5. 婦女（母親）多扮演促進家庭經濟活動、照顧子女，並協助教養、文化活動等角色。

6. 家中子女的養育多有祖父母、伯、叔、姑、嬸、伯母等長輩之幫忙。

至於在工商社會的家庭則可能出現下列的特徵：

1. 有許多原在農村居住的家庭有向都市移動的趨勢，也使得家庭成員的居家生活空間日益縮小。

2. 多數的家庭為小家庭，與祖父母等長輩同住者日漸減少；另一方面，由於離婚率的升高，單親與重組家庭卻日漸增加。

3. 在都市化的生活中，雖人們在住的空間上相當靠近，但彼等的家庭生活型態卻日益孤立。

4. 受僱就業是獲取生活所需的主要途徑。

5. 由於家庭生計的需要，使得婦女與兒童也投入產業活動的行列。且家庭中雙親皆就業者已成常態。

6. 婦女持家與教養子女之角色，已不若農業社會那樣受到重視；且純粹的家庭主婦之社會地位也大不如前。

7. 男人逐漸成為家庭生計的重要憑靠，一家之主的地位已然成形；但其在家中的影響力也會因不經常在家而下降。

8. 兒童由於多生活於小家庭之中，父母又忙於工作，其接受成人家庭角色典範（*adult family role models*）的機會就相對減少。同時，多數父母對教養子女的社會責任觀日漸淡漠，而同儕對兒童的影響力卻日益增加。

9. 多數家長皆希望學校能發揮原本是家庭所扮演的教育功能。

10.家庭已不再是一個自足性的實體（*a self-sufficient entity*），可以像農業社會一樣全家大小一起工作，以提供其成員安全的經濟生活，同時在教育、社會與道德倫理方面，也可獲致發展的機會（*Simpson, 1982*）。

過去的農業社會與當今的工商社會兩者之間最大的差別，可說是表現在經濟活動的型態方面。在農業社會中，家庭往往成為一個自足性的經濟體，連帶地家庭成員的教育與社會活動也多半以家庭為中心。可是由農業社會轉變為工商社會後，產業活動的分工成為主流，經由受僱以獲取生活資源變成常態，家庭成員之間彼此感通互動的機會較諸以往相對減少，家庭教育所表現的功能也大不如前。社會變遷對家庭教育功能的影響，一方面固來自客觀產業分工的衝擊，造成對家庭這一生命共同體內在凝聚力的崩解；另一方面也多出自父母主觀上不再對親自教育其子女的責任有所堅持。這種因社會變遷而導致家庭教育功能的式微，應是一種遺憾，而非理所當然。正由於今日家庭教育功能的普遍不彰，也就更顯出家庭教育有更加強化的必要。

三、面對社會變遷教育人員應有的認識

我國由過去的農業社會，逐漸轉變成今日以工商業為主流的社會。這種社會變遷固然帶來國民所得普遍提高，但也造成家庭型態起了變化，家庭教育功能式微的現象。面對變遷中的社會，身為教育人員除應肯定家庭教育是整體國民教育不可或缺的一環外，似仍應有下列的基本認識：

1. 社會再怎樣的變遷，家庭仍會是人們所憑恃的重要社會生活單位，且繼續發揮其重要的社會功能。

2. 社會的變遷可能也帶來家庭型態的變遷，因而教育方案的設計，也須相對應變，以滿足家長與學童的教育需求。

3. 社會變遷也會引發家庭的遷移，使得許多家長與學童將非永久性的社區成員。

4. 社會上的高離婚率將可能持續下去，使得家庭結構與型態很難穩定持續，而影響家庭教育功能的發揮。

5. 家長與學校教育人員在教育態度與價值觀方面會有歧異的現象，應不足為奇。

6. 許多家長可能會有一種刻板印象，認為兒童的教育與社會化是學校不可推卸的責任。

7. 無論社會如何變遷，教育要發揮實效，一定要有家長的參與。

8. 教育人員固然應了解家長在生活型態與價值觀方面的個別差異現象，但對自己的價值觀與行事態度也須有自我了解。惟有在知己知彼的情況下，才可能去影響學童與輔導家長。

面對社會的變遷與家庭教育功能的式微，學校教育雖然有其功能，但學校教育究竟並非教育的全部，家庭教育的功能也非學校教育所可取代。然而家庭教育功能的振衰起敝，則應從加強親職教育入手。在親職教育的推展上，學校教育人員似可有相當的角色扮演空間。

第二節 親職教育的意義

一、親職教育的涵義

家庭教育的良窳既關乎家庭的興衰，而親職教育又是成功的家庭教育所必需。因此，吾人對親職教育有正確的認知，應是十分重要的。

「親職教育」（*parent education*）一詞常被界定為是一種「如何當父母的教育」（*instruction on how to parent*）。范恩（*Fine, 1980*）認為親職教育指的應是有組織的教育方案，而不是那種非正式的家長聚合。范恩也進一步指出，親職教育應是一種有系統且具理念基礎的教育方案，用以對其參與者提供親職方面（*aspects of parenting*）的資訊、認知或技能。范恩認為大部分的親職教育方案所要達成的目標，實不離乎下列這幾方面：

1. 幫助家長對自我有更多的認知。
2. 協助家長運用有效的管教方法。
3. 增進親子的溝通。
4. 鼓勵家庭成員更能分享相處的和樂。
5. 提供家長有關兒童發展的有用資訊。

藍采風與廖榮利（民 *71*）對於親職教育的涵義曾指出：

> 親職教育的涵義有二個層次。第一個層次指目標——如何成爲成功的父母親；如何扮演爲人父母的角色。第二個層次指方法——如何透過教育的方式來達到上述目標；如何以學習的方式來改變父母角色的表現；如何以團體討論的方式來領悟爲人父母的樂趣與苦衷等。親職教育不僅包括父母角色的學習，也應包括祖父母角色的學習。（*89* 頁）

林清江（民 *75*）認為親職教育有廣義與狹義雙重意義；廣義的親職教育是在培養所有（包括現在與未來）的父母成為健全的父母，而狹義的親職教育則針對某些不健全的父母而實施，以幫助其改進教養方式，使成為健全的父母。因此廣義的親職教育所強調的乃是教育的功能，而狹義的親職教育，則是偏向治療的功能。

李利與卓漢尼（*Lillie & Trohanis, 1976*）列舉出在親職教育中所提供的服務可以包括下列四大範疇：

1. 提供社會與情緒的支持。

2. 資訊的交換。

3. 鼓勵家長的參與。

4. 改善親子的互動關係。

此外，柯洛斯與歐鐵尼（*Kroth & Otteni, 1983*）認為，在親職教育中似可涵蓋下列三方面的活動：

1. 協助家長找尋社區的資源。

2. 為家長舉辦研習會與討論會，並成立支持性團體（*support groups*）。

3. 針對個別家長的需求，以提供必要的資訊與協談服務。

從前述所提及的親職教育之性質、目標、功能、方法、活動內容等來看，吾人不難了解，所謂親職教育應是以父母等家中長輩為對象，以協助彼等學習如何善盡親職的一種教育過程。由於每一個家庭的情況不同，為人父母（或親長）者對親職教育的需求也可能各異。因此如何針對為人父母者親職教育需求的個別差異現象，設計合宜的教育內容與方法，是實施親職教育所須慎重考慮的。

二、親職教育與親職治療之區別

為了培養健全的父母使彼等能善盡親職，以充分發揮家庭教育的功能，也許對於大多數為人父母者，運用教育的途徑已可收效。不過，對於少數父母而言，可能更需要採用治療的方法，才能產生預期的結果。因此親職治療（*parent therapy*）乃應運而生。

親職教育與親職治療的對象雖同為為人父母的家長，但兩者是有相當差別的。范恩（*Fine, 1980*）指出親職教育與親職治療的歧異之處，大致有下列這幾方面：

1. 實施的人員方面：親職教育人員的背景一般而言異質性較高，如教師、牧師、護士、輔導員等，皆可透過親職教育的訓練而成為親職教育人員。親職治療人員則多由精神病學家（*psychiatrists*）、心理學家（*psychologists*）與社會工作者（*social workers*）擔任。在美國，有許多州皆規定親職治療人員須取得專業證照方能執業，但親職教育人員就少有這種規定。

2. 實施人員與實施對象的關係方面：親職教育人員主要的興趣在於親職知能的分享與實際親職問題的解決，而較少涉入家長個人問題的處理。事實上，親職教育人員在處理嚴重的個人或家庭問題的能力也可能有所不逮。至於親職治療人員則通常相當重視與被治療者關係的建立，因兩者具有良好而信賴的關係，是使親職治療產生效果的必要條件。

3. 時間的限度方面：親職教育的時程多半已預先安排，然後按進度實施，因此在時間上是有相當限制的。親職治療則多半不會對治療的時程加以設限，除非治療者或被治療者想終止治療關係。

4. 團體成員介入的深度方面：親職教育與親職治療皆可能採用團體的方式加以實施。不過兩者在團體成員的介入深度方面並不相同。親職教育團體的成員在涉入團體過程的深度方面多半是加以限制的。親職教育人員可能會扮演較為保護與結構性的角色（*structuring role*）去處理團體成員的互動關係。然而，在親職治療的團體，治療人員往往把其團體成員當作整個治療過程中不可缺少的部分。因而團體成員相互對質、勸說與支持的情形，並不足為奇。他們介入團體過程的深度就較少加以設限。

5. 目標方面：親職教育的目標，乃希望從親職知能的提供，以改變為人父母者的行為。在整個教育過程中可能會涉及價值澄清與價值衝突的解決，但並不企圖去改變受教者的人格。至於親職治療的目標，則可能因治療理論的不同而有出入。有強調人格重組（*perso-*

nality reintegration）者〔如動力治療（*dynamic therapies*）〕，也有專注於學習適當的行為，而消除不適應的行為者〔如行爲治療（*behavioral therapies*）〕。

6. 處理問題的廣度與深度方面：親職教育對為人父母者問題的處理，往往將重點置於提供親子互動中應有的知識與技巧為已足，而多忽略這些父母本身所潛藏的問題。親職治療對問題的處理往往是全方位且較深入的。例如，有些會虐待兒童的父母，可能在小時候即常有受虐的經驗，他們內在的心理問題其實是源遠流長的。對這樣的父母，如果以親職教育的方式，可能只是教他們一些溝通的技巧，以及如何自我節制而已，卻未必注意到他們本身嚴重的心理困擾問題。同樣的這種兒童受虐問題，親職治療所採取的策略，則不僅僅是傳授為人父母者適切的親職技巧（*parenting skills*），更企圖去處理這些父母本身潛藏的困擾。

第三節 特殊兒童家長需要親職教育

一、特殊兒童親職教育之必要性

特殊兒童跟普通兒童一樣有著許多共同的身心發展需求。普通兒童的父母如受過良好的親職教育，必有助於這些父母為其子女提供適切的家庭教育，從而奠定堅實的發展根基。特殊兒童之所以有別於普通兒童，在於其往往具有獨特的教育需求。這種特別的教育需求對其父母而言，當然也構成特別的壓力與挑戰。特殊兒童的父母如果要善盡教養與輔導其特殊子女的責任，其對親職教育之迫需，似較之普通兒童的家長有過之而無不及。特殊兒童親職教育之必要性，概而言之，似有下列數端：

1. 由於社會的變遷導致家庭教育功能的衰微。這種情形不只是普通兒童的家庭如此，特殊兒童的家庭更不例外。如何發揮特殊兒童家庭教育的功能，親職教育的加強應不失為適當的選擇。

2. 目前國內由於升學主義盛行，生涯教育的理想並未落實，在現有的教育體系並未能提供足夠的親職教育知能的情形下，一般國民對如何做父母與善盡親職多感茫然。正式的教育體系對親職教育既已疏漏在先，補救性的親職教育也理當追加於後。

3. 特殊兒童的出現，對其家庭莫不產生重大的衝擊，此種情形，尤以殘障兒童為然。家庭出現殘障子女時，家長如何自處與面對，捨親職教育，應無終南捷徑。

4. 特殊兒童的教育有賴家長的配合才能發揮實效。而家長如何配合學校特殊教育的實施，則有賴透過親職教育去溝通特教觀念，並培養適切的教養態度與知能。

5. 處於國內這種多元化的社會，教師與家長在教育觀念上需要溝通。學校教育人員與家長的教育態度與觀念如未能一致，則對學童的教育工作收效不易。為期教師與家長的教育觀念不致南轅北轍，透過親職教育的管道，也許是一個適當的互動與溝通的機會。

6. 特殊兒童如遭遇到諸如虐待、單親家庭、重組家庭等特殊境遇，則其家長接受親職教育的需要，將更加凸顯。因為這些兒童有可能受到不當的對待或缺乏關愛，對其發展顯然不利。扭轉挽救之道，惟賴實施家長親職教育，方能有助於這些特殊兒童成長環境的改善。

7. 我國的教育與福利法令已課以家長參與子女教育之責任。如「強迫入學條例」（民國 71 年公布）第六條即規定：適齡國民之父母或監護人有督促子女或受監護人入學之義務，並配合學校實施家庭教育。另外，「兒童福利法」（民國 82 年修正公布）第三條也規定：父母、養父母或監護人對其兒童應負保育之責任。同時，在特殊教育的實施過程中，從特殊兒童的篩選、鑑定、安置、個別化教育規劃，直到實際的教學與輔導，也莫不要求家長能積極的參與，方能彰顯特殊教育的效果。家長參與之道為何？惟賴提供親職教育加以善導耳。

最近教育部（民 84）所發表的「中華民國身心障礙教育報告書」，特別提到家長參與障礙兒童的教育是義務也是權利。同時該報告書亦指出，如何保障家長參與障礙兒童教育的權利並建立參與的制度，使家長能充分參與，與學校共同為身心障礙學生的成長並肩作戰，充分發展身心障礙學生的潛能，實為今後應加努力的重點。由此可見，鼓勵家長參與特殊教育，以提昇教學效果，已是政府的教育政策。然而，欲落實家長參與，以實質提昇特殊教育的效果，就須將家長視為特殊教育夥伴，透過親職教育，以充實其必需的特教知能，方有助於彼等和學校教育人員協力合作，共同為特殊教育而努力。事實上，特殊兒童親職教育的必要性，也就源自家長配合與參與特殊教育的需要上。惟有經由適當的親職教育，方可一方面強化特殊兒童的家庭教育功能，另一方面增進家長配合與參與學校特殊教育的意願與能力，從而提供其特殊子女有更好的發展機會。

二、特殊兒童親職教育之重點

特殊兒童親職教育既有其必要性，接著需要考慮的是對特殊兒童家長的親職教育之重點或內容該如何的問題。特殊兒童家長由於彼此在家庭背景、子女殘障狀況、本身教育程度等方面難免存在著明顯的歧異性，因此其親職教育的需求也可能不同。不過，吾人如對這些家長的親職教育需求以存同納異的眼光去看，可發現特殊兒童親職教育仍有其重點在。

辛普森與朴布林（*Simpson & Poplin, 1981*）認為教育人員在對特殊兒童家長實施親職教育，以輔導彼等參與特殊教育時，一般會包括下列幾個重點：

1. 家長應了解特殊教育法令，特別是有關家長與學校的權利和責任方面。這些皆是家長有效參與特殊教育及扮演子女權利維護者（*advocate*）的角色所必需。

2. 家長應熟悉學校的教職員與特殊教育的工作程序，如此方能了解參與特殊教育的途徑。

3. 家長應了解對殘障者有影響的重要政策之制定，多與家長團體（*parent groups*）的爭取有關。因此家長挺身而出為其子女的權益而努力是十分重要的。

4. 應輔導家長認識到他們對特殊教育的參與，將有助於對其特殊子女提供較好的教育服務。家長也應認識到這種參與及與學校教育人員維持良好溝通的重要性。

5. 應減少家長與學校教育人員接觸時經常出現的焦慮與恐懼。同時在親職教育中也應訓練家長參與有關會談和會議的具體方法。

6. 應訓練家長有能力去找到與分享他們想得到或傳播的資訊。因為要是能培養家長具有有效的溝通技能，則他們對其子女的特殊教育方案將比較有機會去做有利的改變。

辛普森與朴布林所提的前述這些特殊兒童家長親職教育的重點，很顯然是從家長參與特殊教育的過程所需具備的知能為著眼，其性質應屬「參與過程」的知識。家長獲得這些知能後，對如何參與特殊教育，應可知所遵循。不過，特殊兒童的親職教育，應不以前面所提的內容為限。包爾思與布魯伊（*Powers & Bruey, 1988*）曾從家族治療（*family therapy*）的觀點，指出吾人如欲協助家有殘障的家庭獲致正常的家庭生活功能，則應將下列的輔導目標列入考慮：

1. 能對初步的殘障診斷培養出健康的反應態度。

2. 能促進家庭成員在橫向聯繫與縱向（長輩與晚輩）的溝通上形成有機的組織，去面對家有殘障的事實，並解決可能引發的問題。

3. 協助開發與維持包括大家庭與社區支持系統在內的社會資源網絡，以對有殘障者的家庭提供必要的輔助。

4. 教導並協助殘障者的家庭去取得所需的服務資源。

5. 協助培養對殘障權益的護持技巧（*advocacy skills*），並學到護持的方法與過程，以衛護殘障家人應有的權益。

前述包爾思與布魯伊所列的對殘障者家庭的輔導重點，似著眼於面對殘障的心理調適、家庭內外資源的運用及護持技巧的學得等。這些不只可作為殘障者家族的輔導要項，更應列為親職教育的必要內容。

本書主要係為有意實施特殊兒童家長親職教育的特殊教育人員而撰寫。因此，特殊兒童家長所應知道的，特殊教育人員固應就其本身的專業領域不斷充實精進，同時為對特殊兒童家長提供有效的親職教育與輔導，特殊教育人員更應對親職教育與家庭系統有關的理論、親職教育活動的規劃與評鑑，以及特殊兒童親職教育的問題與輔導等有所了解。辛普森與朴布林（*Simpson & Poplin, 1981*）以及包爾思與布魯伊（*Powers & Bruey, 1988*）所提的特殊兒童親職教育重點和殘障者家庭的輔導重點，其性質多偏向於從實質的服務需求內容去考慮。可是以特殊教育人員為對象的「特殊兒童親職教育」課程，不只應讓特殊教育人員了解特殊兒童家長的需求是「什麼」（*what*），更應明白「為何」（*why*）家長會有這些需求，「如何」（*how*）去了解家長的需求，以及如何方能滿足他們的需求。本書的撰寫即是以上述的問題或向度為架構，希望能提供特殊教育人員理論與實務兼顧的特殊兒童親職教育內涵。

第二章

家庭系統理論

第一節 家庭系統的涵義

一、家庭系統的概念

家庭通常是一種至少二人以上經由血緣、婚姻或其他關係，而共同生活的團體（黃迺毓，民77）。家庭這種團體不管其成員多少，它本身即是一個有機的系統（*system*）。這種家庭成員構成一個系統的情形，似好有一比。如果我們用一條繩子將數人綁在一起後，要求其中一人去做某件事情，這時將有牽一人而動全體的現象發生。此即為系統理論（*systems theory*）的基本概念。因此，家庭系統（*family system*）的重要特徵，即是這種牽一髮而動全身的交互影響的關係。米努欽（*Minuchin, 1974*）對於家庭互動的性質就指出：

> 個人影響他的周遭，也受到周遭不斷發生的互動事件所影響。生活在家庭中的個人，是社會系統中的一個成員，他必須應對這個社會系統。他的行動是由這個系統的特質所支配。而這些特質包括他自己過去行動的影響。個人對這個系統其他部分的壓力作反應，而這些壓力他是要調適的；他也可能使這一系統的其他成員明顯地感受壓力。這樣的個體是可以當作一個子系統或系統的一部分加以看待，不過整體的系統是必須加以考慮的。（*P.9*）

米努欽上述的看法，就在強調家庭成員彼此之間不可逃避的互動關係，對某一成員有影響者，也必定會對其他成員帶來影響。馬國最和傑森（*McGoldrick & Gerson, 1985*）的看法也和米努欽的觀點頗為一致，他們認為：

> 家庭成員的生理、社會與情緒功能係深深地相互依存的，只要這一系統的某一部分有變化，即會在此一系統的其他部分有所回響。此外，家庭的互動與關係是傾向於高度相互、仿效與重複性的。（*P.5*）

此外，史多恩曼與布羅地（*Stoneman & Brody, 1984*）也認為家庭社會化（*family socialization*）與發揮其功能時是有其系統性存在的，而這種家庭系統是基於下列三個假設：

1. 家庭本身包含幾個不同的子系統（*subsystems*），這些子系統會相互影響。例如，核心家庭（*nuclear family*）可再分成配偶、子女、親子等子系統。任何一個子系統的變化皆被認為會對家庭的其他子系統產生影響。

2. 家庭系統之互動是一種雙重過程（*dual-process*）、相互影響的模式（*reciprocal influence model*）。配偶、親子或子女間連續性的互動，不僅影響家庭成員目前的行為，也會影響未來互動關係的型態。例如，一般人總以為孩子的行為是父母教養態度的反映，殊不知孩子的行為與身心特質如性情、依賴性、親善性、攻擊性、外貌、年齡、性別等，也皆可能影響其父母教養孩子的行為（*child-rearing behavior*）。

3. 家庭成員所承擔的角色，某種程度上決定了彼等在家庭互動的過程中之行為。家庭成員在家中所扮演的角色是相當多樣化的，也因而形成不同的角色關係。例如，父母可能擔任照顧者、教師、玩伴、管理者等角色。子女間彼此交往互動時也扮演不同的角色。如大的孩子當與較小的孩子共同遊戲時，可能會扮演管理者與教師的角色。不過，子女間的角色關係並不是靜止不動的，大抵上這些角色關係是會隨著孩子的成長而變化的。

二、家庭系統的層次

家庭本身是一個系統，它存在著密切的互動關係。這種家庭系統在功能的表現上，也具有不同的層次。卡波維茲（*Karpowitz, 1980*）認為這些家庭功能之層次（*levels of family functioning*）至少可分成下列四個系統。

㈠內在心理或個人子系統（*intrapsychic or personal subsystem*）

這是以單一家庭成員為單位的系統層次。這一系統層次固然會與其他家庭成員產生密切的互動關係，但它也深受個別成員內在心理因素所左右。

㈡人際子系統（*interpersonal subsystem*）

在此一系統層次中，家庭成員的互動可能扮演的角色有下列四種（*Kantor & Lehr, 1975*）：

1. 推動者（*mover*）。
2. 反對者（*opposer*）。
3. 順從者（*follower*）。
4. 旁觀者（*bystander*）。

上述的這四種角色和沙特（*Satir, 1972*）所提到的下列四種溝通型態頗為類似：

1. 責難者（*blamer*）。

2. 安撫者（*placator*）。

3. 聯繫者（*computer*）。

4. 離異者（*distractor*）。

㈢家庭單元子系統

在家庭單元子系統（*family unit subsystem*）的層次中，肯特與雷爾（*Kantor & Lehr, 1975*）認為可再分成封閉系統（*the closed system*）、開放系統（*the open system*）與隨意系統（*the random system*）三種家庭型態。這些系統皆有能力有效地運作，但各自也可能出現困難，因而阻礙家庭功能的發揮。一般而言，家庭系統會在情意（*affect*）、權力（*power*）與意義（*meaning*）這三方面定出它的發展目標。同時家庭成員也會考量時（*time*）、空（*space*）及能量（*energy*）的因素，想辦法去達成這些目標。家庭型態不同，其目標理想與達成目標的方式也會有差異。茲將封閉系統、開放系統與隨意系統這三種家庭型態分別說明於後。

1. 封閉系統：封閉系統在情意方面重視堅貞性、忠實與誠摯；在權力方面重視權威、紀律與預做準備；在意義方面強調確定、統一與清楚。封閉型的家庭為達成上述理想所採取的策略，可能會運用固定的空間、規律的時間與付出穩定的精力。

2. 開放系統：此一家庭型態在情意理想方面重視回應性、真實性、寬容；在權力理想方面重視決斷、斟酌與合作；在意義的理想方面則強調關聯、近似與容忍。開放型的家庭系統為達成這些理想所採取的接近性策略（*access dimensions*）有活動的空間、可變的時間與精力的彈性運用。

3. 隨意系統：隨意的家庭系統也同樣有其理想目標與達成目標的策略。不過隨意型的家庭系統所追求的理想與所運用的策略，可能兼有封閉與開放系統的特質，其所顯現的變異性可能是很大的。同屬隨意型的家庭系統，各自所追求的目標與所採取的策略，也不見得是一樣的。

在家庭單元子系統中雖可分為上述的封閉、開放與隨意三種家庭系統類型。這些型態只不過是顯現某一家庭單元子系統的特色。三種家庭系統類型各自就如同一個生命體（*living organism*），其全部總是大於其各部分的總和。一個家庭的成員並不僅僅是在同一屋簷下而已，他們彼此的結合已變成一個具有共同生命的有機體。因而某一個或某些家庭成員的行為，皆會對整個家庭產生影響。

㈣外在系統

所謂外在系統（*exterior systems*）是指家庭之外的那些社會系統而言。這類外在系統包括學校、教堂、寺廟、社會團體、工作單位、友朋等。家庭之外的這些外在系統對家庭及其子系統也會有所影響。

前面所提的每一種系統及子系統皆有其規範、目標與策略存在。各系統或子系統之間的介面（*interface*）即是「行動之所在」（*where the action is*）。而整個系統運作的流暢或扞格則係受各子系統間彼此應對策略所決定。由家庭系統所呈現的層次性來看，不只家庭內部可能存在多層次的互動關係，家庭與外在的社會系統也可能在交互影響。因此，吾人如欲掌握家庭系統的這些互動關係，的確需要建立適當的理論，方能對家庭系統的互動情形作有效地解釋與預測。

第二節
家庭系統理論簡介

家庭系統中存在各種不同的子系統，各子系統固然有不同的特質，隨著時空的轉移，這些特質也可能產生變遷，再加上家庭系統的內外也有許多變項存在或介入其中，使得整個家庭系統的互動，變得格外複雜。為了對家庭系統的互動關係作有效地解釋與預測，雖然需要家庭系統理論的建立，不過由於家庭系統理論的建立者可能源於觀察角度的歧異，因而會有諸多家庭系統理論的出現。本節即擬就現有重要的家庭系統理論，分作扼要介紹，盼能有助於特殊教育人員對特殊兒童家庭的了解。

一、多元架構模式

對於家庭系統理論（*family systems theory*）採多元架構（*multidimensional framework*）觀點的學者頗多（如*Skrtic, Summers, Brotherson, & Turnbull, 1984; Seligman, 1991; Turnbull & Turnbull, 1990*）。在以多元架構模式作為家庭系統理論的觀點中，最常被提及的三個要素應屬家庭結構（*family structure*）、家庭功能（*family functions*）及家庭生命週期（*family life cycle*）。史柯提、商墨斯、布惹森與滕布爾（*Skrtic, Summers, Brotherson, & Turnbull, 1984*）即曾以如圖2－1來顯示家庭系統的多元架構。在此一家庭系統的多元架構中，整個家庭系統可包括配偶、親子及子女三個子系統。這些子系統不只內在各自有互動關係存在，同時各子系統間也相互影響。吾人在考慮這些家庭子系統的互動問題時，也須注意到家庭結構、家庭功能、家庭生命週期這三個層面的因素之影響。主張多元架構模式者對家庭結構、家庭功能與家庭生命週期在家庭系統中的重要性，大致上並無異議，不過對這三個層面的概念之闡釋卻略有出入。以下將就家庭結構、家庭功能及家庭生命週期的性質與內涵分別提出說明與討論。

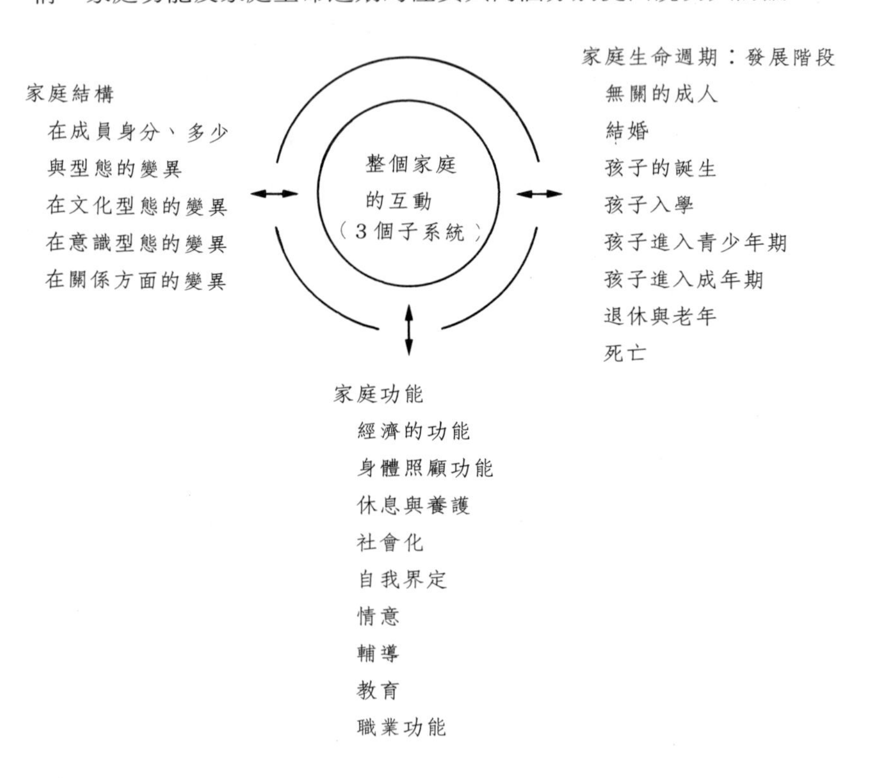

圖 2–1 家庭系統的多元架構（採自 *Skrtic, Summers, Brotherson, & Turnbull, 1984, p. 218*）

㈠家庭結構

所謂家庭結構是指會使家庭顯得突出的各種成員特質（*Seligman, 1991*）。這些特質如加以綜合歸納似可包括下列四個方面：

1. 成員特徵——

家庭成員雖有其同質性，但異質性卻也所在多見。家庭成員特徵（*membership charateristics*）的變異最常出現在其身分、多少及型態方面，茲分別舉例如下：

(1)親長之人數：如單親家庭或雙親家庭。

(2)親屬關係：如小家庭或大家庭。

(3)成員多少：如子女的人數及大家庭同住成員的人數。

(4)原本或重組的關係：如係原來核心家庭的成員，或因死亡、離婚、收養或再婚而重組的家庭。

(5)家庭成員就業情形：如失業或就業的人數。

(6)家庭成員的健康狀況：如家中有人殘障或有重大疾病皆可能對整個家庭產生顯著的影響。

家庭所表現的特徵不同，其可能的需求與所具的優勢也不一樣。而上述各項特徵的各種可能組合，即會出現許多不同的家庭型態。此外，滕布爾與滕布爾（*Turnbull & Turnbull, 1986*）也提醒我們，成員的特徵是會因家庭生命週期的變化而有所不同的。例如，一個家庭在子女尚小時與子女成年後，所顯現的特徵與互動型態應該是不一樣的。

2. 文化型態——

文化信仰一般被認為是家庭系統中最為靜態的成分，它對家庭的意識型態、互動組型與家庭功能的優先性皆有顯著的影響。家庭文化涵蓋了家庭的信仰、傳統與習慣。而可能影響家庭文化型態（*cultural style*）的，則包括種族、宗教、社經地位與居住位置（如鄉區、城區或郊區）等因素。對殘障者的接納程度一般咸信和家庭的文化型態息息相關，其中尤以宗教信仰最為凸顯。天主教的家庭似比新教徒或猶太教的家庭更能接納智障的孩子（*Farber, 1959*）。這種情形可能與天主教教導為人父母者應把智障孩子視為來自上帝的恩典，而非一種罪懲有關。此外，以文化為基礎的信仰也會影響家庭對殘障兒的調適方式，同時對這些家庭的求助能力及對照護者和照護機構的信賴程度也有影響（*Schorr-Ribera, 1987*）。

3. 意識型態——

意識型態（*ideological style*）係植基於家庭的信仰、價值與肆應行為（*coping behavior*），並受文化信仰所影響。如家庭的育兒哲學、對殘障的態度、教育態度、對獨立性的看法、工作倫理、溝通型態等，皆屬於意識型態的範疇。每一個家庭將其意識型態反映於成員的日常行為時，皆是相當特殊的。因此，來自同一文化的家庭，仍會出現相異的意識型態。不過家庭的信仰與價值觀會代代相傳，而影響其成員彼此及與外界的互動關係，卻為一不爭的事實。一個家庭的意識型態會影響父母對殘障孩子的態度，而父母的態度也會左右其他子女對殘障同胞的接納程度。在另一方面，殘障孩子也可能反過來影響其家人的價值觀，且正常子女的態度，對父母的接納或拒絕殘障同胞也會產生極大的影響。

一般而言，意識型態會影響家庭的肆應機轉（*coping mechanisms*）。所謂肆應機轉是指減輕壓力所作的任何反應。馬卡賓與派特森（*McCubbin & Patterson, 1981*），曾將肆應型態（*coping styles*）分成內在策略（*internal strategies*）和外在策略（*external strategies*）兩種，茲分述如下：

(1)內在策略：內在策略又可分成兩種方式，一為消極的估量（*passive appraisal*），認為事過境遷問題將可自行了斷；另一種稱為重新建構（*reframing*），以建設性地改變態度而適應環境。因此內在策略可說是一種充滿反求諸己色彩的肆應機轉。

(2)外在策略：顧名思義吾人可知外在策略乃是一種藉用外在奧援的肆應機轉。外在策略可再分成三種類型：一為社會支持（*social support*），此即運用家庭內外資源的能力；二為精神支持（*spiritual* support），此乃是運用宗教人士等在精神上的勸解與忠告；三為正式的支持（formal support），這是指使用社區與專業資源的能力。

由肆應機轉所產生的外顯行為，固然是吾人可觀察得到的部分，但影響一個家庭對肆應機轉選擇的卻是其較為牢固的意識型態的部分。吾人如能掌握某一家庭的意識型態，則對其肆應行為的預測與解釋就比較容易了。

4. 家庭關係——

一個家庭中可能存在配偶、親子、子女等各種子系統。每一個子系統對家庭功能的發揮皆有貢獻。各子系統在實現各種家庭功能時，彼此的互動關係也會出現變異的情形。這些家庭關係的變異常見的有以下四種情況。（Skrtic, Summers, Brotherson & Turnbull, 1984）

(1)牽連與脫解的連續性（enmeshment-disengagement continuum）：一個家庭各子系統在實現各種家庭功能時，概有一些規則去界定誰該做什麼與怎麼去做。換句話說，各子系統間在應對行事上似有界線（boundaries）存在。亦即這些界線正指出各成員與子系統彼此之間的關係。各子系統間的界線有的是十分僵化的，在溝通與家庭功能的實現上，很可能有難以越雷池一步的情形。另外也會出現子系統間的界線並未被清楚地界定，而變成瀰漫擴散的局面。米努欽（Minuchin, 1974）稱界線的僵化為脫解，而稱界線的模糊為牽連。米努欽認為牽連與脫解是一個連續體上的兩個極端，且極端的牽連與脫解皆會造成功能不彰的現象。一個家庭各子系統的界線如出現牽連不清的情形，很可能非殘障的子女會被賦予過多照顧殘障同胞兄弟姊妹的責任，以致他們無法參加學校的課外活動，或與朋友發展社交關係。由於這類家庭子系統間的界線十分模糊，家長對殘障子女往往表現出過度介入與保護的現象。這對殘障子女會有不利的影響；且家長對放手讓孩子去參與活動，也多心存恐懼，這並不利於孩子獨立性的培養。至於家庭子系統界線脫解者，殘障孩子的身心需求往往被父母或其他兄弟姊妹所漠視，以致會因缺乏家人的照護與支持而無法獲得適當的發展。功能良好的家庭似應在牽連與脫解間取得平衡；即子系統間的界線須明確界定，但應有彈性，使家庭成員間有親密感，也具有自主性。

(2)衝突與和諧的連續性（*conflict-harmony continuum*）：一個家庭的成員對某些事情的態度常會出現一致或不一致的情形，此即和諧與衝突的現象。例如，一個有殘障兒的家庭，夫妻可能會為孩子的教育安置而齊心合作的努力，或因此而怒目相向；其他正常的孩子也可能會為該由誰來照顧殘障的兄弟姊妹而爭論不休。家庭中的個別成員或子系統對某些問題的態度或看法，如出現這種衝突與和諧的情形，皆會影響彼此的互動關係。

(3)階級性（*hierarchy*）：家庭成員的階級性乃是一種被授予的相對權力（*relative power*）。因此階級性所代表的即是權力的關係（*power relationships*）。一般而言，這種權力結構係以父母的層次為最高，其餘多以年齡而定其等級（*age-graded*），也就是中國文化所謂的長幼有序是也。不過家庭成員的階級性也並非恆定的。有人可能在不同的子系統會有不同的階級地位。例如，有的孩子深受父母寵愛，他在親子的子系統中頗能享受權力的滋味，不過在子女這個子系統中很可能就權力地位極為低下。除了家庭成員明顯的人格差異因素有可能影響彼此的權力關係外，家庭成員的階級性大部分還是受到其出生序（*birth order*）所決定。事實上，人格發展與出生序也是有相關的。頭一個出生的孩子已被發現有較好的語文能力、較可能上大學、同時也比較可能被認為是資賦優異（*Forer, 1969; Terman, 1925*）。而最小的孩子則被發現比較隨意自然與具有創意（*Forer, 1969*）。此外，頭一個出生的孩子會有較強的成就動機，但其他的孩子則可能較喜於人際關係的營造（*Sinha, 1967*）。曾有人研究出生序與性別對權力策略（*power tactics*）的運用之影響，結果發現頭一個出生的男女孩子比較可能採取諸如碰撞、呼來喚去、威脅等更具攻擊性的權力策略，至於其後出生的男女孩子則可能運用諸如叫爸媽、啼哭、含怒不語、賄賂等較不直接性的策略（*Sutton-Smith & Rosenberg, 1970*）。由於所使用的權力策略之差異，當然對家庭成員在家庭權力結構中的地位會有影響。

與家庭中子女的出生序有關的尚有獨立性的問題。一般而言，較年長的子女多比較獨立，而較年幼的子女則較為依賴。因此，家長差遣兄姊看管弟妹，或弟妹有事兄姊服其勞的情形，在我國社會似屢見不鮮。不過在這樣的家庭，身為兄姊者或許會得到較高的權力地位，但其弟妹卻可能因而有較長的依賴期，以致出現言語行為幼稚而得不到適當發展的情形，就不足為奇了。

⑷角色分派（*role assignment*）：所謂角色分派是指為實現家庭功能，而對家庭成員所作的責任分配。一個人在家中所承擔的角色可能是多方面的，且在各子系統中所扮演的角色也具有差異存在。例如，年長的兒童在子女子系統中可能會扮演保護與教導弟妹的角色，但在親子子系統中卻可能又成為父母保護與教育的對象。事實上，為實現家庭的功能，父母可能會對子女要求扮演各種不同的角色，不過對角色的分派，仍視子女的階級性而定。換句話說，角色分派與階級地位是息息相關的。家庭中如出現了殘障兒，則殘障可能會影響當事人原本依其出生序應取得的階級地位與該扮演的角色。華伯與雷克曼（*Farber & Ryckman, 1965*）也特別指出，家中如有重度智障的孩子，則其兄弟姊妹會有年齡角色（*age roles*）修正的情形。因此，不管出生序為何，重度殘障兒童終究將成為家中社會階層中「最小」的孩子。勒範（*Lavine, 1977*）的研究發現，身為老大的學前盲童儘管在其弟妹中會以領導的角色自居，不過他們常不為其弟妹所信從。至於身為弟妹的盲童，則會因其本身的殘障，而更加強化其作為最小的弟妹之角色。在另外一方面，有殘障孩子的家庭，非殘障的兄弟姊妹的適應狀況倒會受到出生序的影響。例如，身為弟妹者，可能適應能力會較差，而作為兄姊者，除最大的女兒外，則會有較好的適應狀

況（*Simeonsson & McHale, 1981*）。

家庭功能與責任分派也與子女的性別角色關係密切。兄弟姊妹彼此間在性別角色的發展上多有互為影響的現象（*Sutton-Smith & Rosenberg, 1970*）。葛樂斯曼（*Grossman, 1972*）的研究發現，可能出於性別角色認同的關係，家中的非殘障子女比較容易受到同性別的殘障孩子的影響。此外，有些家庭對男女性別角色也有不同的期待，如對非殘障的男孩可能會被要求表現高度的成就水準，以補償家有殘障的事實；而女孩則被期待去承擔照顧殘障兄弟姊妹的責任。

(二)家庭功能

作為社會重要子系統之一的家庭，其之結合與存在的價值，正是它能滿足其家庭成員生理、心理、社會等各方面的需求，此即所謂的家庭功能問題。家庭在實現其功能的數量與程度，彼此不一。不過論及家庭的功能，一般似離不開下列之範疇（*Skrtic, Summers, Brotherson & Turnbull, 1984; Turnbull & Turnbull, 1986*）：

1. 經濟的功能。
2. 健康保育的功能。
3. 休閒的功能。
4. 社會化的功能。
5. 自我認定的功能。
6. 情意的功能。
7. 輔導的功能。
8. 教育的功能。
9. 職業的功能。

上述九種家庭功能的發揮，並非單一核心家庭所能竟事，家庭外的諸多團體與機構（如學校、教會等），以及其他延伸家庭（*extended family*）的成員，也常會出現攜手合作的情形。但家庭在是否及如何尋求外來協助以實現家庭功能的方面，彼此也有差異存在。此外，在發揮這些家庭功能時，其責任的承擔因家庭生命週期的不同，也可能出現在家庭內子系統彼此移轉的情形。例如，原先是由父母所執行的功能，等到父母年紀大了以後，最後可能就由子女或其他家庭成員去擔負。

一般而言，家庭中如出現殘障子女，特別是重度殘障，則勢必會增加家庭的消費性需求，卻未能相對地增進其生產的能力（*Turnbull & Turnbull, 1986*）。要是殘障的孩子住在家中的話，這對孩子的發展固然有利，但對其他家庭成員在實現某些功能方面，也不無妨礙。例如，殘障孩子的出現，就極可能改變其他家庭成員對自我的認定、減低其獲取收入的能力，並限制了彼等的休閒與社會活動。換句話說，殘障的出現對家庭而言，無疑的是一種負擔。這種負擔在大多數情況下，會導致對家庭資源的重新分配。家庭資源再分配的結果，如某些家庭功能被過分的強調，則勢必損及其他家庭功能的發揮。

㈢家庭生命週期

家庭的結構與功能會與時俱變。這些改變會影響家庭的互動情形。家庭生命週期也正代表著發展的變遷。每一發展階段皆有其發展任務。而發展的變遷（*developmental transitions*）可能是壓力，甚至是家庭功能失常的主要因素。一般而言，家庭發展的生命週期大致會經歷下列五個階段（*Karpowitz, 1980*）。

1. 結婚——

家庭發展的頭一個階段即是結婚成家。此一階段的發展任務有二：

⑴必須捨棄生身家庭作為主要的情緒支持來源。

⑵發展與配偶的關係，使成為單一最重要的支持配偶情緒之力

量。

在結婚成家的這個階段，有些夫婦有可能因未能完成其發展任務而出現問題。如夫婦之間未能有良好的溝通與調適，則妻子動輒回娘家哭訴，而丈夫在家庭經濟問題上不與妻子商量只聽從父母的意見，凡此皆顯示未能達成結婚成家階段的發展任務，而出現配偶之間互動的緊張關係。

2. 頭一個孩子誕生——

頭一個子女出生後，對家庭發展而言，是另一個具有挑戰性階段的開始。此一階段的發展任務有二：

⑴有效維持與配偶的關係。孩子出生後，夫妻為了養育子女勢必花去大半時間，因此如何繼續有效維持與配偶良好的關係，就顯得十分重要。

⑵有效發展與孩子的關係。孩子有許多身心需求需要得到父母的照顧，才可以獲得正常的成長與發展。這些需求最值得注意的如生理的需要、情緒的依附、安全與信賴感等。

在此一家庭生命週期最常見的問題，如對孩子的關照，卻疏於配偶的關係，或夫妻倆競相照顧孩子，以引起孩子對自個兒的注意。也有些夫婦結婚不久就有孩子，很可能結婚成家的挑戰尚未了結，就又出現孩子的誕生帶來的衝擊，這對家庭生活的適應，無形中會徒增困難。孩子的誕生，代表家庭成員的互動關係更趨多元。因此，如何維持或發展配偶、親子間良好的互動關係，無疑地是此一家庭發展階段的重要課題。

3. 角色的變異——

此一階段涵蓋了子女成長至成年的這一段時間。其發展任務便在改變父母的角色，以滿足成長中子女不斷變異的需求。如孩子逐漸長大後往往追求獨立與能自行作決定，父母即應逐步放鬆對子女的控制，以滿足他們獨立與作決定的發展需求。換句話說，父母對不同發展階段的子女之教養態度與方式，應該是不一樣的。父母的教養態度與方式如一成不變，無疑地將徒增困擾與難題。

4. 最小的子女離家——

此一階段的發展任務有二：

⑴能對孩子割捨，而給他們獨立的發展空間。最小的孩子離家後，父母的空虛與寂寞是難免的。父母能放手讓孩子去自行開創與發展是很重要的。

⑵再投注更多的時間與精神在與配偶的關係上。有些人如未能達成此一發展任務，即可能衍生出婚姻的危機。孩子在家時，配偶間的關係如不好，則孩子離家後，這一發展任務的達成就更加困難。儘管有些夫妻在孩子離家後想去做許多過去辦不到的事情，以充分發展自我，不過仍不應忽略須繼續與配偶維持良好的關係。

5. 失落——

當夫妻在生活中的失落（*loss*）感日趨明顯時，則已進入家庭發展的最後一個階段。失落的類型常見者諸如體能的減退、親朋好友的離逝、未來機會的喪失、認識到某些目標可能無法達成，以及在年輕人主導的文化中之不受尊重等。此一階段的發展任務，即在有效地面對失落感。吾人對老人社會心理需求的研究，也往往以此為重點。艾瑞克遜（*Erikson, 1963*）認為在此一發展階段的人們可能發展出一種完整感（*a sense of integrity*），但也可能出現一種絕望感（*a sense of despair*），端視當事人如何調適而定。如果調適良好，真正的「神仙眷屬」（*the heavenly twins*）也只有在夫妻倆達到完全成熟（*full maturity*）的此一階段，才可能辦到（*Lederer & Jackson, 1968*）。此一階段所出現的問題諸如生理的殘缺、長期的病痛、親朋摯友接二連三的離逝等，常是十分現實的遭遇，值得關心老人福利者提供適當的幫助。

以上所提代表家庭生命週期的五個發展階段，對於吾人在從事親職教育時應具有重要的參考價值。不同的發展階段，在親職教育需求上具有不同的意義。適當的親職教育方案，不只應依各個家庭不同的發展階段，提供適時的協助，同時也該未雨綢繆對未來的發展需要預作準備。上述家庭生命週期的發展階段，在實際狀況下，有時雖未必是可截然區分，且也會出現重疊或逆轉的現象（如重組家庭、家人早逝等），不過了解家庭發展的生命週期，的確有助於釐清與掌握各種不同發展階段的家庭之親職教育需求。

一般家庭的生命週期雖大致會經歷結婚、頭一個孩子誕生、角色的變異、最小的子女離家及失落這五個發展階段，但這種階段性的分法基本上還是以父母為中心的。要是家中出現了殘障的子女時，事實上也可以殘障子女為中心去了解家庭生命週期的發展狀況。家有殘障無疑的對家庭的發展是一種壓力。殘障子女的出現對家庭特別有壓力的大致有下列幾個階段（*Olson, McCubbin, Barnes, Larsen, Muxen & Wilson, 1984; Fewell, 1986*）：

1. 遭遇殘障——

發現孩子殘障的遲早，一般與其障礙的性質有關。遭遇殘障立刻的反應可能是驚嚇、失望與沮喪。因此情緒的調適就成了此一階段父母及其他家人的首要任務。同時，為獲得正確的診斷，此時亦會經常與醫護人員有所接觸。而如何將家有殘障的事實告知其他家人，以及來自殘障孩子祖父母的反應，皆是可能的壓力。

2. 兒童早期——

孩子殘障的性質與嚴重程度對家庭成員的知覺與行為會產生顯著的影響。嚴重程度越大，衝擊也就越大。當孩子進入早期處遇方案（*early intervention program*）後，某種危機意識可能會油然而生，其原因不外：

⑴家人看到其他類似殘障狀況的大孩子，不禁會想到他們的殘障孩子長大後是不是也會一樣。

⑵家人會了解到他們的孩子所需要的服務，對他們的財力與時間都是重大的負擔。

⑶在與其他家庭經驗交流後，會意識到為了孩子所需要的服務，他們得作奮鬥，如此一來會使家庭的資源愈加枯竭。

⑷家人了解到他們會被期待成為殘障孩子主要的照顧者與教師，且這種情形會一直持續多年。

3. 就學期——

當孩子的身心狀況需要特殊教育服務時，家長會感受到挫折，且需一段適應期。如正常子女的同學知道家中有一位殘障的同胞手足時，對這些子女也是一種情難以堪的經驗。因此如何應付子女同儕團體的反應，也需要在情緒調適上作相當的努力。在就學期，家長所感受到的困難往往因孩子的殘障性質與學校所能提供的特殊教育與相關服務的程度而定。有些父母也會對回歸主流與隔離安置到底孰優孰劣感到疑惑。此時父母之間對孩子教育安置的理念如果相左，也會造成家庭的緊張關係。

4. 青少年期——

青少年在此一階段會經驗到相當多的變化、混亂與矛盾情感。殘障孩子的繼續依賴、無法跨越一般孩子可以逐漸獨立的發展階段，對家中其他成員而言，的確是相當痛苦的事情。處理處於青少年期的殘障孩子之兩性、受到同儕孤立及拒絕、和安排子女未來的就業問題，對家庭也是一種壓力。

5. 成人期——

殘障孩子的就學對家長的壓力有緩解作用，但孩子離校後的出路、住宿的安排等皆會帶來壓力。且孩子未來的前途未卜，皆是令人關心的。一般家長都會對當他們無法照顧殘障子女時，有不曉得如何是好的憂慮（何華國，民 84）。此時專業人員的協助特別須注意殘障者在住宿、休閒與職業輔導上的需求。成年手足同胞與其他可資運用的家庭成員，以及有關的社區服務支持系統，皆應加以考慮運用。

二、社會生態模式

在家庭系統理論的研究中，以宏觀的角度去探討影響家庭發展的因素者，應以社會生態模式（*social ecology model*）最值得注意。對於社會生態模式的提倡較著名的學者有朴隆范布列納（*Bronfenbrenner, 1979*）、米其爾（*Mitchell, 1983*）等人。

根據社會生態模式的觀點，整個社會本身即是一個大的生態系統，而家庭只是這個社會生態系統中的一部分。整個生態系統中任何一部分系統的改變，皆會影響系統之下其他的部分，因此即有維持系統調適（*system adaptation*）或平衡（*equilibrium*）的需要。家庭所處的生態環境提供其生活所必要的資源，並形成了社會支持的系統。生態模式也關心家庭在與其他系統互動時的滲透性（*permeability*），如對有殘障者的家庭對外來協助之迎拒的關注即是。家庭系統既是存在於許多其他社會系統之中，因此一個人如想改變行為，他就須改變環境。影響個人或家庭行為的因素，有遠有近。例如，孩子的行為可能會受到父母就業環境所影響，而父母的就業環境又可能受到整體經濟景氣所制約，孩子的行為也多少會反映這種經濟景氣的影響。因此，社會生態模式在研究影響家庭系統的因素時，無疑的是相當宏觀的。

社會生態模式理論的建構事實上深受完形心理學（*Gestalt psychology*）的影響。按完形心理學的看法，一個人的行為係受到外在勢力系統（*a system of external forces*）所形成的心理物理場地（*psychophysical field*）所決定。柯特·勒溫（*Kurt Lewin*）即據此發展出其場地理論（*Field Theory*）。場地理論假設某一個體（一個人）的調適情形，是受到此一個體所處的整體場地（*total field*）所決定。勒溫認為一個人周遭環境的勢力有正有負，個人與環境的互動情形，全靠個體與其他系統之間的滲透性而定。他認為語言在溝通這種心理現象時往往不夠精確，且混沌不明，因此他即設計如圖 2-2 之圖形加以說明。其中 P 為人，E 為心理環境。人是處於心理環境之中，而心理環境又受到外在環境（*foreign hull*）所包圍。

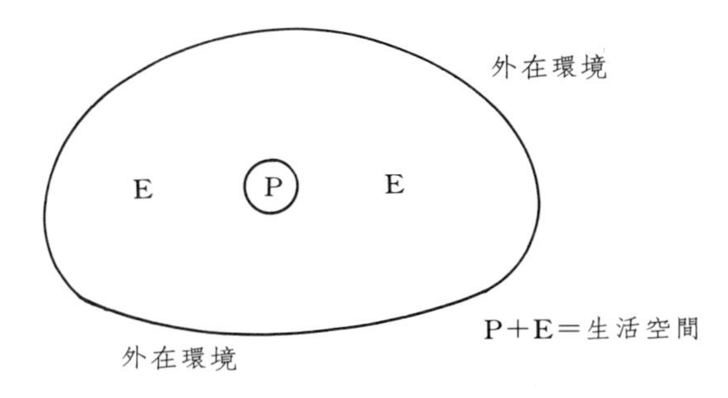

圖 2-2　勒溫的場地理論（採自 *Seligman, 1991, p.41*）

所謂個人的心理環境可能包括同儕、家庭、社區、社會與醫療資源等。外在環境則涉及社會、政治、經濟因素，及其他重大事件。個人會受到許多遠近的因素所影響。個人受到吸斥的情形，要看這些因素所具勢力的正負情形及其滲透性而定。

社會生態模式即本於勒溫的場地理論，認為影響個人或家庭發展的因素，有遠有近。朴隆范布列納（*Bronfenbrenner, 1979*）更把影響個人或家庭發展的因素，由近及遠，分成微系統（*microsystem*）、中間系統（*mesosystem*）、外在系統（*exosystem*）與大系統（*macrosystem*）這四個層次。這四個層次的社會系統如圖2-3所示。

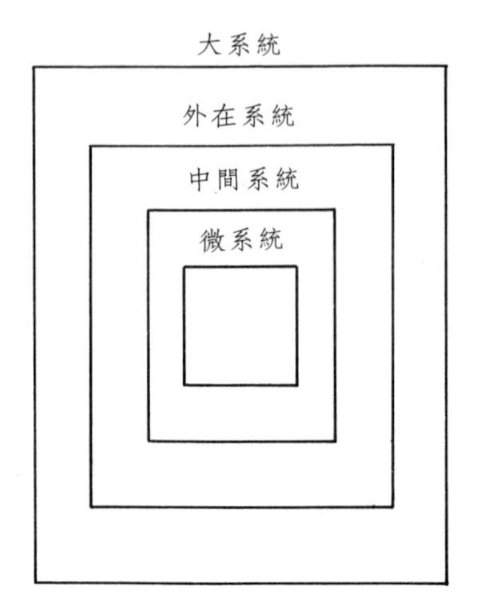

圖 2–3　家庭系統存在於其他社會系統之中

（採自 *Seligman, 1991, p.37*）

米其爾（ *Mitchell, 1983* ）曾以朴隆范布列納的社會生態觀點，說明家有殘障兒時在微系統、中間系統、外在系統及大系統可能出現的情況。現就微系統、中間系統、外在系統與大系統分別加以介紹。

(一)微系統

微系統所涵蓋的乃是一個家庭的成員之角色、活動，及彼此之間的互動關係。在微系統之下所存在的互動關係之類型與可能的問題如下：

1. 父與母：值得注意的問題包括殘障孩子出生前父母的相處情形，以及殘障孩子出生後，父母是否能接納孩子的傷殘狀況。

2. 母親與殘障兒：母親須面對沮喪、罪惡感與自責。

3. 母親與非殘障兒：母親須注意非殘障兒受到照顧的程度，並避免交付非殘障兒過多照顧殘障手足的責任。

4. 父親與殘障兒：父親在面對殘障兒時是否退縮不前？抑或能勇於面對家有殘障的事實。

5. 父親與非殘障兒：可能的問題和「母親與非殘障兒」者相似。

6. 殘障與非殘障子女：非殘障子女須面對罪惡與羞恥感，並害怕成為殘障；殘障子女有拖累非殘障手足的傾向；正常子女對其殘障手足具有矛盾情感。

(二)中間系統

微系統在中間系統的運作，包括一個家庭可能積極參與的許多不同的場合。此一系統包括下列的人士或服務：

1. 醫療保健人員：可能的問題如對診斷的結果處理的情形；專業人士的知識水準與可資利用的程度；專業人員對殘障者的家庭之態度；專業人員在與家長接觸時，是否能誠實、坦白，但又不失和藹、親切與有助益。

2. 大家庭的成員：祖父母與其他大家庭的成員必須在接納或拒絕殘障孫子女之間掙扎；這些大家庭的成員可以藉對某些家庭功能的協助，以減輕父母的壓力，但也可能因對殘障兒的拒絕，因而增加壓力。

3. 朋友或鄰里：朋友或鄰里的接納與支持有助於家長去面對他們的不安、羞恥與受傷害感。

4. 工作或休閒的同夥：家庭的成員是否可以不因家有殘障，而受到工作或休閒同夥儘可能正常地對待。

5. 早期處遇方案：這類方案固有價值，但問題是費用較高或少有，可能無法讓多數家庭受益。

6. 其他家長：其他家長所組成的支持性團體，可以對有殘障者的家庭提供實際的幫助；這些團體也具有護持的功能（*advocacy function*），可經由立法的努力，以影響殘障者社會福利政策之制定。

7. 當地的社區：雖然社區協助的價值受到肯定，但問題是都市與鄉村、貧與富的地區，所提供的服務差異極大。

㈢外在系統

家庭對外在系統雖無法積極參與，不過此一系統的因素也在影響家庭。屬於外在系統的因素有下列幾方面：

1. 傳播媒體：傳播媒體可影響人們對殘障者的態度；如殘障者可以被描述成可憐、無能與不可愛的人，也可被描繪成有能力、可愛與可靠的人。

2. 衛生：家有重殘兒者特別需要醫療復健系統的協助。

3. 社會福利：對低收入的家庭提供財力與其他救助是重要的。

4. 教育：特殊教育資源充分與否，會影響到殘障子女接受特殊教育的機會與品質。

㈣大系統

所謂大系統，係指潛存於吾人社會體制中的意識或信仰系統而言。此一系統常見的有下列的情況：

1. 種族、文化、宗教與社經狀況：種族、文化、宗教價值觀會影響家庭成員對殘障的看法；而這些價值觀在家庭如何選擇服務體系時，也會扮演重要的角色。此外，社經地位更會反映家庭在處理殘障問題時可資運用資源的多寡。

2. 經濟與政治實況：社會的政經狀態健全與否，對殘障者及其家庭服務方案的提供必然有重要的影響。

從前述社會生態模式的微系統、中間系統、外在系統及大系統的觀念，吾人可以了解會影響家庭發展及家庭成員彼此互動關係者，不僅僅是家庭本身內在的因素，家庭外在的其他遠近社會系統，也或強或弱地在影響著整個家庭的發展及其成員的互動關係。

透過社會生態模式，對於家庭與其他社會系統的關係之了解應有助益。哈特曼（*Hartman, 1978*）則更將家庭與社區的互動情形，以圖式加以評量（*diagrammatic assessment*），稱之為生態圖（*ECO-MAP*）。哈特曼認為以圖解方式把家庭的實情表現出來，似可避免將這些互動的因果關係過分加以簡化。她且認為人類的事件是多重變項間交流互動（*transactions*）的結果。「生態圖」正可彰顯出這些互動的界面（*interfaces*）之性質，並可指出應加調節的衝突所在、可加營造的橋樑，及可資追尋與動用的資源。生態圖本身是一項簡單的紙筆模擬作業（*paper and pencil simulation*），由此可呈現社會資源的存在與流動情形。圖 2−4 所顯示者為以小華的家庭為例所作的生態圖。

透過生態圖的運用，將有助於專業人士了解某一家庭所處的境況，並為之規劃適當的處遇策略。哈特曼認為家庭成員如能看到他們的生態圖之內容，也可以讓彼等明白他們自己與家庭外在因素的關係。同時，前後兩份生態圖的比較，也可作為評估某一處遇方案成效之用。

三、壓力理論模式

在探討家庭的社會生態（*family's social ecology*）時，壓力（*stress*）是經常會被提到的問題。家庭的壓力是如何形成的，無疑地也是家庭系統理論值得探討的課題。席爾（*Hill, 1949*）曾提出一套壓力理論模式（*theoretical model of stress*）稱為 ABCX 家庭危機模式（*family crises model*）。此一模式係以下列的符號與過程加以表示：

A（壓力事件）——與 B（家庭資源）互動——與
C（家庭對此事件的界定）互動——產生 X（危機）

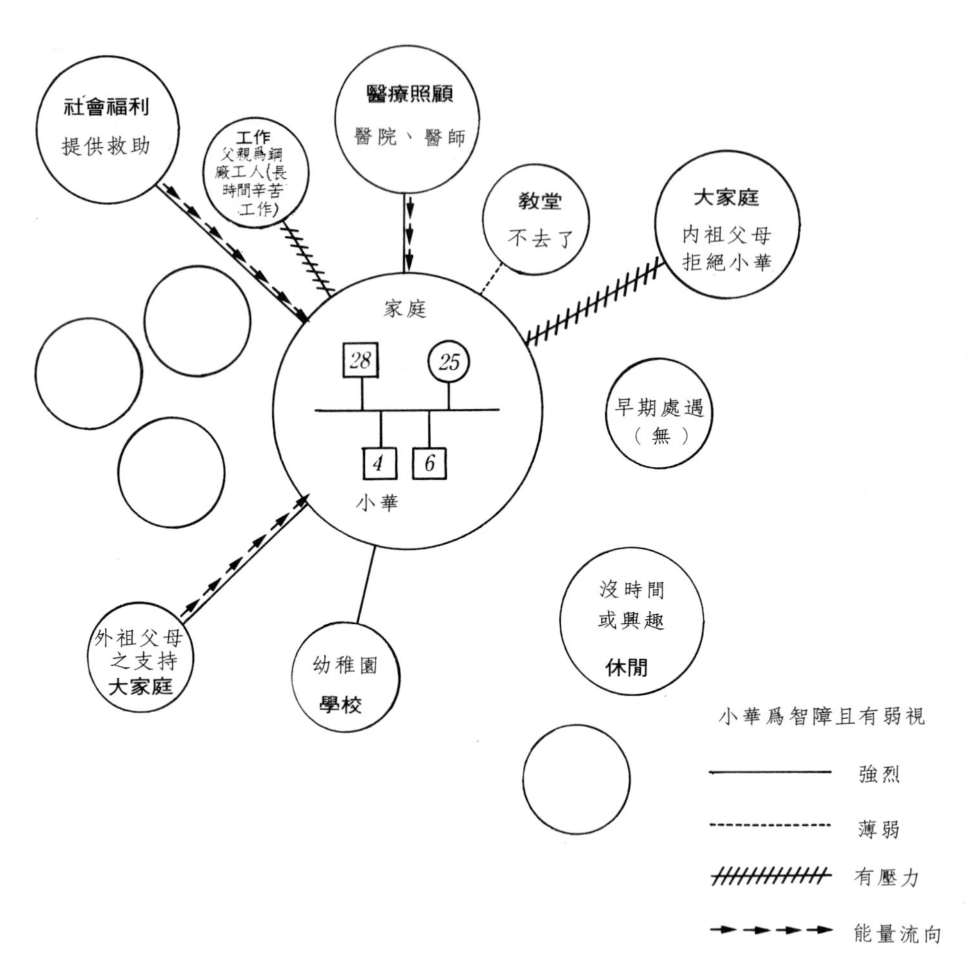

圖 2−4　小華的家庭生態圖（修正自 *Seligman, 1991, p.43*）

在此一模式中，A 因素是指可以產生家庭系統變化的生活事件。家庭的界線、目標、互動組型、角色或價值，皆可能因壓力所產生的變化而受到影響。如家有殘障，經濟負擔加重，不得不想辦法增加家庭的收入，即可能構成一項壓力。這種壓力所造成的困境，即可能對家庭成員的角色與功能有所要求，從而改變了他們集體的目標，並影響家庭的互動。

B 因素是家庭預防家中的事件或變化導致危機的能力。它也是家庭在面對困難、變換行動方向的能力。這種能力與殘障兒出生前的家庭彈性（*family's flexibility*）和關係的素質（*quality of relationships*）有關。這些皆可作為預測家庭調適能力之用。此外，B 因素也可反映出父母的親生家庭在處理壓力事件的狀況。

C 因素是家庭對於所經驗到的壓力所作的嚴重程度之界定。這部分係反映家庭的價值觀與他們過去在處理與面對變化及危機的經驗。此一因素似與艾里斯（*Ellis, 1958*）的合理情緒治療（*rational-emotive psychotherapy*）理論不謀而合。艾里斯認為事件的本身並非一個人困擾的來源，而是人們對此一事件所具意義的認定，導致其思想與行為的異常。

上述的 ABC 三因素，皆對家庭在處理壓力事件以避免產生危機的能力有所影響。危機的發生係在反映家庭缺乏恢復平衡與穩定的能力。在另一方面，如果家庭能善用已有的資源，並認定狀況猶有可為，則某一壓力事件也不見得會變成家庭的危機。

四、家庭適應模式

與席爾（*Hill, 1949*）的 ABCX 家庭危機模式相當類似的，即是派特森（*Patterson, 1988*）所提出的家庭適應與調適反應模式（*Family Adjustment and Adaptation Response Model*；簡稱 *FAAR*）。依據此一模式，派特森認為家庭為維持平衡的功能（*balanced functioning*），會運用它的能力（*capacities*），以滿足其要求（*demands*）。重要的是家庭對某一情境的要求所賦予的意義，以及他們所擁有用來應對情境要求的能力。當要求高過現有的能力，危機即產生，且不平衡亦會發生。可以恢復平衡的途徑有三：

1. 獲得新的資源或學到新的應對行為。

2. 減低衝擊家庭的要求。

3. 改變對此一情境的看法。

五、社會支持模式

家庭在面對壓力時，家庭所擁有的資源及對壓力的知覺，往往是家庭危機是否產生的關鍵所在。其中對於壓力事件的定義與知覺，往往是相當主觀的。家庭資源的有無或多少算是比較客觀的。一個家庭如有足夠的自有資源，對家庭壓力的消除，當然十分有幫助。否則，家庭如能獲致外來奧援，同樣具有消除或減輕家庭壓力的作用。職是之故，有人遂特別去探討社會支持對家庭適應的影響。社會支持模式的研究即因之而起。

社會支持（*social support*）常被視為在面對壓力事件要求時的一種調解或紓緩的因素（*a mediating or buffering factor*）。一般而言，社會支持可分成下列三種生態層次（*ecological level*）（*Crnic, Greenberg, Ragozin, Robinson, & Basham, 1983; Seligman, 1991*）：

1. 親近的關係（*intimate relationships*），如結婚的配偶關係。

2. 朋友的關係。

3. 鄰里或社區的支持。

這三種生態層次中，以來自配偶關係的支持，被認為最具積極的效果。且身為父母者如能獲得適當的社會支持，則他們對待子女的態度與行為，也會比較積極。

卡熱與馬文（*Kazak & Marvin, 1984*）及卡熱與威爾卡（*Kazak & Wilcox, 1984*），曾發展出一套社會支持網絡（*social support networks*）的概念，並將此一模式應用於家有殘障的研究上。卡熱與馬文特別指出社會網絡（*social networks*）具有下列三種要素：

1. 網絡大小（*network size*）：所謂網路大小是指被認為會提供各種不同支持，如精神的、醫療的、心理的或有助益的支持之人數。一般而言，家庭所獲社會支持的網絡越大，其成功的適應之機率也越高。不過有的家庭之社會支持網絡雖小，只要獲得高素質的支持力道，同樣可以強化家庭適應的能力。

2. 網絡密度（*network density*）：是指某人社會網絡中的成員彼此認識的程度，而這種認識係獨立於此一中心人物之外的（指被支持者爲中心人物）。此乃是社會網絡相互關聯性的指標。網絡密度如果較高，則社會網絡中的成員不只彼此相互熟悉，也會有較密切的互動關係。

3. 界線密度（*boundary density*）：指社會支持網絡中的成員被運用的部分。亦即父母雙方對網絡中的成員皆認識與利用的人數。可用以評定界線密度的方法，是去了解夫妻兩人所列舉的相同網絡成員的幅度。如重疊性高，則婚姻的穩定性也高。

前述社會網絡所含涉的網絡大小、網絡密度與界線密度這三個概念中，網絡大小代表的乃是社會支持人脈的廣狹，網絡密度所顯示的是社會支持人脈可能動員的力道，而界線密度則代表實際的社會支持程度。

將社會支持模式應用於有殘障者的家庭之輔導時，毫無疑問的家庭中出現殘障，本身即是一項重要的壓力事件。不過家有殘障所造成的壓力，各個家庭誠然有別。吾人確應先釐清壓力的性質及其對家庭功能的影響。其次，我們也應了解與家庭功能有關的社會支持網絡存在的狀況。有些有殘障者的家庭常顯得孤立無援，類此情形，吾人亦須探明其孤立無援的性質、範圍與結果究竟為何。對家有殘障者的輔導，我們固應儘量開拓可資運用的社會資源，以提供必要的幫助，但是社會支持的資源似不應侷限於正規的專業協助，一些非正規的社會支持力量，也該加以重視。如果正規與非正規的社會資源在量與質方面，皆能給予有殘障者的家庭必要的支持，則應有助於提昇彼等在面對壓力時的調適能力。

六、對家庭系統理論之評價

本節所介紹的多元架構模式、社會生態模式、壓力理論模式、家庭適應模式及社會支持模式這五種家庭系統理論，皆各自從不同的角度，去探討影響家庭系統互動關係的因素。在這五種理論中，多元架構模式從家庭結構、家庭功能與家庭生命週期三個向度去研究家庭系統的互動關係，應屬一個比較綜合性的家庭系統理論。社會生態模式所研究的，則不僅是家庭這一「微系統」的考量而已，更注意家庭之外其他遠近社會系統之影響，因而此一理論即頗具宏觀色彩。壓力理論模式與家庭適應模式皆企圖將影響家庭適應功能的因素化約成幾個重要的變項，如家庭資源、壓力事件的要求、對壓力事件的詮釋等，盼能經由對這些重要變項的掌握，有助於提昇家庭的適應能力。因此，壓力理論模式與家庭適應模式實具有共通的理論基調。至於社會支持模式所強調的，乃是社會資源的運用對家庭適應功能的價值。此一理論基本上可視為對壓力理論模式與家庭適應模式的補充。

多元架構模式、社會生態模式、壓力理論模式、家庭適應模式與社會支持模式對於家庭系統互動關係與家庭適應情形的了解，儘管角度未必相同，但皆有其貢獻。吾人在對家庭系統的互動關係與適應情形作解釋與預測時，這些理論皆具參考價值，允宜兼採並顧。惟這些理論所探討的層面雖然有廣有狹，但要作為精確解釋與預測家庭系統的互動關係與適應情形的工具，則距理想皆尚有一段距離。因此，這些家庭系統理論未來仍有待繼續加以充實，其各自尚有相當大的發展空間。

第三章

家庭成員的互動關係

第一節
殘障兒童對家庭的影響

一、殘障兒童的問題與需求

家庭中殘障兒童的出現，對絕大多數家庭而言，無疑的是很大的壓力，也影響家庭成員的互動關係。殘障兒童的出現之所以會構成對其家庭的壓力，主要源於其身心障礙的問題，往往具有持續性與多面性。這些問題所衍生的特殊需求如欲獲得適當的紓解與扶助，勢必會導致對家庭資源的消耗，家庭成員對壓力的感受即因之而起。

「殘障」本身就是一個複雜的概念。吾人如按障礙的性質再加區分，即可包含智能不足、視覺障礙、聽覺障礙、語言障礙、肢體障礙、身體病弱、性格異常、行為異常、學習障礙、多重障礙等類別。各類身心障礙不僅其可能的特殊需求，有極大的歧異性，就是同屬某一類別的殘障兒童，彼此之間也可能因各自障礙程度、成因、家庭背景等的不同，而有服務需求相左的情形。以言身心障礙兒童問題的持續性，主要乃就生涯發展（*career development*）的觀點，殘障兒童在不同的生命週期往往會存在某些特殊的服務需求。如學前階段對扶養保育、早期介入（*early intervention*）的需求，學齡階段對特殊教育的需要，以及離校後的職業輔導、獨立生活的適應訓練、成人教育等，皆在在顯示殘障者的扶助需求極可能是終其一生的。這種終生皆需要扶助的情形，對家庭而言，確是一種長期的負擔。

另就身心障礙兒童問題的多元性而言，此乃指家有殘障而引起的特殊服務需求，往往是多方面的。例如，大部分的殘障者所需要的可能不是某一單方面的服務，而可能需要在社會福利、特殊教育、醫療復健、職業輔導等方面提供多元的協助。當然這種多面向的服務需求，在身心障礙者中也存在極大的個別差異。

正因為身心障礙者的問題與服務需求的具有持續性與多面性，家有殘障的確對其他家庭成員是相當大的衝擊。這種衝擊也相應於殘障者的問題與需求，而同具持續性與多元性。

二、殘障兒童對家庭的衝擊

家有殘障對其他家庭成員是一種壓力，這種壓力主要在於它對家庭會造成主觀與客觀的負擔（*Marsh, 1992*）。所謂主觀的負擔，是指因家有殘障所引發的情緒效應（*emotional consequences*），如否認、驚嚇、憤怒、悲傷、罪惡感、不安、沮喪、退縮、矛盾情感、恐懼等情緒皆是。這些情緒反應可能會持續甚久，正如歐桑斯基（*Olshansky, 1962*）所說的是一種「慢性的悲痛」（*chronic sorrow*）。至於所謂客觀的負擔，是指因殘障而對家庭所造成的實質要求（*reality demands*），如對家庭的功能與活動的限制、照顧的需要、財力的負擔、對父母身心健康的不利影響、婚姻的衝突、帶給同胞手足的困難、對家人社交生活的限制、社會性的恥感（*social stigma*）等皆是。這些問題可能會因障礙程度的提高而更趨複雜與嚴重。

柏雷蕭與洛頓（*Bradshaw & Lawton, 1978*）曾將家有殘障所產生的壓力歸納成生理負擔、經濟負擔及心理負擔等三大類。殘障兒童對家庭可能的影響，尚包括父母婚姻的危機（*Gath, 1977*）、家庭社交圈縮小（*Harrison, 1977*）等方面。國內的相關研究（吳武典、王天苗與 *Retish*, 民 *76*；吳武典與 *Retish*, 民 *78*）也發現：(1)殘障兒童對家庭氣氛頗有影響，確會為家庭帶來痛苦與傷感，其父母在子女社交及教育安置上頗感壓力；(2)台灣的智障兒父母比美國此類父母有較多的傷感、較少參與社交活動，其孩子的教育資源之尋求也較為困難；(3)美國殘障兒童的父母感受家庭內壓力較大、社會接納度較高、社會支持系統較強，反觀我國則家庭內接納度較高、社交壓力較大，且社會支持系統較弱。

滕布爾與滕布爾（*Turnbull & Turnbull, 1990*）曾將殘障兒的父母及其同胞手足在生命週期的各個發展階段，可能遭遇的各種問題如表3−1 加以列出。從表 3−1 吾人可以感受得到殘障兒童所出現的問題之持續性與多面性，的確對其父母與同胞手足的影響也是持續與多元的。

誠然，殘障兒童對家庭的影響也未必全是負面的。前面所提到的殘障兒童帶給家庭的負擔或問題，也許大多數有殘障者的家庭或多或少皆會感受得到，但藉由家庭的調適、專業的協助及其他的支援服務，情況也會有所改變。更進一步言，殘障兒童對家庭也可能產生積極的影響，如強化家庭成員的內聚力、容忍度的提高、相互了解的增進，對生命有更深的體會與感激，從而促進個人的成長與自我實現等皆是。馬許（*Marsh, 1992*）曾提到智障者家長對這種情形的感受：

> 我們的兒子對我們的家庭與朋友的確是一種福分。他向我們表現如何真愛與關心。我們因他而感謝上帝。我們更能容忍與了解。他的殘障已使得我們更親近，而他的愛已引發了我們的愛心。
>
> 我們的兒子已將一種特殊的關係帶到我們婚姻裡頭。我們有好的婚姻。多數人把孩子會是正常，且只需些微指導即可長大視爲理所當然。我們並非如此。我們像一家人一樣珍惜我們做的每一件事情。（*Marsh, 1992, p.16*）

殘障兒童對家庭的衝擊，在其家庭的調適過程中，勢必會產生一些發展需求，吾人如能對這些需求給予適當的滿足，必能有助於這些家庭有效地去面對家有殘障的壓力。這種因殘障兒的出現而產生的家庭需求，歸納而言，大致有下列這幾方面（*Simpson, 1982; Marsh, 1992*；王天苗，民 *82*）：

1. 需要有適當的教育資源，並有機會參與教育方案的規劃。
2. 需要有與之溝通的機會。
3. 需有適當的途徑以有效調適殘障兒童在家庭中的問題，如具有品質的臨床服務工作、學前教育方案、臨托服務、托兒照顧、特殊輔助器具、成人教育方案、變通的休閒活動、諮商、醫療服務等。
4. 殘障的性質及相關服務資源之資訊的提供。
5. 處理殘障及相關問題的技巧。
6. 處理個人與家庭的調適問題之能力。
7. 與其他有殘障者的家庭接觸之機會。
8. 協助處理殘障者的社會適應問題。
9. 提供精神與經濟協助的支援。
10. 能實際參與殘障兒的輔導方案。

殘障兒童因有其問題存在，這些問題對其家人雖會產生各種不同程度的衝擊，惟人際關係往往是具有相互性的。殘障兒的父母、同胞手足與祖父母在面對家有殘障所帶來的衝擊與壓力，究竟會有怎樣的反應，而這些反應又究竟會帶給殘障兒怎樣的影響，本章以下各節將再分別闡明。

表 3-1　在生命週期可能遭遇之問題

生命週期	父　　母	同胞手足
兒童早期 (0～5歲)	• 獲得正確的診斷 • 告知子女與親戚 • 找到服務資源 • 找尋特殊性所具意義 • 澄清個人的意識型態以指引決策 • 提出羞恥感的問題 • 指出特殊性所具的積極貢獻 • 設定大的期望	• 較少父母的時間與精神以應付同胞手足之需求 • 因受較少的關注而生嫉妒 • 因誤解特殊性而生恐懼
學齡期 (6～12歲)	• 建立實現家庭功能的常規 • 對教育的意涵在情緒上能作調適 • 澄清回歸主流與特殊班安置的問題 • 參與個別化教育方案會議 • 找到社區的資源 • 安排課外活動	• 對任何身體照顧的需要所作的責任分派 • 作為大姊者可能較具風險 • 家庭用於休閒活動的資源有限 • 告知朋友與教師 • 對年幼的同胞手足比對年長者更可能表示關心 • 回歸到同一學校的問題 • 對特殊性之基本資訊的需要
青少年期 (12～21歲)	• 對特殊性可能持久的存在在情緒上能作調適 • 鑑識出現的兩性問題 • 提出可能的同儕孤立與拒絕的問題 • 為生涯或職業發展的規劃 • 對休閒活動的安排 • 處理青春期生理與情緒變化的問題 • 對中學教育階段之後的規劃	• 對同胞手足過分的認同 • 對人的差異有較佳的了解 • 特殊性對生涯抉擇的影響 • 處理可能的羞恥感與不安的問題 • 參與同胞手足的訓練活動 • 對同胞手足支援的團體之機會
成人期 (21歲以後)	• 規劃可能的養護需求 • 提出成人期適當的住宿需求 • 對任何成人期依賴的情形在情緒上能作調適 • 提出在家庭之外社會化機會的需求 • 引導作生涯抉擇或職業的發展	• 財力支援可能的責任問題 • 對遺傳的問題表示關心 • 對特殊性介紹新的法律規定 • 對生涯選擇資訊的需求 • 澄清同胞手足的護持角色 • 可能的養護問題

第二節 父母與殘障子女的關係

一、父母面對家有殘障可能的防衛機制

家庭出現殘障兒，對父母是一種壓力，也是一種威脅，焦慮的情緒可能油然而生。面對壓力與威脅，殘障兒的父母為保護其自我，即可能採取一些防衛機制（*defense mechanisms*）加以反應。防衛機制應和肆應機制（*coping mechanisms*）具有相同的意義。它如被善加運用固有助於減低焦慮，但它也可能干擾人們對事情的評估，以致妨礙了問題的解決。父母在面對家有殘障之問題時，可能採取的防衛機制，大致有下列幾種（*Seligman, 1979*）：

1. 投射（*projection*）：投射是一種歸咎於外在的人、事、物的反應。有投射反應者，當事人皆有自己未意識到的罪惡感。父母可能將孩子的殘障歸罪於醫生的疏失、貧窮或遺傳的因素。父母為了殘障孩子的問題，也可能相互責難、怪罪對方的祖宗，或苛責於學校，以求內心的安寧。

2. 否認（*denial*）：所謂否認是指實際上見到了，但卻拒絕承認自己所看到或聽到的，並且否定實際所聽到或看到者。因此否認乃是對所期待與實際的情形之間所存在的差異無法接受。例如，孩子在被診斷為殘障後，有的家長可能會一而再，再而三，不斷地去尋求名醫重做診斷，而不承認子女具有殘障狀況，即是採用了否認這一防衛機制，企圖免除本身的焦慮。在這種情形之下，如相關的專業人員未能

坦然面對，則這種反應可能會變本加厲。從兒童發展的角度來看，父母採用否認這一防衛機制，可能會有下列兩種不利的後果：

(1)對子女過度保護，以致妨礙其正常的發展。

(2)要求子女有所表現，以致造成過度的壓力，家長與子女皆感挫折，而引發情緒困擾的問題。

3. 合理化（*rationalization*）：所謂合理化，是指將顯然不合理的事物正當化，或使其看來好像合理。此一防衛機制常與「否認」及「投射」相結合，而給不利的情境提供「解答」。如孩子學校功課不好，父母如以其因須幫忙做家事，無暇照顧其功課搪塞，而不提孩子有智能不足的問題，即具有合理化的性質。

4. 理性化（*intellectualization*）：此一防衛機制指的是對不可接受的衝動所引發的焦慮，以摒除情感因素，採取有系統且儘量運用思考的方式，來抗拒焦慮的存在。例如，在強烈的情緒被惹起的場合，吾人如能使用較多的言語（*verbal excesses*），似有助於緩和焦慮的情緒，即是理性化的運用。不過理性化和明智（*being intelligent*）在本質上並不相同。理性化是一種肆應機轉，而明智則為個人潛能的一種表現。

5. 昇華（*sublimation*）：所謂昇華是將社會無法認同的衝動，改以社會可接受，且具建設性的方式表現出來的一種防衛機制。如家長對提供給殘障者的教育安置設施不足感到不滿，不出之以攻擊行為，卻組織家長團體致力於立法與教育政策的改進即是一種昇華的現象。

6. 壓抑（*repression*）：此一防衛機制是將不可接受與具威脅性的心理內涵讓意識無法覺知的一種肆應方式。被壓抑的內在衝動與衝突雖被排除於意識之外，但並未被消除，它們仍會繼續對個人產生壓力，而以各種間接的徵候表現出來。由於被壓抑的內容所帶來的持續性威脅，使得壓抑這一防衛機制常成為其他許多心理活動的核心，而別的防衛機制也可能會被共襄併用。壓抑雖把某些會引起過分焦慮的衝動或事件隱藏起來（意識不到），不過那些被壓抑的衝動或人、事、物仍可能藉「否認」、「投射」與「昇華」顯現出來。

7. 壓制（*suppression*）：這是指對衝動、觀念或情緒從事有意的抑制，也就是故意遺忘某些事物。例如，家長對孩子無法像其他人一樣站立或走路，要是家長說到「我不願去想或談論此事」，即是在表現「壓制」這種防衛機制。

8. 轉移（*displacement*）：轉移是一種對衝動表現對象的轉換之防衛機制，藉此以解決衝突，並避免焦慮。例如，殘障者的家長因家有殘障遭人數落，心裏十分生氣，在路上看到一條狗，便踢牠一腳，就是一種「轉移」的現象。

9. 自體化（*somatization*）：這是指透過身體的症候，使針對自己的衝動，得以獲得出路與表現的現象。換言之，即衝動的對象係針對本身而來。衝動的轉向對內，最常見者即是採過度的自責這種方式。例如，原本孩子的殘障並非出自父母或家庭的原因，可是為人父母者卻無端地怪罪自己，認為該由自己承擔責任。這種過度「反求諸己」的現象，即是採用「自體化」這種防衛機制。

10. 退縮（*withdrawal*）：所謂退縮是指對不自在或具威脅性的情境之逃避性反應。例如，家有殘障的家長，為了不願面對孩子的鑑定問題，可能會逃避參加學校相關的會議，此即為退縮的表現。如果家長的退縮現象具有長期的持續性，則顯示其有嚴重的焦慮存在，而有提供專業協助的必要。

二、父母面對家有殘障的調適過程

家裡出現殘障子女，對為人父母者而言應是不小的衝擊。相關的研究文獻顯示，生下智障孩子後，其父母可能出現的反應包括否認、罪惡感、悲傷、焦慮、恐懼及排斥（*Ehly, Conoley, & Rosenthal, 1985*）。根據美國智障國民協會（*National Association for Retar-*

ded Citizens; NARC）的研究，父母在發現其子女是智障後，一般常有的反應包括絕望、孤獨、脆弱、不平、渺小、懷舊與幻滅（*Retish, 1985*；引自吳武典與 *Retish*，民 *78*）。拉富（*Love, 1970*）也指出殘障者的父母可能會經歷到的一連串情緒反應，包括驚嚇、拒絕、罪惡感、痛苦、嫉妒、排斥，以及最後的適應。家有殘障的父母，儘管他們的感受未必全然相同，但他們對生出殘障子女的反應過程，似乎與知道至親好友的離逝或即將亡故所導致的哀傷過程，極為類似（*Kaslow & Cooper, 1978*）。在面對家有殘障的情況，其父母初期的驚嚇、不信、憤怒、孤立無援與自怨自憐似難避免，但最後多會逐漸表現出接納現實，並願積極提供殘障子女必要的協助，及與相關服務機構或團體合作的情形。當然殘障者父母這種心理調適所需要的時間長短，或許不一，但其過程則大同小異。威克勒、華沙與黑飛爾（*Wikler, Wasaw, & Hatfield, 1981*）指出父母在遭遇家有殘障時，可能經歷的調適過程有：(1)驚嚇；(2)絕望；(3)罪惡感；(4)退縮；(5)接納及(6)適應。羅賓遜與羅賓遜（*Robinson & Robinson, 1976*）則列舉智障者父母可能會經歷的五個調適階段包括：(1)覺知問題；(2)認識問題；(3)找尋原因；(4)尋求矯治與(5)接納孩子。由此可見殘障者父母在面對孩子的殘障問題時，其適應過程似有明顯的階段性存在。

司利曼（*Seligman, 1979*）對於在殘障孩子出生後，其父母所經驗到的心理調適過程有甚為清楚的描述。依司利曼之見，殘障者父母的心理調適過程似可包括否認（*denial*）、爭議（*bargaining*）、憤怒（*anger*）、沮喪（*depression*）與接納（*acceptance*）這五個階段。茲分述如下。

(一)第一階段：否認

此一階段多在殘障子女出生後，很快的來自父母的反應。此時祖父母的態度如果又是負面的，有可能加深父母否認與拒絕的情緒。因此在這一階段如果可能，祖父母也應列為輔導與協助的對象。不過父母在漸漸面對現實後，其否認與拒絕的態度有可能日漸削弱。在這一階段，殘障孩子的父母為了找尋較有利的診斷與預斷（*prognosis*），有可能到處尋求專家的解答，以驗證自己的想法。通常教師在與家長溝通時，如用了許多諸如「可能」、「也許」之類的模糊性詞彙，似會助長家長否認的態度。因此，教師如能將此類家長轉介給專業人士加以協助，或許是比較妥適的作法。

㈡第二階段：爭議

當孩子的殘障這一活生生的現實，成為無法逃避的遭遇時，父母有可能漸漸會以不可思議或幻想式的思考取代否認的態度，而認為或許在他們從事某些活動後，他們孩子的問題可望明顯改善。因此，殘障者父母的加入某些殘障團體、熱衷宗教活動，以尋求奇蹟、支持與靈感，似為司空見慣之事。有的家長也可能志願從事社會服務或擔任教師的教學助理，希望藉著本身的努力工作，而讓孩子的殘障問題能夠有所改善。對於殘障者家長的這種錯誤的動機與不當的樂觀，教師如果在接受家長擔任義工之前，似應與之審慎溝通，而避免讓家長形成不合理的期待。一般而言，家長的宗教信仰與對殘障子女的接納程度似有密切的相關。例如，信仰天主教的母親可能會比非天主教的信仰者，更能接納他們的殘障孩子（*Telford & Sawrey, 1977*）。

㈢第三階段：憤怒

家有殘障的父母在嘗試去面對現實時，對其子女常有著矛盾情緒與罪惡感。這些父母可能常以某些人或事作為攻擊的對象，而非以令他們真正憤怒的來源作為攻擊的目標。如果是這樣，則殘障者的父母似已在運用諸如投射或轉移這類的防衛機制。殘障者的父母之憤怒反應，有可能出現下列三種形式：

1. 以孩子本身為表現的對象：父母憤怒情緒的發洩，可能會導致孩子遭受不當的待遇、凌虐、冷落等。

2. 投射性的憤怒：將孩子的殘障怪罪到別人頭上，諸如醫師、教師、社會工作者、輔導人員、護士等皆可能成為代罪羔羊。

3. 憤怒的內化：對孩子的殘障，深深自責、充滿罪惡感。憤怒的內化可謂是十足地採用了「自體化」這一防衛機制。殘障者的父母之憤怒內化之後，充滿罪惡感與羞愧，即是沮喪的前兆。

㈣第四階段：沮喪

父母對其殘障子女的敵意多會引發罪惡感，而對子女的憤怒也難為社會所寬容。殘障者父母這種愛恨衝突的矛盾情緒是難免的。自責的罪惡感、伴隨的焦慮與貶損的自我尊重，將導致沮喪。當家長處於沮喪時，其精力會顯得疲弱，也將愈難以輔導與共事。此時教師應多提孩子的長處，少提缺點，但仍應誠實以對，而避免給予虛假的希望。假如家長的沮喪情緒持久而嚴重，則給予轉介以接受專業的諮商服務是必要的。此外，如能讓家長參與或協助學校的相關教育活動，似有助於紓解彼等沮喪情緒，並有助於其逐漸去面對家有殘障的現實。

㈤第五階段：接納

對於家有殘障的父母，教師所能做的貢獻，應是透過對這些父母表達照顧與關心，以協助他們能接納其自己與子女。因為像教師這樣的專業人員的態度，不管是正面或負面的，無疑地對家長皆有很大的影響。殘障者的父母在面對孩子的殘障，其反應經歷了否認、爭議、憤怒、沮喪等一系列的過程後，將有機會因勇敢的面對現實，而逐漸接納家有殘障的事實。父母如接納其殘障子女，有可能會顯示出下列的徵象：

1. 願意參與教師和家長的會談。

2. 能在討論子女的缺點時仍感相當的自在。

3. 對子女放棄過度保護或過分嚴厲的管教措施。

4. 能與教師合作，務實地去規劃子女長期與短期的教育方案。

5. 能參與家長團體而從事護持的活動，但卻不以犧牲與子女的互動為代價。

6. 能從事自己的興趣，這些興趣雖與子女無關，但卻不排除子女的參與。

7. 能適當地訓育子女，而不致有過度的罪惡感。

三、如何協助父母接納殘障子女

父母在面對家有殘障的現實，彼等在初期會表現諸如否認、驚駭、絕望、罪惡感、憤怒、沮喪等負面的反應，應是人之常情。以專業協助的立場而言，如何協助殘障者的父母早日走出家有殘障的悲情，而能接納子女殘障的事實，應是特殊兒童親職教育或輔導上的重要課題。教師在協助父母接納與調適家有殘障子女時，下列的作法或考慮似可提供參考（*Simpson, 1982*）：

1. 傾聽家長的看法。殘障者的父母一般皆十分期待有人能傾聽他們的心聲。吾人如能對家長表現關心與傾聽，對他們的消極情緒反應也最具治療效果。

2. 避免急著想解決問題、提供勸告與傳播資訊。因為家長最想要的是有人能設身處地分享他們家有殘障的感受，至於問題的解決也許可以稍後不急。

3. 不要去說服家長有殘障兒對他們與家庭是好的或有利的。雖然我們可以幫助家長去適應家有殘障的問題，但吾人切不可告訴家長家有殘障是一件好事。

4. 告訴家長殘障兒童對家庭可能造成的影響。我們對殘障可能引發的問題與狀況，應對家長適時加以提醒。

5. 鼓舞家長與其他家人從事照顧其殘障子女以外的興趣。雖然父母的傾盡全力參與殘障子女的教養活動，對孩子助益甚大，但他們仍應有自己的生活空間，不必放棄追求生活的目標與樂趣。

6. 提供家長參與其殘障子女或其他殘障兒童教育活動之機會。

7. 鼓勵家長承擔照顧其子女的責任，但也不必什麼事皆為孩子代勞。

8. 鼓勵家長分享有殘障子女的感覺。我們應讓家長知道，有人跟他們談談他們所關心的事是有好處的。

9. 鼓勵家長思考其子女的未來。對於孩子的將來何去何從，家長對各種可能的變通選擇皆應有所了解。

10.指出家長能採取的訓練其子女功能性技能（*functional skills*）之途徑。

11.協助家長找出其子女成長與成就的領域。

12.避免對家長所抱持的對殘障子女高遠的期待作消極的回應。不過對子女的發展目標稍微適度的高估，應是有幫助的。

13.協助家長了解殘障子女也僅是家庭成員之一，因此應儘可能就此一立場對孩子的需要去做反應即可。

14.應了解學校與家庭間所存在的價值觀之差異。

15.不要企圖以罪惡感去激勵家長。

16.不要為家長營造虛假的安全感或進步的假象。記得凡事要真實！

17.願意對已談過的問題與事物，再重複去談論。因有些家長的確有此情形，而經常想去談對那些問題與事物的看法與感受。

18.鼓勵家長提出他們想談的議題。

19.讓家長了解有助於他們對家有殘障有所調適的社區資源。

20.讓家長了解他們家中的其他子女也一樣需要關照。

第三節 祖父母與殘障孫子女的關係

一、祖父母面對家有殘障的反應

作為祖父母者對於孫子女的誕生，總會認為是他們生命的繼起與延伸。在孫子女未出生之前，總會滿懷喜悅的期待，希望小生命健康、聰明、一代勝過一代。由於作為祖父母者多這樣的滿懷希望，要是發現孫子女為殘障的話，其所受的打擊與挫折，實可想而知。

祖父母在面對家有殘障時，可能會有下列的感受（*Deluca & Salerno, 1984*）：

1. 感到失望與不公。
2. 對孩子的配偶（媳婦或女婿）感到憤怒。
3. 對失掉預期的理想孫子女而感到悲傷。
4. 對孩子的不幸深感難過。

祖父母因孫子女是殘障除可能有上述的感受外，也可能會有下列各種不同的反應：

1. 否認孫子女的殘障類型與程度。
2. 通常會責怪配偶的不是。
3. 不斷地尋求矯治的途徑。
4. 堅持不會有什麼問題。

5. 將殘障歸諸上帝的懲罰。

6. 為孩子承擔責任。

7. 變得多多少少比孫子女的父母更具保護的色彩。

8. 從家庭退隱。

二、祖父母的角色與影響因素

在傳統的中華文化裡，祖父母在家庭系統中是相當有地位，且也十分受到尊重的。祖父母面對家有殘障的觀感與反應，當然對整個家庭系統的功能或多或少會有影響。尤其祖父母不管在東方或西方文化中，他們在與孫子女的關係上可能會扮演下列五種角色（*Neugarten & Weinstein, 1964*）：

1. 正式的（*formal*）角色：提供給孫子女特別的疼寵與對待；有時也會擔任看顧孫子女的工作。

2. 樂趣的追尋者（*fun seeker*）：為獲得生活的樂趣，會參與孫子女的某些活動。

3. 代理父母（*surrogate parents*）：在媽媽也就業的情況下，可能會負起照顧孫子女的責任。

4. 家庭智庫（*reservoir of family wisdom*）：與孫子女分享特殊的技能或資源。

5. 遠客（*distant figure*）：與孫子女見面的機會不多，僅在假日、生日或某些特殊的場合，會帶來禮物送給孫子女或來探望他們。

以上所提的祖父母可能對孫子女扮演的這五種角色，的確對家庭功能的發揮可以產生重要的支持作用。不過作為祖父母者對於這些角色的扮演，也存在著顯著的個別差異。蘇奈克（*Sonnek, 1986*）曾指出可能影響祖父母角色扮演的因素大致有下列十個方面：

1. 核心家庭所處的狀況：祖父母會不會扮演某種角色，和核心家庭的處境可謂息息相關。就以看顧孫子女而言，身為祖父母者所以會承擔此一責任，可能是因為其成年的子女生病、媳婦或女兒就業或生產、祖父母與成年子女同住等緣故。

2. 祖父母角色所具的意義：作為祖父母，其對角色的認知也許不同，但應不離乎下列這五種意義：

(1)核心型（*centrality*）：即做好祖父母與扮演好祖父母的角色是祖父母生活的核心。

(2)有價值的年長者（*valued elder*）：祖父母的角色被視為具有智慧與受尊敬的家庭成員。

(3)因家族的傳衍而不朽（*immortality through clan*）：藉著有孫子女，因有繼起的生命，而得以生生不息。

(4)以個人過去經驗再參與(*reinvolvement with personal past*)：祖父母之角色被視為是使過去的時光再活現的一種機會。

(5)溫和寬大的許可（*license to be lenient*）：祖父母之角色被視為是可以溺寵孫子女的一張特許狀。

祖父母本身對其角色意義的認定如果不同，當然其所出現的角色行為也會有差異。

3. 祖父母的年齡：如祖父母的年齡在六十五歲以上者，大部分會扮演「正式的角色」，而「樂趣的追尋者」或「遠客」之類的角色，則較常見於六十五歲以下者。

4. 祖父母的性別：如「代理父母」之角色似多由祖母扮演，而「家庭智庫」則多見於祖父身上。

5. 祖父母的血緣（*bloodline of grandparent*）：一般而言，母系親族間的聯繫似比父系者要更為密切。

6. 父母與成年子女的關係：父母與成年子女的關係如果不佳，極可能對其在扮演祖父母的角色時有負面的影響。而父母與成年子女如要有良好的關係，則雙方似應相互尊重與信賴、注意溝通、且彼此的價值觀應該相近。

7. 祖父母與核心家庭在地理上的接近性：父母如有能力可以擁有自己的住家，並且是住在成年子女附近，則有助於強化父母與成年子女的關係，並從而善盡祖父母的角色。否則如雙方的住家相距過遠，此一角色的扮演就不太容易了。

8. 祖父母不干預核心家庭的願望：有些身為祖父母者有時會害怕被認為干預了孩子的家庭，類此狀況，對祖父母角色的扮演就可能產生影響。因為如果祖父母沒有這種心理負擔，則他們對祖父母角色的扮演將會更順遂些。

9. 祖父母在核心家庭中的角色：祖父母在核心家庭中如具有威權，其扮演的角色會較正式與具有權威性；如果他們沒有這種威權色彩，則對孫子女似會較溫暖與寵溺。

10. 孫子女的年齡：一般而言，祖父母的角色可能需要隨孫子女的年齡而改變。例如，四、五歲的孩子總要祖父母對其寵溺；八、九歲的孩子希望看到的是有活力，且能分享樂趣的祖父母；十一、二歲的孩子似乎與祖父母漸行漸遠；至於成年的孩子與祖父母最常想要的關係，則是建立在情緒的滿足上。

前述可能影響祖父母角色扮演的因素，皆可作為吾人在解釋與預測祖父母角色的扮演之參考。惟家庭中如出現殘障孫子女時，對大多數的祖父母而言，無疑的是十分強烈的衝擊，也同樣會影響祖父母角色的扮演。例如，吾人發現有些祖父母在面對家有殘障時，可能會很生氣，有時會將這股怨氣發洩在媳婦或女婿身上，從而他們就無法提供必要的社會與情緒支持，使得特殊家庭會顯得孤立無援（*Ehly, Conoley, & Rosenthal, 1985*）。也有的祖父母在面對家有殘障孫子女時，頓時會從滿懷對孫子女的期望，跌落到絕望的深淵，因而對教養活動的參與會顯得無法自在。如果殘障孩子的父母在教養活動上表現過度的功能（*overfunctioning*），而祖父母的表現卻功能不足（*underfunctioning*），則常會在兩代之間產生壓力，並引發失落感。由此吾人可知，祖父母在面對家有殘障時，不祇其可能的感受與反應會影響他們本身角色的扮演，也可能因為其對祖父母角色的修正或轉變，又進而影響整個家庭系統功能的發揮。因而吾人在對殘障者從事家庭輔導時，把祖父母也列入關心與輔導的對象，應是十分重要的。

第四節 兄弟姊妹與殘障同胞手足的關係

一、殘障同胞手足對其兄弟姊妹的影響

兄弟姊妹在面對家有殘障同胞手足時，他們有許多感受跟父母是很相似的，當然也有比較特別的地方。身心正常的兄弟姊妹可能引發的情緒反應可說相當複雜而很難去精確地加以歸類，但這些反應總離不開憤怒、怨恨、罪惡感、恐懼、困窘、孤獨、認同、迷惑等情緒的糾雜（*Drew, Hardman, & Logan, 1996; Marsh 1992*）。他們常會感覺是處在正常的同儕與特殊家庭這兩種不同文化的角力中，而左右為難。例如，在面對家有殘障，如果家中成員彼此溝通不良，他們也許會感到十分孤獨，而在家庭之外，他們有時也會感覺與別人有異，而似乎和同儕有些距離。

由於殘障與非殘障同胞手足間的關係有其變異性存在，因而殘障同胞手足對其非殘障兄弟姊妹的影響，也不盡相同。柯洛克（*Crocker, 1981*）曾指出殘障者家庭存在的六種動力因素（*dynamic factors*），這些因素對殘障者的同胞手足可能會產生影響。茲將這六種因素分敘如下：

1. 正常的家庭型態會被改變：為了調適家有殘障的特殊需求，整個居家環境或成員的責任分派可能會重新組織與改變。家庭的活動（如出外旅行），也須配合殘障者的需要而小心的規劃。

2. 為爭取父母的注意與資源會產生更大的競爭：由於家有殘障，父母勢必會花費更多的時間與精力去照顧特殊子女的需要。家庭的資源用於殘障孩子身上者，可能會比用於其他孩子的為多。

3. 兄弟姊妹對於殘障同胞手足的殘障可能會有錯誤的觀念：身為弟妹者可能會擔心須對兄姊的殘障負某些責任，為人兄姊者則會為他們的孩子是否可能受影響而憂慮。

4. 兄弟姊妹可能須扮演代理父母（*surrogate parents*）的角色：同胞手足為照顧殘障的兄弟姊妹，可能須承擔許多額外的責任。這些責任可能會影響非殘障同胞手足的社會生活，並引起較年長的同胞手足質問他們是否須終生負起照顧殘障兄弟姊妹的責任。

5. 兄弟姊妹可能會因殘障同胞手足的存在而感覺有責任去做補償性的表現：雖然父母未必會明言兄弟姊妹要有更好的表現，以補償殘障同胞手足的缺陷，但兄弟姊妹可能會覺得有一種無形的壓力，不得不有更好的表現。

6. 父母在面對殘障同胞手足時反應的變異不定，可能會令兄弟姊妹感覺困惑：父母面對家有殘障所表現的悲傷與內心衝突的起伏不定，對殘障者的兄弟姊妹而言是一種壓力，這種壓力不只會影響到身心正常的同胞手足，同時也會影響到整個家庭功能的發揮。

殘障同胞手足對其兄弟姊妹的影響，如從柯洛克所提示的這六種動力因素去觀察，可能不致全然是負面的，也可能會有正面的效應（*Drew, Hardman, & Logan, 1996; Marsh, 1992; Powell & Gallagher, 1993; Simpson, 1982; Seligman, 1979; Crnic & Leconte, 1986*）。殘障的孩子對其兄弟姊妹可能產生的影響，就已有的研究文獻歸納而言，大致有下列這幾方面：

1. 心理適應的困難：有殘障孩子的家庭比沒有者，其同胞手足可能會感受更多的焦慮、親子衝突，並表現較低的社交能力。同時家有殘障也使得同胞手足容易出現憤怒、罪惡感、怨恨、行為問題等狀況，且他們也可能害怕本身或後代會成為殘障。

2. 負擔照顧殘障手足的責任：由於家有殘障，父母可能會要求殘障孩子的兄弟姊妹也負起某些照顧或教導殘障手足的責任。在這種情況下，做女兒所負擔的責任又可能比做兒子的要更多。而這些做女兒者本身的需求，又可能被其他家人所忽視。例如，有些殘障孩子的姊妹可能因整天忙於照顧他們，無暇參與社交活動，而影響其交友與婚姻者也所在多有。

3. 提昇對異己的接納度：有些殘障者的兄弟姊妹因有與殘障手足共同成長的經驗，無形中也可能增進了彼等對偏見或人際間差異的容忍度，從而也可能表現更具同理心（*empathy*）與利他的胸懷。此外，如果同胞手足為殘障的，因為人生歷練不同，也許會比那些兄弟姊妹是正常人的，在生涯成熟上更勝一籌，而對自個兒未來的發展目標能更早確定。

4. 提供學習與成長的機會：兄弟姊妹面對同胞手足是殘障時，固然有人頹喪不已，適應困難，但也可能有人視為是一種學習與成長的機會，藉此以提昇人生的境界。下列一位殘障者的同胞手足之敘述似為明證：

> 她已教我要真正地對人坦率。在我的學校目前設有一個啓智班，不過教師們不知道如何去教啓智班的學生。他們知道我有一位智障的姊姊，因此當我下課休息時，他們會常常叫我去幫他們照顧那些孩子。那些孩子會跳上跳下的，我就走了進來，並且擁抱他們或什麼的，他們就會安靜下來。這時教師們會感到驚訝，並且問我：「你是怎麼做到的？」（*Crnic and Leconte, 1986, p.81*）

殘障的孩子除了可能對非殘障的同胞手足產生如上述的影響外，非殘障的同胞手足在面對家有殘障的兄弟姊妹時，也可能顯露出對下列事項的憂慮或關注（*Featherstone, 1980; Powell & Ogle, 1985; Crnic & Leconte, 1986*）：

1. 深怕受到殘障的感染，對殘障相關的資訊感到關心。
2. 終生照顧或監護殘障手足的責任問題。
3. 本身的子女可能也出現殘障的風險問題。
4. 殘障手足可能耗盡家庭財力的問題。
5. 殘障手足對他們與同儕互動（*peer interactions*）之影響。
6. 殘障手足的服務與安置決策問題。
7. 父母的期待、感受及協助照顧殘障手足的問題。
8. 他們本身的感受、健康狀況及與同胞手足之關係的問題。
9. 如何告知友朋家有殘障、同儕接納及交友的問題。
10. 社區接納與社區生活的問題。

從殘障者對其同胞手足可能帶來的衝擊，及非殘障同胞手足可能的感受與關切的事項來看，一般咸信殘障者的兄弟姊妹似可能出現下列的基本需求（*Pader, 1981*）：

1. 了解殘障的相關資訊及可能的後果。
2. 有機會表達由同胞手足的殘障所引發的強烈感受。
3. 獲得父母充分的關注。
4. 賦予適當照顧殘障手足的責任。
5. 對殘障者的兄弟姊妹之期望必須合理，而不應有出諸補償其手足的殘障之情形。

二、影響同胞手足適應家有殘障之因素

從前述殘障孩子對其同胞手足的影響來看，家有殘障對身為兄弟

姊妹者而言，其效應似有正有負，各個家庭並不相同，彼此之間仍有相當大的個別差異存在。吾人如欲適當解釋或預測家有殘障對其同胞手足的影響，似應從掌握可能影響同胞手足適應家有殘障的因素著手。就已有的研究文獻而言，同胞手足在適應家有殘障時，其可能的影響因素，概不離乎家庭因素、父母的態度與期望、非殘障手足的因素，及殘障手足的因素這四個重要的層面，茲分述如下（*Powell & Gallagher, 1993; Crnic & Leconte, 1986*）。

(一)家庭因素

家有殘障後，可能影響同胞手足關係與適應的，包括家庭成員的多少、社經地位與宗教信仰，現再分別說明於後。

1. 家庭成員的多少：一般而言，家庭成員多的會比成員少的有較佳的適應。例如，家中如僅有兩個孩子，其中有一個是殘障的話，另一個孩子可能受到父母的期待與責任分擔的壓力，應比有更多正常孩子的家庭要來得大。

2. 社會經濟地位：家庭的社會經濟地位往往會影響兄弟姊妹對其殘障同胞手足的反應，以及彼此的互動關係。中產階層的家庭也許較有足夠的財力去取得所需的服務資源，以滿足家庭的需要，但對家有殘障則往往可能出現接納的難題，同時要想降低對殘障孩子的期望也著實不易。較低社會階層的家庭所擁有的財力資源就比較有限，自然對家庭需求的滿足就十分不利，且同胞手足也須擔負較多照顧殘障兄弟姊妹的責任，尤以女性的同胞手足為然。所得較高家庭的孩子似較有機會去參與家庭之外的活動，同時也較有時間去從事社交活動。父母教育程度較高者加諸年長的同胞手足去照顧殘障兄弟姊妹的責任會比較少，且他們也比較會鼓勵孩子多參加家庭外的活動。

3. 宗教信仰：一般而言，宗教信仰可能會影響父母對生出殘障兒的反應，例如，信仰羅馬天主教的家庭會比猶太教或新教徒的家庭更能接納殘障的孩子。熱衷於宗教活動的母親在面對家有殘障兒的壓力時，多比較肆應有方，且母親對宗教的參與也有助於提高殘障孩子的同胞手足之自尊，並減少沮喪與焦慮的徵候。

㈡父母的態度與期望

父母對家有殘障的態度與處理能力往往會影響非殘障子女對殘障同胞手足的反應與適應。換言之，父母越能接納殘障兒，則正常的子女也較能接納殘障的同胞手足。父母面對殘障兒時，如能表現坦然與積極的態度，應有助於其非殘障子女的心理適應，其中尤以父親的態度對家庭的適應或許更具影響力。此外，父母在面對家有殘障時，也常有期望正常的子女分擔照顧殘障同胞手足責任的情形。在這種狀況之下，身為姊妹者似比兄弟會被要求得更多。由於作為姊妹者要比兄弟所受的壓力更多，因此可能比較容易出現情緒或行為問題。殘障者的同胞手足在分擔照顧殘障者的責任後，也可能有人會因此而獲得自我成長，以致有在其生涯發展上進而從事某些助人專業（*helping professions*）的情形，同時對於那些境遇不如己者，也較能表現忍讓與同情的態度。

㈢非殘障手足的因素

可能影響非殘障手足適應家有殘障同胞的因素，被討論得較多的應是他們本身的年齡與性別。不過非殘障手足這兩個因素與其殘障同胞的年齡與性別似存在著互動關係。年齡與性別因素和同胞手足適應家有殘障的相關情形，比較受到注意的有下列這幾方面：

1. 正常的孩子如屬老大與兄姊者一般較不會受到殘障弟妹的影響，而年齡較小的男性同胞手足，則會出現較多的適應問題。

2. 年紀小的殘障孩子比年紀大者，對非殘障同胞手足所造成的適應困擾要來得少。

3. 比殘障孩子年紀小的非殘障手足所能獲得父母的關心與照顧，可能比不上他們的兄姊，因父母為照料殘障孩子多感分身乏術，已和過去不可同日而語了。

4. 家有殘障後，身為姊姊的多被要求分擔照顧的責任，因此他們所受到的不利影響也可能最大。這種照顧責任的分擔，往往會附帶出現同胞手足間衝突的增多、積極互動關係的衰微，以及同儕接觸與家庭外活動機會的減少。

5. 殘障孩子的同胞手足如與殘障孩子不同性別，則其心理適應會比較容易。要是性別相同且年齡接近，對正常孩子的適應就相當不利。正常孩子與殘障手足的年齡差距愈大，則對正常孩子的適應也愈有利。孩子的年齡差距較大時，父母的壓力會較小，且也可能有較好的婚姻關係，這些皆有助於同胞手足互動關係的良性發展。不過威爾森、布列丘與貝克（*Wilson, Blacher, & Baker, 1989*）的研究發現，和殘障手足的性別相同且年齡相近的正常孩子，所受到的影響却是較正面的。這些正常與殘障的同胞手足皆覺得他們彼此之間具有緊密的聯結關係（*connectedness*）。然而話講回來，同樣年齡與性別的孩子雖可享有親近的同伴關係之好處，但像這樣的親密往來也常是同胞手足衝突之源（*Lobato, 1990*）。

㈣殘障手足的因素

殘障者本身的因素可能影響同胞手足的互動關係者，比較重要的計有殘障類型、殘障程度及殘障者的年齡這三方面，玆分別說明於下。

1. 殘障類型——

一般而言，單獨地提及某一殘障類型，似很難了解它對殘障孩子的同胞手足會有怎樣的影響。吾人在論及殘障類型的影響力時，似乎不應忽略殘障者個人的特質、性情、行為的功能、性別、年齡，以及父母對待他們的態度等可能附加的交互效應（*Lobato, 1983; Simeonsson & Bailey, 1983*）。

2. 殘障程度——

殘障孩子的殘障程度如果越嚴重，則對其非殘障同胞手足所產生的不利影響也越大。這種影響主要與殘障孩子的需要更多照顧有關。過去曾有研究發現（*Beckman-Bell, 1980*），父母與家庭所感受到的問題，其中有66%的變因係單單由照顧殘障孩子的負擔所引起的。在父母照顧殘障孩子之不暇，非殘障子女受到疏忽與被要求分擔照顧的責任，應是極為可能的事。不過這種情況也許仍須視家庭所擁有的財力資源而定。這也就是一些社經地位較低的家庭之子女被要求去分擔照顧殘障手足的責任，似乎比社經地位較高者要來得平常的道理所在。此外，家庭中正常的子女對輕度殘障的同胞手足的態度，一般會比對待較重度殘障者要更為負面。其原因可能由於輕度障礙的孩子之表現，好似沒有達到他們看來應有的水準，也有可能他們所受到父母的關注與照顧，在其正常的同胞手足看來，認為並非應得與適配（*Tew and Laurence, 1973*）。

3. 殘障者的年齡——

一般而言，殘障者的年齡越大時，越會讓其同胞手足感覺彼此的差距益形擴大，對殘障手足的照料，其難度也日增，因而所經驗到的壓力也更大。不過要是殘障者在年齡漸長後，自我照顧的能力也日增的話，親子的關係則可能更為密切。在殘障孩子小的時候，父母多會負起主要的照顧責任，但當父母年老或逝去，殘障者也成年時，則可能由同胞手足扮演主要的支持與照顧的角色。此時殘障者與其兄弟姊妹的關係，和過去相比，可說已屬於另一種不同的境界了。

影響同胞手足適應家有殘障的因素，雖大致可從家庭因素、父母的態度與期望、非殘障手足的因素，及殘障手足的因素這四個向度去加以探討，但吾人在將這些可能的變因運用於解釋和預測同胞手足面對家有殘障的適應情形及彼此的互動關係時，似仍須注意殘障者與其同胞手足的關係所存在的下列三個特性：

1. 殘障者對其同胞手足的影響是具有連續性（*continuum*）的。它可能從十分正面的影響到非常負面的結果皆有可能出現。

2. 與非殘障者的適應有關的諸多變因，往往會經由彼此的交互效應（*interaction*），而影響非殘障者與其殘障手足的關係。

3. 非殘障者與其殘障手足的關係並非是靜態的。換言之，如我們發現殘障者與其同胞手足在某一時間有良好的關係存在，並不意味著在另外一個時候，這些同胞手足對其殘障的兄弟姊妹不會有某些十分負面的感受或消極的反應。

第四章

親職教育理論

第一節
艾德勒學派的親職教育理論

一、親職教育的理論基礎

艾德勒學派的親職教育理論係根源於艾德勒（*A. Adler, 1870～1937*）的個體心理學（*individual psychology*）。艾德勒的個體心理學並非是所謂的個人心理學（*psychology of the individual*）。它所強調的乃是艾德勒的整體觀（*holistic stance*），認為人是不可分割的一個整體（*an indivisible unity*），人也只有就整個來看才能加以了解（*Mosak & Dreikurs, 1973*）。艾德勒並未刻意地去建立所謂的親職教育理論。艾德勒學派的親職教育理論，直言之，應屬艾德勒的個體心理學在親職教育上的應用。艾德勒對親職教育有較多的涉入，似開始於一九二〇年代左右他在維也納公立學校中所創設的兒童輔導中心（*child guidance center*）。這種具有親職教育性質的兒童輔導單位除在維也納普遍增設外，嗣後也被移殖到美國，再經其弟子爵克士（*R. Dreikurs*）等的大力提倡，艾德勒的親職教育觀點就更為舉世所矚目。本節對艾德勒學派親職教育理論的介紹，即以艾德勒本人及爵克士的見解為主。

艾德勒學派的親職教育觀點，主要建基於親子關係、兒童不良行為的發展與輔導之見解上面。這些見解也成為艾德勒學派用來教導為人父母者的重要內涵。茲將這幾方面的觀點分別說明於後（*Christensen & Thomas, 1980*）。

㈠對親子關係的觀點

艾德勒學派在論及親子關係對家庭的社會化過程（*socialization process*）、平等的親子關係，及民主的家庭氣氛著墨甚多，茲分敘如下：

1. 家庭的社會化過程：兒童人格的形成與其父母所營造的家庭環境可謂息息相關。兒童所養成的行為、態度、價值觀等，莫不是其家庭的社會、文化、種族、宗教、經濟、教育等因素的反映。兒童即在家庭這樣的社會系統中學習如何去適應環境（*Dreikurs, 1955*）。艾德勒學派的人士認為兒童許多理想與目標的形成，以及重要行為組型的學得，皆屬其家庭社會化的功能。職是之故，艾德勒學派的親職教育即特別強調，彼等對父母的協助是一種教育的努力（*an educational endeavor*），而非醫療的過程（*medical procedure*）。由於此一學派的人士認定知識、訊息或經驗的缺乏，而不是疾病本身，才是不良適應行為的根源，因而學校在實施親職教育時最能提供給學生父母者，也就是那些有助於學生在家庭中健康的社會化所需的相關資訊、經驗或教育。

2. 平等的親子關係：現今民主社會跟過去專制極權時代最大的差別，應屬人生而平等（*equality*）這一觀念的深植人心。艾德勒學派的人士即認為過去專制威權時代所強調的上下尊卑的人際關係（*superior-inferior interpersonal relationships*），已不符社會潮流。為人父母者如果一味地以威權和高高在上的立場跟孩子說話，卻不了解現在的孩子是以平等的角度在聆聽時，則親子之間的溝通不良，彼此的損來損去，就不足為奇了。艾德勒學派的親職教育之目的，就在從平等的親子關係出發，以協助父母與孩子去發展彼此間較為適當的互動型態。以言親子關係的「平等」，並非代表親子關係上的「等同」（*sameness*），而是指在價值（*value or worth*）上的「平等」。因為無論是親子或師生之間仍會存在角色的差異，但只要彼此能相互尊重並認同對方具有平等的價值，即屬互動關係的平等。基於親子關係的平等性，父母對子女的管教就不應採取處罰（*punishment*）的方法，因為處罰含有某一個人要比另一個人優越的意味，極易造成孩子的反彈。反之，運用鼓勵（*encouragement*）、合乎邏輯的後果（*logical consequences*）等方式，以培養子女良好的行為，就比較符合相互尊重與平等對待的意義。

3. 民主的家庭氣氛：民主（*democracy*）的概念與平等應該是脫離不了關係的。平等的概念常會被誤認為是「縱容」（*permissiveness*）。以縱容的方式教養子女並不表示就是民主，而只是在顯現一種脫序的狀態（*anarchy*）。如果吾人將專制（*autocracy*）認定是有秩序而無自由的話，脫序的狀態就是有自由而無秩序，而民主所該表現的應是既有自由又有秩序。在民主的家庭氣氛中，父母所給予子女選擇的權利與自由，應是子女的年齡、經驗與能力所許可與有把握的，如此子女固然可以獲得適當的學習經驗，而父母也不致有失職之虞。此外，艾德勒學派認為，在一個講究民主的家庭，如何了解、鼓勵，或激發子女表現適當的行為是十分必要的。因為在傳統專制威權的家庭，也許其子女只要聽命行事即可相安無事。可是在民主的家庭，教養子女的目標卻是自發與內控（*internal control*）的，吾人如欲培養自制與自立的子女，則如何激發子女的行為動機就格外的重要。

㈡對兒童不良行為發展的觀點

艾德勒學派對兒童不良行為的形成與發展，有其一套獨特的觀點。根據筆者的歸納，似可從基本假設、不良行為的目標，以及人際的互動性三方面去加以說明。茲分敘如後。

1. 基本假設——

艾德勒學派認為人是社會化的動物，其行為是有目的的，且其基本的需欲（*basic desire*）即是要有歸屬感。從此一基本假設出發，吾人即可認定普天下之人類的首要目標，就是在追求有所歸屬的地位（*a place of belonging*），以及一種受到社會接納和自己是有用的感受。人的這種目標取向，從嬰兒期開始在家庭中尋求成人與同胞手足的認同，歷經就學期爭取同儕的接納，以至成年後的「打拚」以爭取在社會上的一席之地，莫不表露無遺。

2. 不良行爲的目標——

艾德勒學派認為行為不正常的兒童可視為是受到挫敗，而在家庭或社區中未能獲致確實的地位（*positive status*）的孩子。基於人類的行為皆是有目的的假設，行為不良的兒童，其所追求的目標大致有四：(1)引起注意或給予服務；(2)爭取權力或挑釁；(3)洩憤或報復；(4)顯示不適切或缺陷感。兒童之所以會追求前述的這些目標，可能緣自彼等對外在事件有錯誤的解讀，以及做了錯誤的論斷與決定所引起的。

如果某些兒童認定自己別無歸屬或無啥貢獻，即可能會發展出第一種錯誤的目標，以為只要他們能引人注意或得到別人的服務，就可以獲致安全的地位。就因為出乎這種錯誤的解讀，他們可能對注意力或服務有過度的要求，使得別人跟著窮忙而增添不少困擾。然而，當這些兒童欲引起注意的伎倆因遭致強力反彈而無法得逞時，他們會停止那些需索過度注意或服務的舉動，轉而追求權力或挑釁之類的錯誤目標。他們同樣會誤認為只要他們為所欲為，他們就可有一席之地。因此你要他們向東，他們就是偏要向西。你不要他們做，他們就是偏要做。可謂一味地唱反調，毫不屈服，硬是表現想要當家作主的態度。如果這些兒童覺得他們無法引起注意或表現權勢時，他們可能會認定只要他們傷害別人，就像他們感覺受到別人傷害一樣，是他們唯一可以有所歸屬與令人感覺重要的途徑，由此他們會追求第三種錯誤的目標，而以洩憤或報復作為他們行為的目的。最後，要是這些兒童無法引起注意、爭取權力或洩憤時，他們可能會採取顯示不適切或缺陷感的第四種錯誤目標。他們會表現出實在或想像的缺陷、退縮、沮喪或放棄責任。這些兒童認定這是他們可以擁有一席之地的方法。

引起注意、爭取權力、洩憤，及顯示不適切感皆屬於短程目標（*immediate goals*）。人除了會有短程目標外，也可能會有中程目標（*intermediate goals*）與長程目標（*long-range goals*）或最終虛構性的目標（*final fictional goals*）。所謂中程目標如生理與心理的舒適感、取悅他人、制馭別人、凌駕他人、生活具有意義等；而長程目標事實上是一種生活型態（*the life-style*），如總是求好心切、想要能加掌控、在所有場合皆想成為被注目的焦點等。短程目標和中程目標及長程目標的性質固然有別，但所有的這些目標皆是用來樹立個人的地位則是相同的。儘管一個人可能會有較長程的目標，不過人們在面對立即性的場合，皆會運用較短程、立即性的目標去追求安全、調適與方向確定的安身立命之處。

如果孩子在人際互動中確定有自己的地位，且也有歸屬、安全與被接納的感覺，他們就不會再去營求一席之地，而能循規蹈矩符合環境的規範。然而，要是他們不能確知他們的地位如何，懷疑本身的適切性，變得挫折沮喪，或不相信透過自己所能做的也可以獲致一席之地時，他們就可能會去追求前述的四種目標，藉著成人所能做的（如給予注意、服務等），以達到爭取一席之地的目的。因此，兒童的需求過度的注意、一意孤行、以牙還牙或顯示無能以求遺世獨立，皆是在正常的人際互動中無法獲致安全與歸屬時，用以彰顯本身重要性的一系列行為反應模式（*Dreikurs, 1967*）。

根據艾德勒學派的看法，前述的那四種錯誤的目標，特別容易在十歲之前的兒童身上看出來。可是一到青少年期，除了這四種錯誤的目標外，他們也會追求其他許多不同的目標，如尋求刺激、享樂與趣味，以求在同儕中顯示自己的重要性。到了成年以後，其他錯誤的目標尚包括追求錢財、權位等。基本上引起注意、爭取權力、洩憤與顯示不適切感這四種目標，皆可在每一個年齡與人生的每一個階段出現，儘管它們未必就是目標的全部。只可惜人類的諸多地位與聲望，似經由無益與破壞性的行為比有益與建設性的行為更容易與更常被獲致。這或許就是這些錯誤的目標得以生生不息的原因吧！雖然成年人所追求的目標是比兒童和青少年要更複雜，不過真正的區別應是成年人比兒童和青少年對自己的想法與感受更懂得作有效的掩飾。成功地掩飾個人的動機與意圖就變成了所謂的「成熟」（*maturity*）。兒童或青少年由於尚未達到這種「成熟」的火候，就會公開地表示他們的態度，他們的目標與意向就可能顯露無遺了。

3. 人際的互動性——

艾德勒學派認為行為是在社會的情境（*social context*）中發生的，且人是出生在一個必須去參與相互關係（*reciprocal relations*）的環境。因此人是無法以孤立的方式加以研究的。這也正如完形心理學家（*Gestalt Psychologist*）勒溫（*K. Lewin*）所說的：「行為是人與環境的函數」（*Mosak & Dreikurs, 1973*）。職是之故，艾德勒的個體心理學也常被認為是一種人際心理學（*interpersonal psychology*）。根據艾德勒學派的看法，人類大部分的問題基本上皆具有公眾與社會性。人際行為（*interpersonal behavior*）也具有補充與非補充的特性。所謂補充行為（*complementary behaviors*）是那些符應、協調或配套的行為，這類行為並具有相互引出、伴隨或補充的性質。事實上，補充行為可以是積極、具有建設性，也可以是消極、具有破壞性的。行為之所以被稱為是補充的，是因為彼此之間常是如影隨形、相互交流的。因此，行為的補充性似可再分為積極互動性（*positive reciprocity*）與消極互動性（*negative reciprocity*）這兩種類型。至於非補充行為（*noncomplementary behaviors*）則是那些對立、相反的行為。這類行為會引發出與現有的行為相反的行為。補充與非補充行為皆可在任何人際互動的場合中觀察得到。

以言補充行為中的積極互動性，最常見的例子便是孩子的順從與接受父母的權威與控制，此時的親子關係便是具有積極互動性；因為孩子在這種狀況下多能表現對其所期望的角色與行為，並對父母有積極與對應的合作反應。積極的行為互動性之表現在孩子小的時候應該十分常見，不過孩子到了青少年期以後，他們常會認定為了能夠獨立自主，他們需要抗拒父母的控制。此時，儘管孩子仍會認同父母所期待於他們的角色與行為，不過他們對父母卻可能出現消極的合作態度。此即所謂的消極互動性。面對孩子的這類消極反應，父母要是憑恃威權欲使之就範，所產生的反彈也大。如果雙方各有堅持，親子的衝突就難以避免。因此消極的行為互動性似無助於親子關係的良性發展。要打破親子關係的消極互動性，或許可透過非補充行為的運用，不以牙還牙，做些非所預期的反應，以期能建立新的互動關係，而將親子關係導向積極的行為互動性去發展。

㈢對兒童不良行為輔導的觀點

從對兒童不良行為發展的觀點出發，艾德勒學派也提出對不良行為輔導的若干觀點。茲分就行為的了解與溝通及改變反應型態這兩方面加以說明。

1. 行爲的了解與溝通——

對兒童不良行為的輔導之前提，應是對兒童不良行為有所了解與掌握。基於兒童不良行為的出現，背後皆有其錯誤的目標或意圖這樣的假設，因此了解兒童可能存在的錯誤目標是很重要的。這些錯誤目標的了解，一般可透過觀察得知。大部分的兒童皆很率真，其行為與目標之間的關係往往顯而易見。不過對於青少年行為的了解，吾人必須去觀察彼等的目標與同儕團體和成人社會的關係，以真正掌握他們的「個人邏輯」（*private logic*）。除了觀察之外，吾人也可以從兒童的行為帶給別人的影響而了解其錯誤的目標為何。換句話說，父母對兒童行為的反應，往往是與兒童的錯誤目標和期望相互呼應的。這種情形也可以顯示兒童的不良行為是如何的受到成人的反應所增強。

在發現了兒童錯誤的目標之後，接著或許可將這種對其錯誤目標的了解傳達給孩子知道，以求得到證實。在與孩子做這種溝通時，宜選擇在雙方氣氛良好，以一種假設性、非責難與不武斷的方式加以探詢。大部分的孩子對這類的溝通與探詢皆會有興趣，因為他們也很想知道自己隱藏的意圖到底是怎樣。例如，有些父母常會抱怨須經常去調停子女間的衝突。我們或許可以從為人父母者的這種困擾，猜想其子女行為的目的不過是要藉著父母的忙於平紛止爭而獲得較多的關注。在這種狀況下，也許我們可以問孩子說：「你和哥哥吵架就是要你的媽媽跟著你忙個沒完嗎？」此時孩子的立即性反應是十分重要而有意義的。如果我們的猜測正確的話，孩子會立刻稱是或以淘氣的露齒而笑來表示肯定。這種奇特與淘氣的露齒而笑就是爵克士所謂的「承認的反應」（*the recognition reflex*），也就是兒童對突然感覺受到了解所引發的自然反應。要是我們猜測不正確的話，兒童就不會有這種反應，我們就可再提出其他的猜測，以發現兒童行為真正的目標何在。

2. 改變反應型態——

要矯正兒童的不良行為，固然先須了解兒童不良行為背後所潛藏的錯誤目標究竟為何。但吾人如已掌握兒童所存在的錯誤目標後，接著便是如何改變父母或成人對兒童錯誤的反應型態了。為人父母者對孩子的錯誤行為目標之反應，可從態度與實際的回應方式去努力。在態度方面，為人父母者應認識到在民主社會中親子關係是平等的，彼此應該相互尊重。只有父母對子女尊重，才能獲得子女的敬愛。因此，父母在面對子女存有錯誤的行為目標或意圖時，切忌隨意加以標記（如說孩子懶惰、幼稚、愚蠢等），而應提供孩子更為安全與寬廣的發展空間，以學習如何獨立與為自己的決定負責。如此，他們將不致動不動就對父母的意見或作法有過度的反應。此外，在對孩子的錯誤目標之實際的反應方式方面，父母應採取非補充行為的反應方式，不要一味地跟著孩子的錯誤目標予取予求的做反應，而該反孩子錯誤目標之道而行，以突破既有的、消極的行為互動性，逐漸建立積極的行為互動性。如此，親子間就可望發展出更安全與穩固的建設性關係。例如，前述以和同胞手足爭吵來贏取父母更多關注的孩子，如果父母因孩子的爭吵而給予過度的注意，則無形中就建立了消極的行為互動性。要是父母能反孩子錯誤目標之道而行，不再給予注意（非補充行爲），則可逐漸消弭這種錯誤的互動型態。此時，父母如能再配合提供給孩子一個安全、接納、尊重與有歸屬感的發展環境，則良好親子關係的營造應是可以預期的。

二、親職教育的實施策略

艾德勒學派將上述的親職教育觀點落實於實際的親職教育活動，主要係透過親職學習團體（*parent study group*）與親師教育中心（*Parent-Teacher Education Center*）這兩個途徑去加以推廣。親師教育中心是對父母、教師與兒童提供諮商（*counseling*）服務的單位。至於親職學習團體，則係以小團體輔導的方式幫助父母學習艾德勒學派的親職教育概念與技巧。這兩種親職教育的實施策略或途徑，尤以親職學習團體最受矚目，故以下將分別再就教育原理、學習團體的目標，及團體的組織與運作三方面進一步加以介紹。（*Christensen & Thomas, 1980*）

㈠教育原理

親職學習團體的實施係以下列的心理學原理作為親職教育的基礎：

1. 民主的親子關係係基於友善和堅定態度的相互尊重。友善是對孩子的尊重，而堅定則是對自己的尊重。

2. 如能找出孩子目前錯誤的目標，並對這些行為的社會性後果有所了解，將有助於父母去掌握孩子的心理狀況。

3. 由於在真正的民主社會，所有的人在社會上皆是平等的，獎勵與處罰並無用武之地，因此自然與合乎邏輯的後果就取代了有實質權威的人物之威權與環境的社會需求。

4. 採取可以傳達尊重、愛、支持與孩子具有人的價值之鼓勵的作法，是幫助孩子更能有自我價值正面感覺的重要方式。不良行為被視為是一種灰心氣餒的徵候。經由對孩子優點的強調，以及父母的表達溫暖、接納與愛，將有助於營造親子之間的合作關係。建立了這種友善的關係之後，父母將能幫助孩子去發展出更具建設性，且在社會上有用的態度與行為。艾德勒學派教養孩子的方法不只是要改變孩子的行為而已，更重要的，他們也要改變孩子的動機，這可能是此一學派和行為主義學派最大的不同。對於艾德勒學派而言，改變行為算是次要的，而培養孩子的自尊、自立、負責、合作與參與社會的興趣才是主要的目標。

與前述的四項教育原理的精神相一致，在艾德勒學派的親職教育活動中，也有人提出教養子女的十二信條（*Ehly, Conoley, & Rosenthal, 1985*），茲臚列於下以供參考：

1. 不要針對孩子是怎樣的一個人而加非難，但可不贊成他所做的。

2. 對好的行為給予注意及讚美，而非不好的行為。

3. 鼓勵與允許討論，但記得應是由父母做最後的決定。

4. 懲戒應迅速、合理，並與過失相關，且確定會發生，但不必嚴厲。

5. 拋棄所有你不願執行的規則，但如你認為合理，應欣然對這些規則加以改變。

6. 不必訓誡也不用警告，年輕人會記得他們認為重要且需要去記住的事情。

7. 不要覺得需要去為規範辯護，不過你應試著去把這些規範說明清楚。

8. 當你的孩子長大一點，許多規範可以具有彈性並可加討論與妥協。然而，對於少數你真的覺得很必要的規範，就認真加以執行，而不必管其他的家長有什麼樣的規範。

9. 當兒童或青少年顯示有能力承擔責任時，應允許他去擔負他決定接受的責任。

10. 不要期望兒童表現出比你身為父母更大的自制能力。

11. 以誠實待你的子女，虛偽是會露出馬腳的。

12. 你子女的自我形象（*self-image*）中最重要的因素是他以為你所認為的他是怎樣，而他的自我形象也是他怎麼做和他做的是什麼的一項重要影響因素。

㈡學習團體的目標

艾德勒學派的親職學習團體所揭櫫的基本目標計包括下列三個重要項目：

1. 釐清在民主的社會中，平等的家庭成員共同生活所應有的基本要求。

2. 了解行為是有目的的且是目標取向的。

3. 找出與鼓勵發展有助於培養負責、相互依存、合作與對家庭有貢獻之個人的行為。

㈢團體的組織與運作

艾德勒學派的親職學習團體一般係由八至十二名成員所組成的，這些成員最好是夫婦一起參與。這種學習團體通常每星期聚會一次，每次歷時約二小時，前後持續八至十二週。學習團體的領導人多由曾有學習團體參與經驗，且熟稔艾德勒學派親職教育原理的父母擔任。團體領導人所扮演的只是主持人或催化者，而非專家的角色。每次聚會皆有與教養子女有關的題目提供討論，另外也分配有時間去討論參與者的個別問題。除了討論之外，這類學習團體也會藉講義、書刊的閱讀與家庭作業的分派，以強化團體成員的學習成效。

第二節 吉諾特的親職教育理論

一、親職教育的理念

吉諾特（*H. Ginott*）對於親職教育的觀點，可謂係其長期從事教師、兒童心理治療師、親職輔導人員與臨床心理工作督導員的體悟。吉諾特最早學的是教育，曾在以色列教過小學。在他任教小學的那幾年中，總覺得對學生的問題未能充分掌握，也極感挫折。後來他移民美國，並在哥倫比亞大學大學部及研究所完成臨床心理學的訓練。其後，他即陸續從事臨床心理輔導、親職教育等相關的工作。吉諾特的親職教育理念，綜而言之，大致可從親職教育的重點、教養知能普及化之主張、同理心（*empathy*）溝通的重要性、父母輔導需求評估的必要，以及親職協助的層次這五方面去加以說明（*Orgel, 1980*），茲分敘於後。

㈠親職教育的重點

吉諾特認為大部分為人父母者在教養子女所面臨的最大困難，厥為經驗的缺乏、認知的錯誤或接受不良的父母角色典範，而非個人心理或態度上有什麼問題。換言之，我們不應如一般心理治療或諮商的作法，將為人父母者看成像罪犯一樣，非得要他們在心理上澈底檢修（*overhaul*），方能有效地去教養子女不可。因此，吉諾特認為在親職教育中應好好教給父母的，該是教養子女的方法以及和子女溝通的技巧，而非讓父母去學些華而不實的「理論」。

㈡教養知能普及化之主張

吉諾特從他長期的臨床實務工作中深深覺得，吾人應將兒童發展與教養方面的知能與社會大眾共享，而不應該只是由所謂的專家所獨享。這也是他後來有大部分的時間皆在從事成人教育，以宣導教養孩子的知能，而較少致力於問題家庭之輔導的原因。吉諾特這種教養知能普及化的主張，事實上就是一種預防心理學（*preventive psychology*）的觀念。

㈢同理心溝通的重要性

根據吉諾特的看法，為人父母者最重要的責任便是將子女教好。為人父母者要盡到此一責任，除了本身要樹立良好典範並深諳教養之道外，尚應提供孩子安全與接納的成長環境。吉諾特從他的臨床工作中發現，吾人對兒童的情感經驗（*affective experience*）之掌握十分重要。我們如能對孩子所表達的這類經驗以感性、憐憫與同理心加以回應，則必有助於孩子健全的成長與發展。吉諾特認為同理心的溝通是可以學到的，它不只有助於人際關係的良性發展，更可促進行為的積極改變。因此屬於感受的反射（*the reflection of feelings*）性質的同理心溝通，遂成為其有效親職輔導的核心所在。吉諾特即將此一技術運用於其親職教育或輔導中，以提供為人父母者所需的情緒支持、安全感、自信心，並從而協助他們學到必要的教養知能。吉諾特深信接受過這類親職教育或輔導的父母，將在子女心目中樹立成熟的典範，並有能力去關照與協助孩子在情緒、智能與社會的發展。

㈣父母輔導需求評估的必要

吉諾特發現傳統臨床上對家庭的協助多是以父母為中心（*parent-centered*）的心理治療或諮商工作。事實上，大部分的父母所需要的卻是以孩子為中心（*child-centered*）的輔導與教育。吾人對協助策略與技術的抉擇，應根據對個別家庭的父母所做的輔導需求評估結果，而非憑空處方或對某一策略有效性的假設。惟有如此，吾人才可能對需要輔導的父母提供實質的幫助。

㈤親職協助的層次

吉諾特對為人父母者所提供的協助，兼採個別與團體的輔助方式。不過他對團體的處遇技術（*group intervention techniques*），可謂情有獨鍾。吉諾特曾師事艾思蘭（*V. Axline*）與史拉夫森（*S. R. Slavson*）兩氏。他對團體的協助工作之偏愛，多少受到史拉夫森的活動治療（*activities therapy*）與艾思蘭在親職教育所實施的團體遊戲治療（*group play therapy*）之影響。吉諾特認為團體協助方式的採用，將更能發揮專業人力的效能，同時如吾人能運用得法，也有助於提高團體成員的學習成效。吉諾特更進一步根據父母在教養子女時所存在問題的性質與嚴重程度，而將親職協助以團體的形式分成團體心理治療（*group psychotherapy*）、父母團體諮商（*group parent counseling*）及團體輔導與親職教育（*group guidance and parent education*）三種層次。換句話說，不同的父母有不同的問題與需求，吾人應該針對這種殊異的狀況，提供不同層次的協助策略。吉諾特認為親職協助的層次可以從以父母為中心到以孩子為中心，構成一種處遇的連續性。團體心理治療、父母團體諮商及團體輔導與親職教育，即代表在此一處遇連續性上的三種不同的協助層次，茲分別析述如下：

1. 團體心理治療——

團體心理治療的目標就正如個別心理治療一樣，是在致力於當事人（*client*）人格結構比較永久性的改變。需要接受團體心理治療的父母本身皆有明顯的情緒障礙（*emotional disturbances*）與心理病的徵候，而使得自己顯得極度困惱，且對子女的教養問題也顯得應對無方。因此，團體心理治療的運用即屬以父母為中心的處遇策略。照理來說，心理治療應不屬親職教育的範疇，不過吉諾特覺得還是有少數父母由於其知覺、態度與價值觀的扭曲，如不對其內心功能（*intrapsychic functioning*）先善加調整，則很難改變他們教養子女的態度與行為，而真正讓他們從親職教育受益。職是之故，對於有內在心理困難的父母，則團體心理治療應是提供他們親職教育之前的先驅處遇工作。

2. 父母團體諮商——

團體諮商在功能上類似於個別諮商，它也在協助父母增進本身的適應能力，並與其家人建立滿意的互動關係。團體諮商並不像團體心理治療那樣致力於當事人基本的人格改變，它所關注的卻是如何消弭由情境所導致的壓力、衝突與不良適應，從而增強當事人的適應功能。透過團體諮商的過程，參與團體的父母成員將可因彼此在問題與經驗的分享，及學得並採取同理心的溝通方式，而有助於減少防衛，並增強與改善自我形象。不過團體諮商欲發揮這樣的功能，則其輔導員（*counselor*）非得要表現自信、接納、溫暖與敏感等特質不成。團體諮商的另一項重要的目標，即在培養父母客觀處事的態度，使他們在親子關係的處理上不致有情緒性的反應。應該接受團體諮商的多是那些具有中度而非重度神經質或不成熟的父母，但尚達不到精神病的程度。他們較常採用者是一些自懲性的防衛（*intropunitive defenses*）方式，而非投射（*projection*）或轉移（*displacement*）之類的肆應機轉。這些父母如不過度被其焦慮、憤懣等情緒所困，倒還能對孩子提供相當的照顧。對於需要團體諮商的父母而言，在開始的時候，可能尚不是提供親職教育。這些父母充滿焦慮、防衛與知覺的扭曲，只有經由團體諮商，才可望幫助他們恢復理性、客觀的處世態度，並進而藉親職教育學得必要的知能，以適當地教養其子女。因此團體諮商對這些父母來說，應視為正式親職教育之前的必要前奏。

3. 團體輔導與親職教育——

在吉諾特所協助的父母當中，有些只是缺乏教養子女的知識、技能與經驗，或對教養子女有錯誤的認知，而本身並無心理的困難，對於這些父母他即採取父母輔導團體（*parent guidance groups*）的方式加以協助。至於親職教育則是他將親職輔導的作法對社會大眾作普及性的推廣。因此無論就理論或方法而言，親職教育與親職輔導（*parent guidance*）是十分類似而相通的。如果說團體心理治療是以父母為中心的話，團體輔導與親職教育則屬以孩子為中心的作法，而團體諮商應是介乎其中的處遇方式。

二、親職教育或輔導的實施策略

吉諾特雖會根據父母在教養子女時所存在問題的性質與嚴重程度，而給予心理治療、諮商與輔導或教育等不同的處遇方式。不過對於那些本身並無嚴重的情緒障礙，而只是與子女的關係存有困擾的父母，則正是團體輔導與親職教育適用的對象。對於吉諾特的親職教育或輔導的實施策略，筆者將分就親職教育或輔導的目標、親職教育或輔導團體的組成，與親職教育或輔導的實施過程三方面加以說明（*Orgel, 1980*），茲分敘於後。

㈠親職教育或輔導的目標

團體的親職輔導或教育的目標較之心理治療或諮商的目標，更可見其侷限性。它主要在增進父母與子女日常互動的功能。其目的乃希望藉由親職教育或輔導可以協助父母了解孩子的行為與需求，能設身處地體會孩子可能的感受，並學到適當的溝通、教養與指導子女的技巧。從這些親職教育或輔導的目標看來，確可顯現親職教育或輔導是充滿以孩子為中心的色彩。

㈡親職教育或輔導團體的組成

由於吉諾特之處遇策略特別強調因人制宜的看法，因此適合接受親職教育或輔導的父母也有其特定的對象。一般說來，較能從親職教育或輔導獲益的父母，他們的問題皆非長期性的，也就是並非從頭到尾都有問題存在的。例如，假設有父母說：「那種問題從孩子出生就有了。」這類父母可能就不是親職教育或輔導的對象。要是另有父母說：「我的孩子一向都很健康、快樂，也很討人喜歡，但我不知道最近怎麼搞的……」，則此類父母就比較適合接受親職教育或輔導。

親職教育或輔導所處理的有相當大的部分係屬於發展性的問題，問題的出現與孩子的發展階段多有密切的相關。為人父母者如缺乏這樣的認知，往往就顯得不知所措。如我們發現父母所指陳的問題與孩子的發展階段確有關係時，這類父母所需要的就正是親職教育或輔導，而非其人格的改變。大致說來，比較容易出現發展性問題的時間是：(1)開始學走路時；(2)從事大小便訓練時；(3)開始上學時（特別是國小一年級）；(4)青春期時；(5)升上高中時。

對於適合接受親職教育或輔導的父母之選擇，尚須注意其在教養子女外的其他功能，如社會關係、就業、社區與婚姻生活方面的適應狀況。適於接受親職教育或輔導的父母一般在前述的功能方面，尚能維持良好的適應水準，他們雖然會覺察到自己教養子女不力，但這些父母尚有強烈的扮演好父母角色的動機，肯去學習教養子女的良方（*Ginott, 1961*）。

除了接受團體輔導與親職教育之父母須慎加選擇外，父母輔導團體的領導人也是親職教育或輔導能否發揮預期成效的關鍵所在。一位成功的父母輔導團體的領導人似應表現以下的特性：

1. 能營造以同理心溝通的氣氛，以化解團體成員的焦慮、罪惡感與防衛，從而促進成員的學習與成長。

2. 能領導團體成員從事以孩子為中心的討論，而避免陷入冗長且離題的會談。

3. 帶領團體討論時應以實際問題為重心，避免高談闊論相關的學術理論。

4. 在領導討論時應避免對當時無法有效處理的個人問題作過度的鑽探，使整個團體輔導或親職教育活動能順利地進行。

5. 能以身示範表現有效的父母應有的行為，如能以專注與理解去聆聽、掌握對方的感受，並以同理心去溝通、領導團體時能顯現友善而堅定的態度，且能致力於增強而非貶損成員的自尊與自信。

吉諾特所主張的父母團體輔導特別強調應發揮經驗分享，以孩子為中心、解決問題，或不評斷等這幾項特色。因此他的典型輔導團體多由十或十二名父母所組成。這些父母每週聚會一次，每次九十分鐘而非一般的五十分鐘，前後歷時十五週。每次聚會時間較一般為長，其目的乃是要讓團體的成員有充分的機會暢所欲言。聚會時團體成員皆就圓桌而坐，以降低領導人可能產生的權威色彩。在每一位成員的位子前面也放有一張寫上其子女姓名的卡片，以彰顯討論係以孩子為中心的特性。

吉諾特在組成輔導團體時也特別注意到這些父母成員的同質性。他通常是依據孩子的年齡階段，如學前、國小、國中等的不同，而將父母組織在一起。如此一來，則同一團體的父母所面臨屬於孩子發展性的問題，比較可能類似，如此討論起來更能產生互動與團體的凝聚力。雖然吉諾特主張組成團體的父母成員其遭遇的問題應該儘量具有同質性，但他卻不贊成成員在教養子女方式上的同質性。他倒是很希望輔導團體的成員有機會感受到不同教養方式所產生的問題到底有什麼差異（如過分縱溺或過度嚴苛），如此將有助於減低成員在教養問題上的自責，並讓他們認識到要想尋求一套放諸四海而皆準以解決個別問題的方法，實無異緣木求魚。

㈢親職教育或輔導的實施過程

吉諾特認為成功的團體輔導或親職教育的實施過程一般會經歷陳述問題（*recitation*）、敏感訓練（*sensitization*）、概念學習（*learning of concepts*），及較好的應對技能之教導與練習（*teaching and practice of better coping skills*）這四個階段，茲分別說明如下。

1. 陳述問題——

在陳述問題的階段，團體的領導者會鼓勵父母描述彼等從其子女所經驗到的問題，以及他們在處理那些問題時所採用的方法。在面對團體成員一連串的抱怨、罪惡感、憤懣與迷惘時，領導人的角色便在做個主動的傾聽者（*active listener*），對父母表示關注、了解與接納（*Ehly, Conoley, & Rosenthal, 1985*）。團體成員在「陳述問題」階段所作的討論大致有下列幾個目的：

(1)讓成員感受到本身的困擾已得到設身處地的了解，從而相信領導人是位安全、感性、關心與值得信賴的人物。

(2)透過領導人經常將會談主題引導到親子關係的問題上，以強調討論係以孩子為中心的性質。

(3)讓成員因在安全與接納的氣氛中能盡情陳述問題，而增進其經驗得到分享與困頓之道不獨行的感受。

(4)讓領導人有機會檢視這種團體輔導或親職教育協助方式對每一位成員的適用性。如有父母所陳述的問題係屬於其內在心理困難者，則可私下請他們接受其他的協助方式（如心理治療、諮商等）。

隨著此一階段活動的進行，團體成員多會感受到比以前更自在，且壓力也減輕不少。同時覺得他們的問題並不是獨一無二的。在領導人所營造的接納與安全的氣氛下，彼等也更容易去學習新的觀念，並採取以問題為中心的思考方式。不過團體成員在慶幸能逢知己之餘，對於其他成員所呈現之問題與教養方式的形形色色也常感困惑而不知所從。此時他們總想從領導人那兒得到一些答案或錦囊妙計之類的。如果這種狀況出現，即可考慮將團體輔導或親職教育的實施推進到下一個階段。

2. 敏感訓練——

此一階段的活動主要在增進團體的父母成員對其子女行為的感受層面（*feeling dimension*）作反應的能力。換言之，即在強化父母敏銳感受其子女行為背後情感內涵的能力。在本階段的活動過程中，所特別重視的乃是孩子的感受（*feelings*），以及感覺與行為之間的因果關係。因此本階段的活動就是要讓為人父母者了解到在處理孩子問題時，光注意他們的行為而忽略其感覺是注定會失敗的；同時也要讓父母認識到如果感覺仍只是親子對話中心照不宣的東西時，則感覺是無法加以改變的；而且父母也應該知道只有感覺與行為在對話時皆被搬上檯面，然後親子在互動中才可能產生學習與成長。

為了幫助為人父母者能有效地去探索其子女行為背後的情感內涵，吉諾特曾用過下列兩種方法：

⑴以溫和但直截了當的方式詢問父母，在親子關係面臨困難時，孩子的感受到底如何。團體成員即可藉此再進一步加以討論。

⑵由團體領導者利用成員日常生活中常碰到的情緒經驗，編造出一些情境故事，如：假設你把菜炒焦了，你的先生說：「你什麼時候才能炒好菜！」；或假設你花了好幾個小時去清理廚房，但你的媽媽一話不說，卻一味地想找到沒有清洗乾淨的地方。團體成員可藉著這些情境故事去討論與探索可能出現的感受與應對方式，並體會對感受所作的有害與有益的反應之情形。

在團體成員了解到不批判的聆聽與將心比心的接納（*empathic acceptance*）之價值後，領導人即可鼓勵他們以本身教養子女的經驗為例，而逐漸將討論的重點置於父母忽視、貶低或譴責子女的情感經驗時，孩子可能的反應上面。

吉諾特認為本階段所作的敏感訓練可說是有效的親職輔導的基礎。同時他也相信父母之所以在處理孩子的問題時會遭遇失敗，皆是他們無法對孩子的感受作適切反應的結果。在經過本階段的訓練之後，團體成員將可對感受在行為改變上的重要性有更深刻的體會，不過他們也可能會對自己為人父母的種種行為感到不滿，而深思有所改變，希望能學到更多有效教養子女的知能。

3. 概念學習——

也許有人會認為吉諾特在團體輔導與親職教育的作法是太過於技術本位（*technique oriented*）了，不過，事實上他在實施技能教學之前，還是強調先要有概念的學習做基礎。在概念學習的階段，為人父母者應該建立的觀念比較重要的有下列這幾方面：

(1)感受與行為是彼此不同的，吾人不該將兩者混為一談。

(2)能讓孩子去經驗與探索他們的感覺，而不覺恐懼或罪惡感是健康的作法。

(3)父母應透過描述與接受孩子的情緒經驗，來培養子女對自我的接納。

(4)感受應該是被允許的，但對行為則非無條件的接納。

(5)情緒的經驗在性質上既非合乎邏輯也不是理性的，因此一個人如存在著相互矛盾的情感也是正常的。

(6)孩子有些負面的感受，如怨恨、憤怒等是很難說出口的，而可能會以惡夢、肚子痛、尿床等徵候出現。此時父母若能鼓勵孩子將這些負面的情緒經驗說出或以其他方式表達出來，則必有助於消除這類的症狀。

團體的領導者在協助父母學習上述的概念時，應以清楚易懂的詞彙加以說明，而避免淨談一些複雜抽象的理論。此外，領導者在協助父母成員學習與教養子女相關的概念時，一般可採用探詢（*questioning*）的方法加以引導，如領導者可要求父母設想他們在處理子女的問題失敗的可能原因，要是為人父母者想不出來，領導者再伺機提供可能的參考性見解。換句話說，我們應儘量鼓勵父母成為主動的學習者。

本階段活動的目的，便在幫助團體成員學到可以分析與改進他們教養子女的行為之一項概念性架構（*a conceptual framework*）。為人父母者如能學到這樣的思考方式，將有助於他們自我檢視教導子女方式的適當性，並對子女的行為與感受能發展出較好的反應習慣，且他們在討論問題時也比較會朝向如何找出解決方案而非光是在表示自己無能、充滿罪惡感或將脾氣發在領導者頭上。在概念學習活動階段結束之前，團體的領導者通常皆會提供為人父母者下列一段座右銘，以增強他們在教養子女的概念之學習成效；如果父母能以本身的經驗為例來印證這些座右銘的真確性，則學習的功效將更為顯著。茲將這段座右銘摘錄如下以供參考（*Ginott, 1961, p.85*）：

孩子若生活於批評中，他學會譴責。
孩子若生活於安全中，他學到自信。
孩子若生活於敵意中，他學會對抗。
孩子若生活於接納中，他學會關愛。
孩子若生活於恐懼中，他學會憂慮。
孩子若生活於賞識中，他學到生活要有目標。
孩子若生活於憐憫中，他學會自怨自艾。
孩子若生活於讚許中，他學會自愛。
孩子若生活於嫉妒中，他學會有罪惡感。
孩子若生活於友善中，他會知道所住的這個世界是個美好的地方。

4. 較好的應對技能之教導與練習——

本階段活動的重點便是在讓團體成員學到與應用實際的教養子女之知識與技巧，其性質有點像是親職教育或輔導的實習活動。在活動過程中特別要教導父母與讓他們練習的應對子女行為問題之技能者，應涵蓋下列這幾方面：

⑴改善成員對描述情感之詞彙的使用：在活動中應提供父母更多與更好的字眼以精確地描述與反映人際互動中的情緒狀況與感受。透過團體的討論與領導者以身示範所表現的態度，團體成員對描述情感之詞彙的使用將可更加豐富與精準，而有助於促進親子間的良好溝

通。

⑵讓父母有宣洩其負面情緒經驗之機會：在親子的互動關係中，面對孩子的問題，父母難免會出現憤怒、怨恨等負面的感受是合理的。父母有這類情緒時能幫助他們去適當地加以發洩，並自我接納這類的感受是很重要的。其理由有四：①父母的負面情緒如過度積鬱會讓他們變得更為防衛與逃避，而無助於親子互動關係的良性發展；②父母能將自己的感受作適當的表達對孩子也可起相當的示範作用；③能將感受表達出來，可以使過去不良的反應習慣不致再度出現；④由於父母將自己的感覺說出來，將可使子女感受到他們的行為是會影響別人的感覺的。

⑶提昇父母教養的技術：為人父母者最需要獲得協助的，應是如何方能有效地處理孩子不良行為的問題。在此一問題中最讓父母傷腦筋的，不外是如何建立孩子的行為規範，與怎樣引導他們在應對進退方面皆能拿捏得宜。一般而言，為人父母者若欲對子女作有效的調教，則下列這四個步驟的處理方法或可參考：

①將孩子憤怒與具有破壞性的感受說出來，如「你覺得被姊姊丟著不管了」。

②描述孩子所違犯的規定或原則，如「玩具是用來玩的，不是要把它弄壞的」。

③提供孩子情感表達之象徵性替代（*symbolic substitutes*）的機會，如「讓我們將你最喜歡做的事畫成一幅圖畫」。

④描述孩子因遵守規範所產生的感受，如「因為你沒有把玩具打壞，你可能對自己感覺好一點」。

以上我們雖將親職教育或輔導的實施過程，分成陳述問題、敏感訓練、概念學習及較好的應對技能之教導與練習這四個階段，不過在實際實施時是可能出現彼此重疊或融合的情形的。例如，第三階段的概念學習是有可能有一部分會在第一與第二階段時就學過了；而某些技能的教導（第四階段）甚至可能早在第一階段時即已教過與學過。

因此，這四個階段活動的實施順序，大致上應是確定的，不過某些活動持續時間的長短與出現的早晚仍可保持彈性，而視團體成員的組成背景、成員所陳現的問題之性質、成員學習的速度，以及親職教育或輔導的目標而定。

第三節 高登的親職教育理論

一、親職教育的理念

高登（*T. Gordon*）原本是一位臨床心理學家，由於他早先對其專業工作充滿醫療模式（*medical model*）色彩的不滿，再加上他所接觸到因孩子的問題而前來求助的父母以及他們的子女，並不見得像他所預期的那樣需要接受心理治療，因此遂引發他對親職教育的注意，並逐漸發展他的親職教育理念與對父母的訓練策略。

高登發現大部分前去向他尋求協助的父母及其子女在親子的關係上似存有困難，他們在共同和樂生活方面正遭遇到許多問題。同時，他們也缺乏方法與技巧將那些問題作有效地解決。儘管這些父母並無心理健康上的問題，不過他們對人際關係（*human relationships*）確存在著錯誤的認知。且這些為人父母者過去所接受過的教育，不管他們是醫師、工程師、律師、教師、會計師、企業家或其他從業人士，似鮮少獲得人際關係方面的知識。因此，他們對人際關係的無知無識，就正如有些工商企業的經理人員未必對人際關係有正確的概念是一樣的。由於高登曾為工商企業界的人士講授過人際關係的訓練課程，因此他遂將此一人際關係的訓練方式轉而應用於為人父母者身上（*Gordon, 1980*）。

高登為為人父母者所設計的人際關係訓練課程名之為「父母效能訓練」（*Parent Effectiveness Training*，簡稱 *P.E.T.*）。對此一訓練課程的發展，高登（*Gordon, 1980*）特別揭櫫下列的設計理念：

1. 人際關係的訓練最好是以團體活動的形式加以實施。

2. 光談理論是不夠的。接受訓練的父母所需要的乃是具體的技巧與方法。

3. 需要在班級中實施技巧的練習活動，使受訓者有信心將方法應用於家庭之中。

4. 需要一位能幹的講師提供技巧的示範、訓練及處理父母面對改變所產生的抗拒。

5. 班級的氣氛須免於評價與批判之威脅。

6. 訓練活動須直接去處理人際關係中的權力（*power*）與權威（*authority*）這類的重要問題。

7. 訓練課程應完全和醫療模式迥然有別，而採取教育模式（*educational model*）的設計。

8. 訓練課程之收費應比心理治療要更為低廉，使親職教育活動能讓更多人受惠。

9. 應讓父親與母親皆能參與訓練課程。

10. 訓練課程應容易向各社區推廣，因此相關專業人員如經訓練也可成為此一課程的講師。

11. 為使各地為人父母者較有機會去接觸「父母效能訓練」，其訓練課程可由許多不同的組織如教會、社會服務單位、學校、基督教青年會、輔導中心、成人教育中心、社區心理衛生中心等來開辦。

12. 為使「父母效能訓練」能夠生生不息，不斷發展，在財務上應足以自給自足，而不必仰賴政府或其他單位的補助。為達到此一目的，訓練活動的經費須依靠父母所繳交的學費作為其收入來源。學費的收入除供做給予教材、講師鐘點、房租等費用外，也提撥一小部分給全國總部〔即「效能訓練社」（*Effectivness Training, Incorporated*）〕作為提供講師專業服務與協助行銷之用。

高登除了設計「父母效能訓練」課程以增進為人父母者的人際關係技巧外，他也將此一效能訓練的理念與內容推廣與應用到教師、管理人員、年輕人等身上，而分別有所謂的教師效能訓練（*Teacher Effectiveness Training*，簡稱 *T.E.T.*）、領導效能訓練（*Leader Effectiveness Training*，簡稱 *L.E.T.*）、青年效能訓練（*Youth Effectiveness Training*，簡稱 *Y.E.T.*）等（*Gordon, 1975*）。高登認為發展「父母效能訓練」課程所根據的人際關係理論（*theory of human relationships*）是可以應用到任何與所有的人與人之間的關係的，而不僅僅適用於親子的關係。他特別強調在效能訓練中，人們最需要學習的人際關係乃是民主、平等、互惠、合作、人道、相互尊重與滿足、以及共同成長的關係。高登將期待於為人父母者所應建立的親子關係，以一則信條（*credo*）加以表達。這則信條頗能顯示「父母效能訓練」的哲學觀點，茲摘述如下以供參考（*Gordon, 1980, p.109*）：

> 你和我係處於一種我珍惜與想要維持的關係。然而我們各自卻是有著獨特的需求與有權利去滿足那些需求的分立個體。
>
> 當你在滿足你的需求遭遇問題時，我會試著以真誠和接納的態度聆聽你說話，以協助你找到你自己的答案，而不仰賴著我的解答。我也會尊重你選擇你自己的信仰與發展你自己的價值觀的權利，雖然它們可能是不同於我的。
>
> 然而，當你的行爲妨礙了我必須做的以滿足我的需求時，我會率直與誠實地告訴你，你的行爲如何的影響了我，我相信你定會尊重我的需求與感受並試著去改變我不接納的行爲。同樣地，不論何時我的某些行爲是你無法接納的話，我希望你會公開並誠實地告訴我，這樣我才能試著去改變我的行爲。

當我們一旦發覺我們各自皆無法改變以滿足對方需求的時候，讓我們承認我們存有衝突，並承諾我們各自均不訴諸權力或權威的運用，或以對方的失敗爲代價去獲勝，而解決每一次類似的衝突。我尊重你的需求，但我也須尊重我自己的。所以讓我們始終努力去尋求一個我們倆皆可接受的答案。你的需求將會得到滿足，而我的也一樣——沒有人會輸，兩個都會贏。

以這樣的方式，經由滿足你的需求，作爲一個人你能繼續去發展，而我也同樣能夠。像這樣，屬於我們的會是一種健康的關係，我們倆皆能努力去變成我們所能成爲的自己。而且我們可以相互尊重、愛與祥和讓彼此繼續保持聯繫。

二、親職教育的實施內容

依照高登的看法，親子關係所發生的問題其實就是溝通的問題。由於為人父母者對於親子關係有錯誤的認知，以及採取不當的溝通方式，就極可能妨礙到親子之間艮性與建設性關係的發展。高登（1975, 1976）所提倡的親職教育就在透過其所設計的「父母效能訓練」課程，教導為人父母者如何正確的認識親子間問題的歸屬，並針對不同歸屬的問題採用適切的溝通策略，以減少子女與父母各自所存在的問題，而營造一個相互尊重、彼此接納與親子可以共同成長的家庭環境。此一「父母效能訓練」課程所要傳達給為人父母者知道的內容，似可分就親子間問題的認識、孩子難題之處理與父母難題之處理三方面加以介紹，茲分敘於後。

(一)親子間問題的認識

高登用行為櫥窗（*behavior rectangle*）來描述親子間問題的分

屬，並提出因應不同性質問題的適當溝通方式。高登認為父母對孩子行為的知覺，可包括「可接受的行為」與「無法接受的行為」這兩種類型。而行為之能否接受，皆以父母的立場而定。如子女的行為會引起父母不快或不滿意的反應，則為不可接受的行為；反之，則為可接受的行為。這種行為櫥窗可以圖 4-1 來表示。

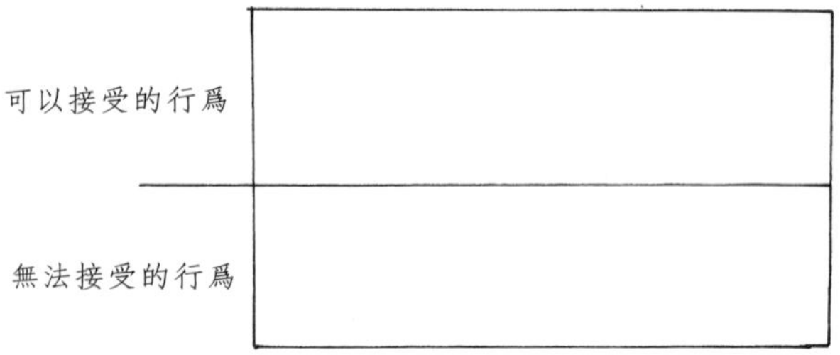

可以接受的行爲	
無法接受的行爲	

圖 4-1　行為櫥窗

父母即透過圖 4-1 櫥窗式的方格，以觀察孩子的行為；在子女的行為中，皆有可接受與無法接受的部分。然而，可接受與無法接受的行為之間的界線，並非固定不變的。有三種因素會影響此一界線往上或往下移動。這三種因素分別為：

1. 父母的自我：父母內在的自我經驗會影響對子女行為的接納與否。例如，父母早上與下午的心情不同，可能對子女的態度也會有所差異。

2. 環境的因素：子女行為發生的場所亦與父母的接納與否有關。例如，在庭院高聲呼喊，在一般的情形下是可接受的，但如發生在客廳內，則難為父母所容許。

3. 孩子的因素：子女在年齡、性別、人格特性等方面的差異，也常導致父母不同的反應。

父母對子女的接納與否，雖然是由孩子的行為所引起，但高登認為在行為櫥窗中可接納的行為部分，仍可再區劃為「孩子的難題」與「親子間皆無難題」兩個部分；而無法接受的行為部分，高登認為是「父母的難題」。這種親子間擁有難題的分屬情形，可以圖 4-2 來表示。在此所謂「孩子的難題」，係指子女個人所遭遇的困難，惟其行為表現仍是為父母所接受的。而「父母的難題」，則指父母心理上的不快或不滿意。惟不管是「孩子的難題」或「父母的難題」，皆來自父母對子女行為的知覺。換句話說，子女的行為才是為人父母者從事教育或輔導的標的。

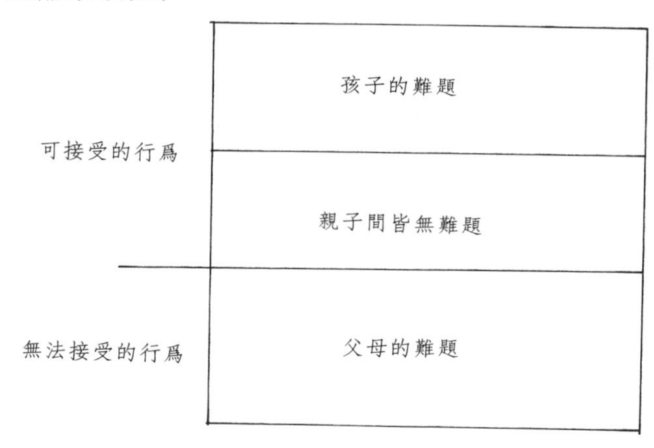

圖 4-2　親子間問題的分屬

㈡孩子難題之處理

在親子的互動過程中，父母有時會發現子女因學校成績不如理想而悶悶不樂、在溫習功課時呆呆的注視窗外、兄弟姊妹因爭吵而不講話、甚或為交友問題而愁眉不展，凡此種種皆可能是子女在生活或學習上經驗了某些難題。孩子因這些困難所引發的行為或情緒反應（如憤怒、憂慮、失望、焦慮等）對父母並無具體的影響。除非子女自動說出，很可能父母並不知道。這是孩子自己的問題，他是困難的擁有者，這些難題會對子女的生活與學習造成直接的影響。

對於子女的難題，父母在處理的時候，很可能只注意孩子行為的表相，而忽略了其潛在的感受，以致親子間的溝通往往南轅北轍、格格不入，無法發揮輔助的效果。例如，孩子問父母「什麼時候可以吃飯？」或「現在幾點了？」孩子真正的難題或感受是「飢餓」，父母如逕以「時間」作答，子女一定覺得不被「了解」，其受到幫助的程度也是相當有限的。為了達到幫助孩子的目的，高登認為除了須運用適當的協助技巧外，尚須注意避免下列十二種溝通上的障礙（*Communication roadblocks*）：

屬於提供解決問題的訊息者：

1.命令、指示。

2.威脅、警告。

3.說教、訓誨。

4.提供建議。

5.說服、爭論。

屬於提供判斷訊息者：

6.批評、苛責。

7.讚美、評價。

8.標記、取笑。

9.解釋、分析。

10.再保證、安撫。

11.質問、查詢。

屬於表示拒絕的訊息者：

12.顧左右而言他。

上述的十二種溝通障礙，可能引發一些不利的影響，如導致子女的敵對、憤怒、抗拒、防衛、罪惡感、依賴、自憐、自貶等，全視溝通障礙的類別與性質而定。然而，這十二種溝通的方式，也並非全無是處。如親子間缺乏良好的關係，他們可能真的是溝通的障礙；要是親子間已建立良好的關係，父母偶加使用也無妨，也可產生某些正面的效果。

至於對子女難題的協助技巧，亦可分成幾個不同的層次。惟在運用時，父母應對孩子表示真誠的關心，接納的態度與擬情（*empathy*）的了解，以發揮最大的幫助功能。這幾個不同層次的協助技巧分別是：

1. 表現注意的行為（*attending behaviors*）。這可從下列兩個方向去努力：

(1)保持目光與孩子的直接接觸。

(2)保持開放的身姿，並使身子略微前傾，以減少與孩子在空間上的距離。

2. 被動的傾聽（*passive listening*）。可加運用的技術包括：

(1)使用關心與接納性的沈默，以表達父母的興趣與關心。

(2)對子女所表達的語句與聲調表示接納與認知（*acknowledgments*），如「哦」、「唔」、「真有趣」等。

(3)採取門戶開放政策（*door openers*），以引發孩子更深入的談話。如「告訴我更多一些」、「我想聽聽你的看法」、「我對你談的很感興趣」等。

3. 主動的傾聽（*active listening*）。其內涵包括：

(1)對孩子所說的內容與隱含的感受給予覆白（*feedback*）。

(2)運用擬情的音調（*empathic voice tone*）與面部表情。

上述三種層次的協助技巧中，「注意的行為」似為父母與子女談話應有的基本態度；「被動的傾聽」則有助於父母對子女難題作初步的了解；而「主動的傾聽」則除在印證父母對子女的了解外，也企圖透過覆白而提昇協助的功能。這三種協助技巧實無主從之分，貴在配合孩子的情況單獨或配合運用。雖然這三種技巧皆可發生協助的效用，但以「主動傾聽」最受矚目，其主要的功能約有下列數端：

1. 提供孩子抒發情緒的機會。

2. 幫助孩子無懼於負面的感受。

3. 促進親子間溫暖的關係。

4. 促進子女自行解決問題的技能。

5. 培養子女聆聽他人意見的態度與習慣。

6. 培養孩子獨立、負責與自我指導的能力。

上述的協助技巧對子女難題的處理雖然重要，但運用成敗的關鍵，實繫乎父母所表現的真誠、接納與擬情等的基本態度與能力。

㈢父母難題之處理

在親子的互動關係中，父母所感受到的難題，多由於子女的行為干擾其需要的滿足，或子女的行為令父母感到沮喪、不快、憤怒、懊惱等。

一般說來，子女的行為帶給父母的難題，主要出自三種情況。子女的行為可歸因於環境的不當；也可能是出於親子間需要的衝突；第三種情況則為親子間價值的衝突（*value collision*）。父母須明辨問題的性質，而採取適切的處理策略。高登針對這三種父母的難題，分別提出如下的因應之道。

1. 調整環境——

子女有些行為無法為父母所接受，可能係出自家庭生活或學習環境的安排不當所致。這裡所稱的環境是採廣義的觀點，不祇包括家庭中生活與學習設施的有形設計，也涵蓋使用這些設施所要求的行為規範。對於環境的調整，高登認為可就下列八個原則去考慮：

⑴環境的充實：如在屋子外劃定一塊區域可讓孩子自由玩耍、音樂的播放、圖書雜誌閱覽區的設置、各種玩具的提供等。

⑵環境的單純化：如孩子在做功課時，父母就不再看電視，以免子女分心，每一子女個別學習桌的設置、孩子做功課時的避免干擾等。

⑶環境的簡化：如將衣服、圖書、工具置於孩子可以自行取用的地方；購置打不破的杯子與碗盤；將某些家庭器具的使用方法貼於易見的位置；減少一些不用器材的堆置等。

⑷限制孩子的生活空間：如對孩子喜愛的遊戲、運動等指定某一

範圍讓他們可以自由活動；電腦或某些玩具的輪流使用等。

⑸確實保護孩子的環境：如將火柴、殺蟲劑、藥品放於孩子拿不到的地方，將尖銳的工具鎖好等以確保孩子的安全，及減少父母無法接納的行為之出現。

⑹活動的替代：如孩子在玩一把尖刀，則可換一把鈍器讓他玩；孩子準備在一本新書上塗鴉，可以換一張不用的紙讓他去盡情揮灑。凡此皆有助於用可接受的行為以替換無法接受的行為。

⑺環境變化的預作準備：對環境將發生的變化，如出外旅行、搬家等，以及可能發生的事情，如去看醫師等，皆預先告訴孩子，讓他們有心理準備，應有助於子女的行為適應。

⑻為較大孩子的需要預作規劃：孩子大了以後，他們的需求也在改變，特別是以青少年為然。他們往往需要有個人的隱私、有存放個人物品的空間，以及有獨立行動的機會。為人父母者如能預先注意到子女可能的發展上的需求，則子女出現讓父母感到不快的行為就可減少。

父母在考慮對環境進行調整時，固可依據上述的八個原則，而設計可行的調整之道。但重要的是父母須運用其創意，因應本身家庭環境的特性與孩子的發展需要，以作最妥切的安排。

2. 需要衝突的處理——

親子間需要衝突的情形，可說相當常見。如父母正在談話，孩子突然打斷；孩子用過某些工具後的不歸原位；孩子在屋子裡亂丟垃圾等等。上述孩子的打斷談話、工具不歸原位、亂丟垃圾等，即會令父母感到不快或挫折。換句話說，也就是父母的需要得不到滿足，父母有了難題。遇到這種情況，父母不妨採用對質性的自我陳述（*Confrontive I-Messages*），向孩子表達對其行為的看法，以試圖改變子女的行為，解除父母所面臨的難題。

這種對質性的自我陳述，係以「我」作主詞，跟一般人慣用的以

「你」為主詞的「你的陳述」（*You-Messages*），效果截然不同。對質性的自我陳述之使用，以孩子的行為已對父母造成具體有形的影響為限，否則不易奏效。對質性的自我陳述應包括三個部分：(1)非責難的描述孩子的行為；(2)敘述父母對孩子行為的真實感受；(3)敘述孩子的行為對父母的具體影響。例如，對前述「孩子在屋子裡亂丟垃圾」，父母的對質性自我陳述可以是：「你將垃圾隨便丟，我不但看了很不舒服，同時我得花不少時間去收拾，這勢必影響我上班的時間」。對於孩子的使用工具後不歸原位，父母的對質性自我陳述可能是：「我可以使用的時間相當有限，如果有人用過工具後不歸原位，我會感到生氣，我勢須花許多時間去找回，難免會耽擱辦其他事的時間」。這種對質性的自我陳述，如運用得當，應能維持子女的自尊，幫助其成長，促進有利的行為改變，也不致影響親子間良好關係的持續。

對於父母的對質性自我陳述，子女可能不見得改變其行為，而對父母的陳述有所回應。此時父母不妨暫時換檔（*shift gears*），改採「主動的傾聽」，以探查孩子行為可能的原因。必要時再提出其他「對質性的自我陳述」。換句話說，「主動的傾聽」與「對質性的自我陳述」可交互運用。如果最後孩子還是不改變其行為，則吾人可確定父母與孩子的需要強度或許不相上下。對質性的自我陳述無法奏效，則父母須考慮解決問題的策略之運用。

解決問題的策略，常被論及的有三種：權威式、放任式與民主式。父母如運用權威，則子女雖暫時改變其行為，卻未必心悅誠服。父母如過份依恃權威，則難免影響親子間的關係，減低父母的影響力，尤有甚者，也可能因此激發孩子更大的抗拒。然而，權威的運用也並非一無是處，如孩子在面臨立即危險的情境，尤需父母當機立斷作妥善的處理。不過權威的運用，貴在公平與前後作法的一致，否則不易收效。放任式固也是解決問題的策略之一，不過父母如處處屈從於子女對其行為的說辭，則長久以往，父母勢必失去對子女行為的控制，子女對其也不加尊重。放任的管教對孩子也有不利的影響，如造成子女的罪惡感，養成自私與不合作的習性。權威式的運用，使父母成為勝利者，孩子成為失敗者；而放任式則反是。這都不是解決問題的上上之策。最好的解決問題之道，應使親子皆成為勝利者，沒有任何一方成為失敗者。由於民主式的解決途逕具有使雙方皆不成為失敗者的特質，值得在此特別一提。

民主式解決問題的策略，乃應用著名的教育家約翰·杜威（*John Dewey*）解決問題的科學方法而來。它一共分成六個步驟：

⑴界定親子雙方的問題或需要所在。

⑵親子共同提出解決問題的可能方案。

⑶評估所提出的解決問題之方案。

⑷選定解決問題之方案。

⑸依據解決方案採取行動。

⑹考核行動結果。

民主式的解決問題策略，可以使親子雙方互敬互愛，解決彼此的難題，滿足各自的需要，使雙方皆成為勝利者，沒有人成為失敗者，應更能實質打開親子需要衝突的僵局，也是最被推崇的一種解決問題的方法。

3. 價值衝突的處理——

父母對子女的言行舉止感到不快或懊惱，如孩子的這些行為對父母產生具體的影響，則可視為親子間需要的衝突。如子女的行為不見得對父母需要的滿足有實際的影響，則屬價值衝突的問題。親子間價值衝突的例子，實所在多有，如父母對男孩子的頭髮長度、女孩子的裙子長度感到不滿、對子女的交友情形不以為然、對孩子的吸菸感到不快等。解決價值衝突的方法，常見的約有下列七種：

⑴父母使用權威。

⑵父母向子女威脅欲使用權威。

(3)使用民主式的解決問題之策略。

(4)提供諮詢或相關的知識。

(5)採對質性的自我陳述與主動的傾聽。

(6)父母以身示範。

(7)父母改變自己的觀點。

上述七種解決價值衝突的方法，以第一種方法（父母使用權威）的危險性最高，以次的方法其危險性則逐漸降低，而以第七種方法（父母改變自己的觀點）的危險性最低。此處所謂危險性的高低，係以父母在解決價值衝突時，其可能遭遇阻力的大小而言。價值衝突的解決誠非易事，父母須針對價值問題的性質、子女的人格特徵與發展水準，選擇適切的方法，而善加誘導。

以上所介紹的乃是高登運用「行為櫥窗」對親子間問題的性質與可能出現的原因之透視。行為櫥窗雖把問題分成子女與父母的難題，但認真說來，父母的難題實與子女的行為有密切的關係。故就廣義而言，父母的難題實為另一種形式之子女的問題。

針對不同性質的問題，父母宜選用適當的處理策略，以擴大行為櫥窗中「沒有問題」的領域。例如，對孩子的難題之處理，父母可運用「協助技巧」加以輔助；對於父母的難題，則可根據問題性質的不同，而就「調整環境」、「對質性自我陳述」、「解決問題的策略」、「解決價值衝突的途徑」等方式善加擇用。從圖 4–3 讀者將可進一步了解，透過適當的處理策略，親子間沒有問題的領域將有機會逐漸擴大，這對於親子間良好互動關係之建立將更為有利。

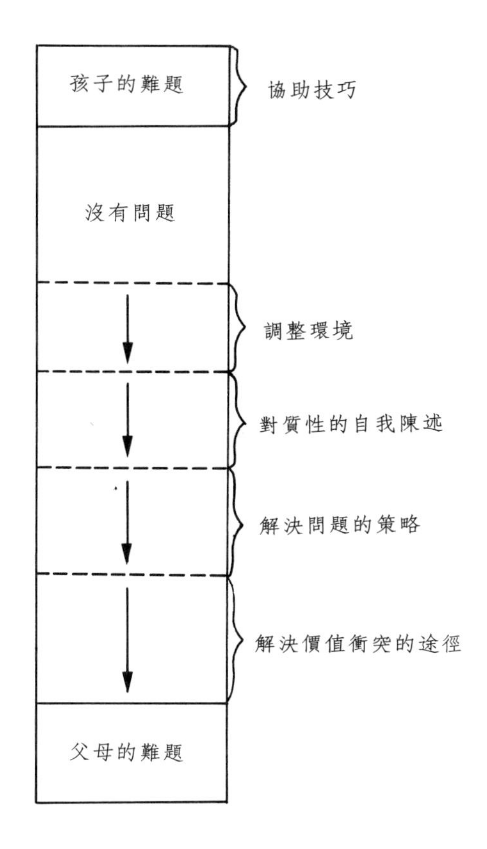

圖 4–3　親子間的難題與處理策略

第四節
溝通分析的親職教育觀

一、溝通分析理論要旨

溝通分析（*Transactional Analysis*；簡稱 *TA*）是一種人際關係的理論，係由柏恩（*E. Berne*）所發展出來的。溝通分析所探討的除了人與人之間的社會關係外，也可用以了解在社會環境中的人格發展。換句話說，溝通分析所從事的乃是人際互動的分析或研究，並探討社會互動對一個人人格的形成，及其整個生活型態的影響。由於溝通分析算是一種人格理論，因此它對人際互動與人格發展也提出自成體系的假設與相關的概念。吾人如欲對溝通分析的內涵有初步的了解，則對此一人格理論所包含的重要假設或概念似應有所認識。溝通分析理論所含涉的假設或概念比較重要的有人類的需求（*human needs*）、基本心態（*basic life position*）、人格結構（*personality structure*）、溝通方式（*transactions*）、遊戲（*games*）與人生劇本（*life script*），茲分別說明於後（*Sirridge, 1980; Holland, 1973*）。

(一)人類的需求

溝通分析對人類的動機有其獨特的見解。除了與生存有關的生物遺傳之驅力（*biogenetic drives*）之外，溝通分析也重視那些與日常行為有關的人類基本需求。這些基本的人類需求最常見的計有下列這幾方面：

1. 觸撫的需求（*stroke hunger*）：這是一種獲得刺激（*stimulation*）或感覺（*sensation*）的欲望。柏恩認為「觸撫」是人與人之間相互招呼最基本的單位。像我們在一個人的背後撫拍或一句招呼的話都算是「觸撫」，而一句冒犯的話或踢人一腳也算是觸撫。如果觸撫會讓人有好的感受而使人覺得自在的，稱之為正面的觸撫（*positive stroke*）。要是招呼的方式是讓人感到痛苦或使人覺得不好受的，則名之為負面的觸撫（*negative stroke*）。基本上，觸撫是人類生存所必需，不管是愉快或不愉快的觸撫經驗都是一樣。兒童如未能獲得所需要的正面觸撫，會轉而尋求負面的觸撫，而不會默然而息。

2. 招呼的需求（*recognition hunger*）：招呼的需求算是一種對刺激需求（*stimulus hunger*）的延伸。它是透過如語言之類符號的使用讓人感受到觸撫。一般而言，當一個人漸次成長，對肢體觸撫（*physical strokes*）的運用會日漸減少，而以更多的語言招呼（*verbal recognition*）加以取代。不過人們對接觸與刺激的需求並沒有改變，只不過滿足這些需求的途徑會由肢體變成語言的罷了。

3. 時間結構的需求（*time structure hunger*）：所謂時間結構的需求，指的是一個人每天的日子該怎麼去過的這種心理需要。當然每一個人可能皆有一套自己的時間使用哲學，不過怎樣讓時間的使用方式能讓家人或友朋皆能接受卻很重要。因為吾人對於時間的結構（*time structure*）不僅關係到我們做事的規劃，同時也可能會減少或增加從別人那裡所可以獲得之觸撫的數量。

4. 領導需求（*leadership hunger*）：領導需求與結構的需求關係十分密切，因為領導能力所表現出來的即是在協助他人對時間作有效的結構。一個好的領導者便是一個能指導屬下對時間作有效安排的人。

5. 興奮的需求（*excitement hunger*）：所謂興奮的需求指的是對於時間的安排（*structuring time*）較喜愛的是那些最令人興奮的方式。相反的，對時間的安排最乏味的則是那些最少激勵（如單獨被監禁）甚或刺激性（如在剝奪知覺的情境）的方式。

㈡基本心態

主張溝通分析者認為在人際互動中對於觸撫的給予和領受的相互作用，會影響兒童對他們自己和對他人的感受，而一個人對他自己與他人有怎樣的感覺即是所謂的基本心態。自我與外在世界的關係大致會從下列的四個基本心態表現出來：

1. 我好——你也好（*I'm OK-You're Ok*）：這是一種健康的心態，它所傳達的是一個人對自己感到滿意，同時對別人也能悅納，這是一種贏的心態，有助於當事人的不斷前進與成長。

2. 我不好——你好（*I'm Not Ok-You're Ok*）：有這種心態者常有事事不如人的感覺，他們總覺得個人的榮辱得失似操之於人，自己充滿壓抑與無價值感。

3. 我好——你不好（*I'm Ok-You're Not Ok*）有這種心態的人往往把別人看成一文不值。基本上有這種心態者對別人常是充滿恐懼、缺乏安全與信任感的，它也是一種憤怒、忽視與貶抑的心態。

4. 我不好——你也不好（*I'm Not Ok-You're Not Ok*）：這是把自己和別人皆看成一無是處的心態，既不信賴別人也不接納自己。有此種心態者是充滿失敗主義，且把生命看得十分悲涼而沒有一點價值感的。

一個人所抱持的心態不同，他與別人的互動關係也就不一樣。如果兒童所抱持的是「我好——你也好」的心態，則他就很容易去給予與領受正面的觸撫，也會因這種有來有往的人際互動而自得其樂。相反的，要是一個人抱持的是「我不好——你也不好」的心態，則人際的互動充滿負面的觸撫，應是可以預見的。

㈢人格結構

每一個人的人格係由幾種自我狀態（*ego states*）所組成的。所謂自我狀態則是對現實的界定、資訊的處理，以及對外在世界的反應之系統化的方式，它是「一種思想和感覺的系統，此一系統直接與相對的一組行為型態有關」（*Berne, 1961, p.30*；引自宋湘玲、林幸台、鄭熙彥，民 *74*，*189* 頁）。換句話說，一個人的某一種自我狀態包括了某些行為、感受與價值觀。主張溝通分析者認為每一個人的人格係由三種可觀察得到的自我狀態所組成的，這三種自我狀態分別稱為「父母」（*Parent*，簡稱 *P*）、成人（*Adult*，簡稱 *A*）與兒童（*Child*，簡稱 *C*）。一個人在人際互動中所表現的自我狀態不同，其行為也跟著會出現差異。欲判斷一個人的自我狀態為何，可從觀察其看得到與聽得到的外顯行為特質去加以了解。也就是說，一個人的言語、動作、表情等皆可作為分辨其自我狀態的依據。一個人的三種自我狀態可以圖 4—4 加以表示。從圖中可以看出代表「父母」、「成人」及「兒童」這三種自我狀態的圓圈是彼此分立的，且各自有其不同的內涵。茲將這三種自我狀態進一步分析於後。

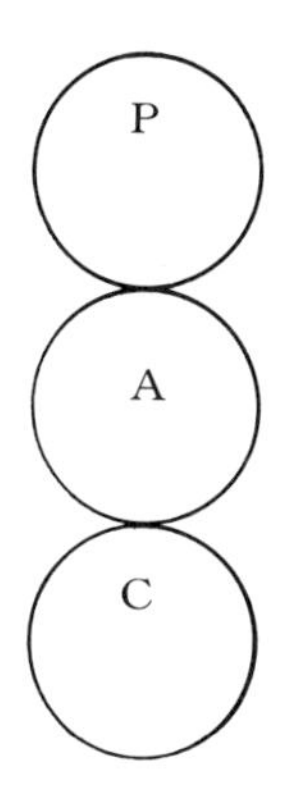

圖 4—4　三種自我狀態

1. 兒童自我狀態——

此一自我狀態可說從出生（甚至是出生前）即已出現。「兒童」自我狀態所蘊涵的乃是一個人的生物需求及基本的感受，它所表現出來的可說是人類最真實的一部分。換句話說，「兒童」的自我狀態已保存了一個人從小所學到的重要情緒反應方式，一個成年人的「兒童自我狀態」所表現出來的行為與情緒和其年幼時所表現者可說是相同的。成人如有「兒童」自我狀態的表現往往是短暫的，因為一般人總不願被認為孩子氣。不過在令人感到極度痛苦或快樂的場合，以及較不受約束的活動中（如體育運動或與孩童一起玩耍），則多數人會自然流露出如孩子般的歡娛、憤怒、恐懼與哀傷的情緒。而這種像兒童般的行為也常伴隨著像三至五歲孩子一樣的知覺、思想與感受。

2. 成人自我狀態——

人格的「成人」自我狀態乃在運用理性與邏輯的思考去蒐集與處理資料，並對之作出結論。因此，「成人」自我狀態的性質就如電腦（computer）一般，能摒除情感因素的羈絆，根據事實與客觀的標準，以評估和預測外界的現象，然後表現出適切與令人滿意的行為。「成人」自我狀態最早在嬰兒發展的感覺動作期時即可能出現。此後隨著兒童語言的運用，其抽象化的層次不斷增高，同時認知的結構也更形複雜與成熟。一般而言，一個人到十二歲時，其「成人」自我狀態已漸臻成熟，到十六歲時就得到更完全的發展，而有能力去處理抽象的推理與歸納的問題。每一個人皆具有某種「成人」自我狀態，但其表現的水準則因人而異。

3. 父母自我狀態——

人格中的「父母」自我狀態是個體對其生命中重要人物（如父母即是）的行為之記錄與仿效。父母等重要人物之行動、說話、教訓等就像被錄影機錄下一樣，被記錄在一個人的腦子裡而影響個人的態度與行為。「父母」自我狀態所顯現的皆與個人生活的社會與文化環境之傳統、價值、習俗、規範等密切相關。「父母」自我狀態由於多半是一個人對其父母行為的仿效，因此亦可能出現撫育式的「父母」（*nurturing parent*）和批判式的「父母」（*critical parent*）這兩種性質。基本上兒童的「父母」自我狀態所反映的乃是其父母的行為與價值觀。事實上，為人父母者多非聖賢，也不見得樣樣皆知，更難免帶有偏見，不過兒童卻可能隨著成長與發展，並經由教育與經驗，不斷擴大視野，及與其他重要人物的接觸，而有機會更新其「父母」自我狀態。

「兒童」、「成人」與「父母」這三種自我狀態的適當運用是健全的人格所不可或缺的。這三種自我狀態也正代表著一個人的感覺（*feeling*）、思考（*thinking*）與行動（*doing*）這三個層面。「思考」、「感覺」與「行動」這三個層面和吾人所熟知的「知」、「情」、「意」應該是相通的。一個適應良好的個體必定在其「兒童」、「成人」與「父母」的自我狀態皆能有適切的表現。要是一個人在其人際互動中將這三種自我狀態中的一種或一種以上的自我狀態排除（*exclusion*）不用，則極可能會遭遇到適應的困難。在另一方面，代表感覺、思考及行動的三種自我狀態有時也是很難去截然區分的。最常見的便是「成人」自我狀態摻雜（*contamination*）了有「父母」或「兒童」自我狀態，或「父母」與「兒童」自我狀態皆有部分和「成人」自我狀態摻和在一起的現象。例如，來自父母的觀念，像「性是一種罪惡」或「先工作再遊戲」，極可能成為一個人「成人」自我狀態的一部分。人類在自我狀態的表現有「排除」與「摻雜」的情形，也正顯示人類人格結構的複雜程度。

㈣溝通方式

所謂溝通（*transaction*）乃是兩個人之間觸撫的交流。在人際的溝通中包括來自某一方的刺激，以及另一方所引起的反應。某一反應也可以成為另一種刺激而引發另一種反應，因此溝通常是這種刺激與反應，有來有往、相互招呼與安撫的過程。當一個人與別人溝通時，事實上他是運用各種的自我狀態在發出刺激與反應，溝通雙方在自我狀態的使用也會出現各種不同的組型，而形成各式各樣的互動型態。代表這些互動型態的主要溝通方式最常見的計有互補式溝通（*complementary transaction*）、交錯式溝通（*crossed transaction*）與曖昧式溝通（*ulterior transaction*）三種，茲分敘於後（*Swensen, 1973*）。

1. 互補式溝通：互補式溝通是指雙方一來一往的刺激行為與反應行為是互相平行的，如圖 4–5 所示。由於這種溝通方式具有直來直往的開放特性，因此雙方能很容易地不斷相互溝通。

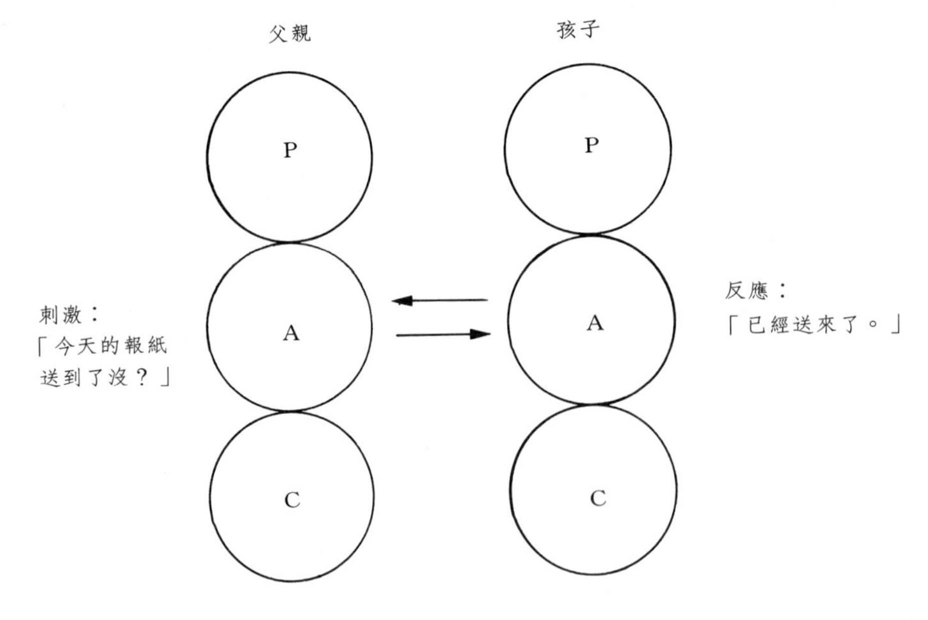

圖 4–5　互補式溝通

2. 交錯式溝通：指某人用以反應所表現的自我狀態，並非對方所預期的，而形成溝通受阻或中斷的現象，如圖 4–6 所示。在交錯式溝通中，刺激與反應行為是交叉、南腔北調，而非相互呼應的。在這種狀況下，雙方如有爭吵應不足為奇。這是可能造成溝通障礙的一種人際互動方式。

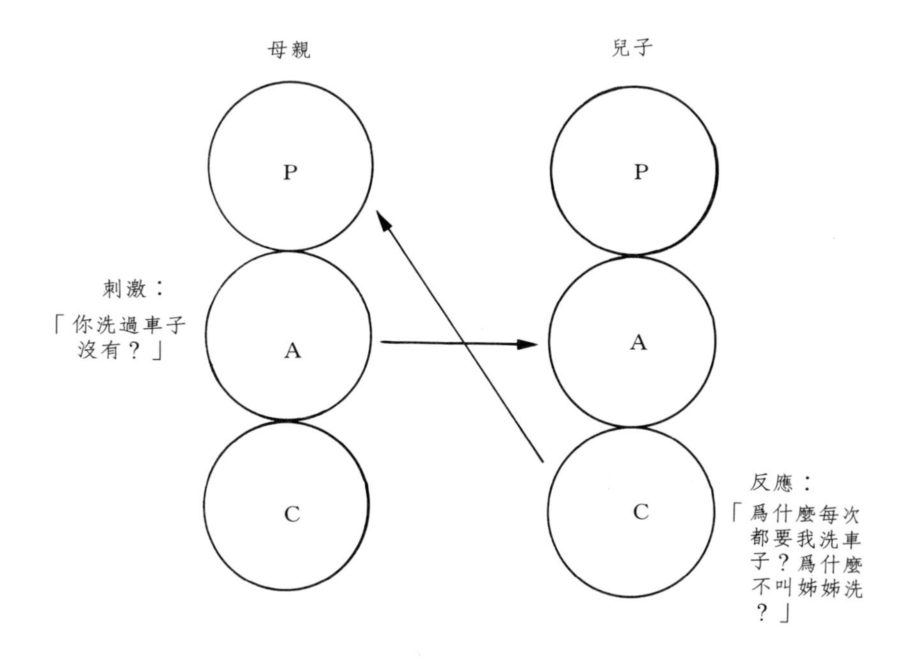

圖 4–6　交錯式溝通

3. 曖昧式溝通：此種溝通方式所表現的可說是嘴巴講的是一套，可是骨子裡想的又是一套。溝通的內涵中除了有公開的訊息外，另外也包括了隱含的意思，也就是話中有話，既是明講也有暗喻。此種溝通牽涉兩種以上的自我狀態，有公開，也有隱藏的自我在影響溝通的過程，如圖 4–7 所示。其中公開的溝通係以言語來表示，而隱藏的溝通則是透過話中的言外之意、音調變化、手勢姿態等加以傳達。

人與人之間的溝通除了前述三種主要的方式外，當然依據排列組合的原理，仍可出現許多其他的溝通型態。不過藉由溝通方式的分析，似有助於吾人了解人際互動的扆竅及可能形成溝通障礙的癥結所在。

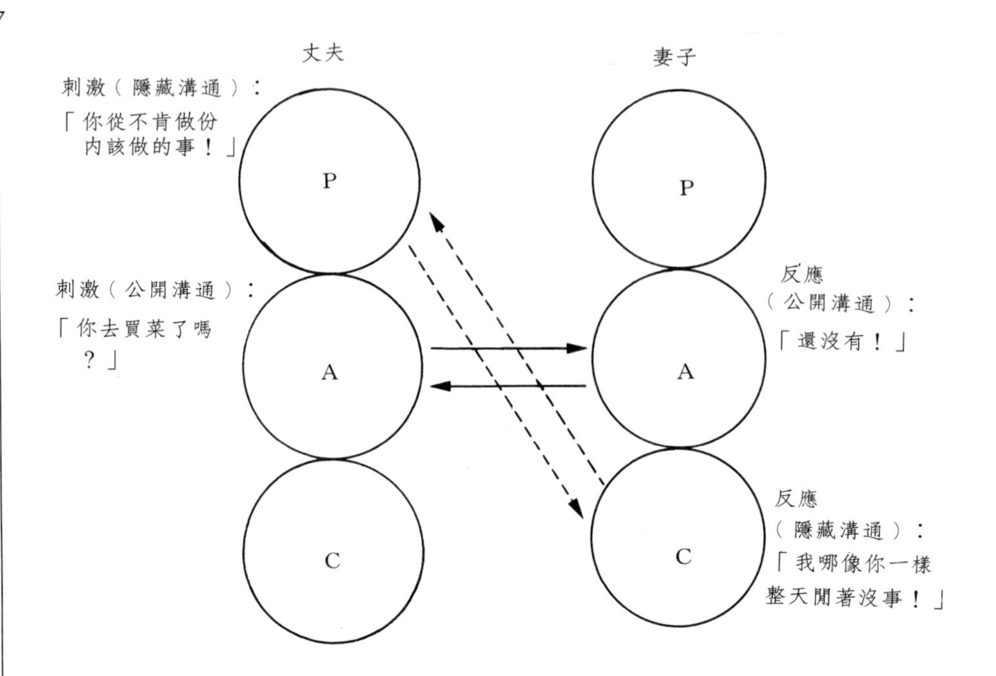

圖 4–7　曖昧式溝通

㈤遊戲

所謂遊戲乃是一系列朝向明確與可預期的結果之互補、曖昧的溝通方式。通常人際間的這種心理遊戲包含了下列三種重要的成分：

1. 有頭有尾的一系列行為。
2. 隱藏的動機。
3. 參與遊戲者的報償。

柏恩認為基本上人際間的每一種遊戲皆是不誠實的，且其結果也令人有強烈的興奮性。儘管如此，多數遊戲的參與者常是當局者迷，並不知道他們正與人玩著心理遊戲。

人與人之間之所以會玩起心理遊戲，主要係透過遊戲可以獲得報償，而所謂報償其實就是在滿足其某些心理需求（*Steiner, 1974*）。這些心理需求最常見的有刺激的需求（*Stimulus hunger*）、時間結構的需求（*time structure hunger*）與心態的需求（*position hunger*）。人際間的遊戲即用以滿足這些心理需求，而這種滿足即是遊戲的報償。

人天生就有獲得別人照拂、激勵與關注的需求。這種刺激的需求如無法直接得到滿足，即可能會玩起心理遊戲，以迂迴獲取想要的照應。例如，有的殘障孩子雖然有些事情有能力自己做，但仍以其缺陷為藉口，事事仰賴父母的照料，即是在與父母玩起遊戲以滿足其獲得關注與刺激的需求。

人類對於時間結構的需求，與其獲得觸撫（刺激）的需求可說是息息相關的。甚至我們也可以說一個人對時間結構的需求只是手段，其最終目的仍在企求獲得刺激需求的滿足。一般人經常採用的所謂「餐敘」、「泡老人茶」、「一起喝咖啡」等，說穿了應算是時間結構的遊戲，人們不過藉此以製造人際間相互觸撫的機會，或維續彼此往來互動的時間罷了。

心態的需求指的是個人對其所抱持的基本心態有加以認定與堅持的慾望。一個人的基本心態乃是他對自己與別人的感受之反映。這種感覺自己與別人「好」或「不好」的心態，是早在幼年時代經由人際的溝通即已形成。一個人為了證明其從小所形成的心態之正確無誤，通常會透過心理遊戲以強化其原有的心態。當個人在這樣的遊戲中發現其過去的認知是正確且經得起考驗時，儘管遊戲本身會導致不好的感覺與產生自我損傷的行為，但他仍會有某種安適的滿足感。在人際互動的場合中，人們為滿足其心態的需求而玩起心理遊戲的情形，似相當常見。如「扯自己後腿」、「這回我終於逮到你了」、「還不是跟我說的一樣」、「我才不跟你一般見識」等，莫不是人們在藉由人際遊戲，以印證其對自己與對別人的看法與感受。

柏恩（*Berne, 1964*）曾將人們所玩的心理遊戲按其強度（*intensity*）分成三級：(1)第一級的遊戲是玩此遊戲者的社交圈所能接受的；(2)第二級的遊戲並不致有嚴重或永久性的傷害，但參與遊戲者都會儘可能地加以隱瞞；(3)第三級的遊戲則會造成持續性的影響，且可能導致死亡、離異或其他嚴重與永久性的後果。

人們在玩心理遊戲時有時會出現變換角色的情形，不過人們多會以最適合與最喜愛的「心態」去扮演遊戲的角色。這種人際溝通中，心理遊戲玩家角色變換的情形可由圖 4−8 之卡普曼的戲劇三角關係圖（*Karpman Drama Triangle*）見其梗概（*Karpman, 1968*）。圖中顯示人際溝通中可能出現的三種角色包括迫害者（*Persecutor*）、受害者（*Victim*）與救援者（*Rescuer*）。人們在玩心理遊戲時有可能由某一角色轉換成其他兩種角色中的任一角色。換言之，遊戲的參與者可能在一個完整的戲碼中三種角色皆先後扮演到。

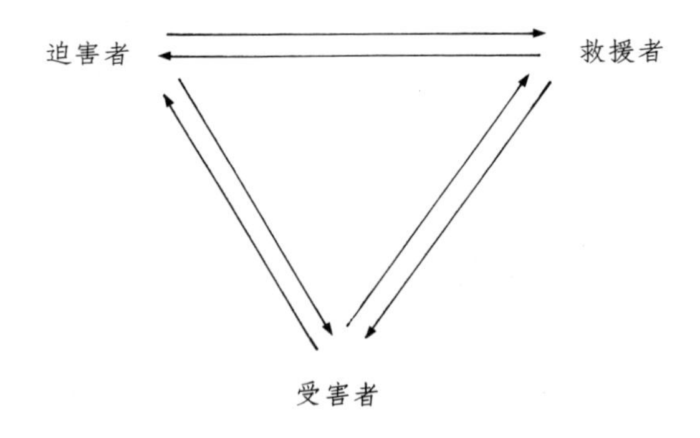

圖 4−8　卡普曼的戲劇三角關係圖

事實上，不管人們怎樣玩心理遊戲，他們不過是利用遊戲的過程，像蒐集點券（*stamp collecting*）一般地在積累他們的感受（*feelings*），以強化已存在的「心態」。例如，一個總覺得「我不好」（*I'm not Ok*）的人，可能會不斷地去扮演受害者的角色，並蒐集傷心與孤獨的感受，以支持他從孩童時代長久以來所認為的受苦的心態。

㈥人生劇本

所謂人生劇本指的是一個人的生活方式及其表現的情形。人生劇本也可說是一個人在小的時候即已定好的人生計畫（*a life plan*），而他的這種人生計畫是受到其基本心態所左右的。一個人即按照他的人生劇本以生活於這個世界，並藉此以滿足他的種種需求。在人生劇本中涵蓋了一個人所學到的在家庭中得到觸撫的方法、喜愛的溝通方式、所學到的心理遊戲、已決定的基本心態，以及他所經驗到的文化與歷史的影響等。白考克與齊波士（*Babcock & Keepers, 1976*）指出，人們對人生劇本的決定似有點像在下定某種決心一樣：「假設事情是這樣的話，那麼從今以後我將（或將不）……」。例如，有人決定「與別人親近一點」、「男人或女人比較可靠」、「自我的適當與信賴性」等之後，他就會開始去蒐集資料以支持這些對人生劇本所做的決定。當然個人在小時候「寫下」這些人生劇本時，對這個世界的認知也是相當有限的。要是一個人能經由其人生的歷練獲得有關所謂的「親密」、「信賴性」、「適當性」等其他新的資訊時，他倒是可能更新那些早期的人生劇本，從而他對生命表現的方式也將為之改觀。

人生劇本可依據其「演出」的過程與結果而分成下列幾種類型：

1. 悲劇型：此一類型的人生劇本其「演出」的過程可謂充滿第三級的遊戲色彩，而其結局可能就是傷害、疾病、監禁、失寵或死亡。

2. 失敗型：失敗型的人生劇本儘管仍會有人生的目標，但卻從來達不到。這種人生劇本是充滿挫敗與失望，到頭來可說一事無成。

3. 平凡型：此一類型的人生劇本雖非那麼令人失望與具有毀滅性，但卻顯得平淡無味、乏善可陳，且當事人也從未發揮他的潛能。

4. 成就型：人生劇本屬於成就型者既有人生目標也努力去達成預定的目標。他具有「我好－你也好」的心態，做什麼事總是積極進取、兢兢業業的努力不懈，以求有志能成。

每一個人不管他的人生劇本是屬於何種類型，總是有他的人生劇本。一個人的人生劇本深受父母所傳達給他的訊息所影響。這些訊息主要有兩方面，一種是由父母的「父母自我狀態」所流露出來的一些語言訊息，這些訊息便是對孩子的期望與指導，告訴孩子該怎麼做才能贏得父母的歡心。另外的一種訊息出自父母的「兒童自我狀態」，且大部分是非語言的，這類訊息對孩子具有很濃厚的禁制色彩。孩子的人生劇本所受到來自父母的影響，便是父母的「父母自我狀態」固在對孩子的「父母自我狀態」灌輸「該做什麼」的訊息，而來自父母的「兒童自我狀態」之不健康的訊息也在衝擊孩子的「兒童自我狀態」。由於對孩子的缺乏尊重，就可能導致孩子發展出具有傷害性的人生劇本。

因此，吾人可以了解父母對孩子人生劇本的影響，係來自他們的「父母自我狀態」與「兒童自我狀態」所傳達的訊息。不過我們常常可發現有些父母的「兒童自我狀態」所傳達的訊息也可能有壓過其「父母自我狀態」所表達的語言內涵之情形。像這樣的話，很可能會讓孩子左右為難，不知該就「做」或「不做」去反應。例如，有的父母可能諄諄教誨孩子該努力讀書以接受較高的教育（來自「父母自我狀態」之訊息），可是又一再吹噓自己沒上過幾年的學卻也事業有成（來自「兒童自我狀態」的訊息）。如果像有的父母這樣言不由衷的話，孩子所聽進去的可能是父母的「兒童自我狀態」所傳達的訊息，倒不是「父母自我狀態」的苦口婆心了。當然，孩子的整個人生劇本也就因此深受父母的「兒童自我狀態」之影響了。

二、溝通分析在親職教育上的應用

溝通分析被應用於親職教育，主要係透過兩種途徑。一為經由溝通分析相關著作的介紹，溝通分析的概念已帶給為人父母者在教養子女方面相當程度的影響；二為經由父母溝通分析團體的運用，似提供為人父母者深化學習溝通分析的機會。茲將這兩方面的應用情形略述於後（*Sirridge, 1980*）。

㈠與親職教育有關的溝通分析著作

目前許多溝通分析的著作雖未必強調是出於親職教育的目的，但它們廣泛被為人父母者所喜愛，並被指定作為親職教育的教材則是事實。這些著作被應用於親職教育，似亦存在著傳統取向（*traditional approaches*）與發展取向（*developmental approaches*）兩種分野，茲分別說明於下。

1. 傳統取向——

注重傳統取向溝通分析的著作會特別強調下列四種基本層次的分析：

⑴結構分析（*structural analysis*）：即對個人人格所作的分析。

⑵溝通分析（*transactional analysis*）：即對人際互動時所表現的言行加以分析。

⑶遊戲分析（*game analysis*）：即針對會產生報償之曖昧式溝通的分析。

⑷人生劇本分析（*script analysis*）：即分析一個人表現於生活當中的基本心態。

一些採取傳統取向溝通分析的著作，即在讓讀者了解與掌握溝通分析的基本概念與過程。為人父母者如透過對這類著作的閱讀，應有助於了解親子之間或其他家庭成員之間溝通互動的癥結所在，並可嘗試採用較適當與較健康的溝通方式，以促進家庭成員良好互動關係的發展。屬於傳統取向的溝通分析著作，比較重要的有下列幾種：

(1)哈里士（*Harris, 1969*）著的《我們都沒問題》。

(2)詹姆士與鍾冀瓦（*James & Jongeward, 1971*）合著的《強者的誕生》。

(3)詹姆士（*James, 1974*）著的《父母的溝通分析》。

(4)富麗德（*Freed, 1971*）著的《孩子的溝通分析》。

2. 發展取向——

注重發展取向溝通分析的著作會特別強調兒童成長與發展的問題。這類的著作便在指導為人父母者將溝通分析的原理應用於子女的教養上面，以幫助子女健康的成長與正常的發展。因為兒童不祇在生理、認知與動作方面的發展是漸進的，人格方面的發展也同樣是循序而具有階段性的。每一階段皆有某些重要的發展任務等待兒童去經驗與完成。例如，父母對於孩子生理與情緒需要的滿足當然是扮演著極為重要的角色，可是孩子與父母信賴關係的建立，對發展孩子的健全人格是不可或缺的。發展取向溝通分析的著作會提醒為人父母者，孩子每一發展階段須要去特別注意的教養問題，並指導為人父母者運用溝通分析的原理以作適當的因應。屬於發展取向的溝通分析著作，以下列兩種較受注意：

(1)雷敏（*Levin, 1974*）著的《自我塑造》。

(2)白考克與齊波士（*Babcock & Keepers, 1976*）合著的《育兒經》。

(二)父母溝通分析團體的運用

以溝通分析的觀點所成立的親職教育團體，當然跟其他的親職教育團體一樣，會因團體領導人、團體成員等的不同，團體與團體之間可能出現明顯的歧異性。不過就父母溝通分析團體的運作而言，似亦有某些共通的成分存在。這些足以顯示父母溝通分析團體的性質之要素，約略而言似有下列數端：

1. 父母溝通分析團體的目標乃在透過團體的學習過程，以協助為人父母者正確地認識自己與了解子女，並改變他們與子女的互動行為。

2.「觸撫」（*stroking*）是人際互動溝通中的一個重要過程，當然它也成為父母溝通分析團體活動過程中持續不可或缺的要素。

3. 大部分父母溝通分析團體對於教學與經驗的學習皆同等看重。在教學的部分多透過溝通分析概念的介紹及指定課外讀物的閱讀加以實施。至於經驗的學習則強調去探索個人的價值觀、最喜歡的觸撫之類型、自己是怎樣的一個人、本身的生活到底出現了什麼狀況、對別人有怎樣的看法等。

4. 父母溝通分析團體強調成員應有密切的互動關係。透過這樣的團體活動過程，其團體成員不祇可以對自己有更多的了解，更有機會去實際解決他們所遭遇的親子溝通的問題。團體成員的互動常見的有成員的經驗分享、領導人意見的提供、成員個案之分析等方式。團體成員密切的互動關係固然是建立在成員充分的經驗分享與意見交流上，但為求團體活動能順利進行，領導人如以「父母自我狀態」去扮演他的角色，似亦有助於建立他在團體中強勢的領導地位。此外，提出問題的父母成員也應該積極地參與團體的討論，方能有助於及早解決他們自己的問題。

5. 父母溝通分析團體在討論與分析其成員所提出之問題時，一般會將重點置於觸撫、溝通方式、遊戲、報償、人生劇本的決定等重要的溝通過程之解析。透過這樣的分析，希望能有助於團體成員了解問題的真相、影響與解決之道。

第五節 行爲學派的親職教育觀

一、行爲學派對行爲改變的觀點

如果前面所提到的艾德勒、吉諾特、高登、柏恩等人對人類行為發展的看法是充滿人文主義色彩的話，則行為主義（*behaviorism*）對行為改變的觀點就相當背離人文主義，而具有環境決定論的氣息。由於行為學派（*the behavioral approach*）在行為輔導時對行為可觀察與可測量性的強調，以及行為改變過程的具有明確與系統性，極易為人所了解與接受。因此其行為改變技術（*behavioral modification*）不僅在學校廣受重視與應用，它更經常被用作親職教育的內容，以協助為人父母者輔導其子女的行為。

主張行為主義的學者甚多，史肯納（*B. F. Skinner*）是許多人耳熟能詳的，其他如沃爾培（*J. Wolpe*）、班度拉（*A. Bandura*）、艾森克（*H. Eysenck*）等人也皆有相當的知名度。行為學派對行為改變的觀點最顯著的特色，便是它對改變行為所用的方法與過程具有明確的可界定性。此一學派對行為改變的看法，比較重要的有下列這幾方面（*Simpson, 1980; Goldstein, 1973*；陳榮華，民 *65*）。

(一)行為是學來的

人類的行為不管是適當的或被認為是有問題的，皆是學來的。孩子們的問題行為所代表的是曾有過不適當或不正確的學習，而非顯示其內在有何病因。本於此，吾人即可教給為人父母者適切的教養之道，以訓練其子女表現出合宜與成熟的行為或反應。

㈡著眼於可觀察與可測量的行為與環境變因

依行為學派的主張，吾人所要改變的兒童之標的行為（*target behavior*）以及所要調整的環境變因（*environmental events*）必須是可觀察、可測量，且是外顯而可確實加以界定的。這樣的行為或環境變因就是由不同的人加以判斷也會有同樣的認知。

㈢可作為標的行為之特性

除了須具有前述的可觀察與可測量之性質外，吾人在選擇欲加改變的標的行為時，仍應注意它是否是孩子可以控制，並具有動作（*movement*）、反覆性，且行為本身也有確定的起迄點。像孩子的說聲「謝謝」、「微笑」等皆是自己可以控制的，而「流汗」、「流口水」、「呼吸」等則非一個人所能制馭的。人們自己無法控制的行為多是經由古典制約（*classical conditioning*）所產生的反應性行為（*respondent behavior*）或學習。這類行為通常是不隨意且與平滑肌或腺體的活動有關，同時反應性行為的出現必有相關的刺激發生於前。例如，一個飢腸轆轆的人聞到肉香而流口水，則屬反應性行為；其中「肉香」這一刺激必定出現於「流口水」之前，流口水是當事人所無法控制的。若是一個人的行為是被行為發生之後所出現的刺激或事件所影響的，這種行為則稱之為操作性行為(*operant behavior*)。操作性行為是一個人可以自我控制的，不過它卻也受到行為之後環境的變因（如某些刺激、後果等）所支配。例如，學生向老師說「謝謝」後，老師報之以「點頭」或「微笑」，學生的「謝謝」，即屬操作性行為，因為它是學生的意志可以控制的，而老師的「點頭」或「微笑」，也有助於學生未來繼續出現說「謝謝」這樣的行為。行為學派對人類行為的改變即在強調對行為後果的操縱，以企圖修正一個人可自行控制的操作性行為。

作為行為改變的標的行為除了須具有當事人可自我操作性外，行為本身的「動作」性也十分重要。因為只有行為能顯示其動作性才容易加以觀察與記錄，缺乏動作性的行為就很難去加以評量了。

行為之具有反覆性也是吾人在選擇行為改變的標的行為時一項重要的考慮。因為經常出現的行為其前因後果的關係比較容易被發現，行為改變的方案也比較易於執行與考核；要是某些行為只是一年半載才出現一次，行為的改變或許有其價值，但若選作行為改變的標的，就不是很恰當了。

此外，標的行為的反覆性也包含有另一層的意義，即行為的發生應有其起點與終點，且行為的始末所持續的時間不宜太長。換句話說，標的行為應具有明確的反覆循環性。例如，孩子對父母問話的回應，似具有反覆循環的性質，至於「睡眠」這種行為的起迄點不僅模糊難知，且其持續的時間也嫌冗長，如作為行為改變的標的，就不是很容易掌握了。

㈣行為應精確的加以評量

行為學派在實施行為改變方案時，對標的行為的精確評量是十分強調的。因為只有對行為精確的加以評量，才能真正地掌握標的行為的狀況，以及顯示行為改變方案所可能產生的成效。常見的行為評量方法有自動記錄（*automatic recording*）、直接測量（*direct measurement*）與觀察記錄法（*observational recording*）三種。其中尤以觀察記錄法的使用最為普遍。在觀察記錄法中又可分為連續評量（*continuous measurement*）、事件記錄（*event recording*）、持續時間記錄（*duration recording*）、時間間隔記錄（*interval recording*）、時間取樣記錄法（*time sample recording*）等五種評量的方式。

所謂連續評量法是指對特定的某一段時間內出現的行為所做的紀錄。這種方法可同時評量多項行為，不過其可靠性較差，且需作較長時間的觀察，皆是它可能的問題。

事件記錄法係針對行為出現的數量做累計性的紀錄。例如，孩子「罵人」、「吸吮手指」、「打人」等皆可以次數加以累計。事件記錄法對行為的觀察及從事觀察者皆有其方便之處，故很容易指導學校教師與學生家長去加以運用。

持續時間記錄法是就某一段特定的時間內，計算個人表現某一標的行為所用的時間之一種評量方式。通常吾人如考慮到行為出現所持續的時間之長度比光是計算次數還更有意義時，即應採用此一方法去評量標的行為。例如，計算一個人「發脾氣」前後所花時間的長短，總比計算「發脾氣」的次數更能正確地描述此一標的行為。

時間間隔記錄法的基本作法便是將全部觀察的時間平均分成若干間隔（部分），然後再觀察標的行為是否在每一時間間隔內出現。此種評量方法也可適用於對一個以上標的行為的觀察，而其記錄的方式採用行為出現的次數與持續的時間皆無不可，不過觀察者倒是要全神貫注才行。

至於所謂的時間取樣記錄法和前述的時間間隔記錄法是有點類似，不過它不像時間間隔記錄法採取連續性的觀察，而只在每一間隔時間結束時才觀察標的行為是否出現。例如，前後觀察的時間要是一小時的話，如以每五分鐘為一間隔，則只在每五分鐘之末才觀察標的行為是否出現，並做紀錄。此一評量方法似有觀察記錄的時間較為經濟之好處。

㈤標的行為的種類

行為學派認為吾人欲加改變的標的行為，基本上有兩種型態：一種是行為過量（*behavioral excess*），另一種則為行為不足（*behavioral deficit*）。例如，活動過多、喋喋不休、經常打架等皆屬行為過量，而不善言辭、不會數數、不會使用餐具等則是行為不足的例子。一般而言，被認為過量的行為應屬不良或不當的行為，而被覺得不足的行為則屬好的或應加培養的行為。行為改變方案的目的即在增加或減少某些標的行為出現的機會，以提昇當事人的適應功能。

㈥重視獎懲的運用

行為學派對人類行為的改變最重要的機制便是對標的行為的後果作有系統的操縱。所謂行為後果，事實上是對行為出現之後的環境結果（*environmental event*）或變因所作的安排。如果這種後果對於標的行為具有鞏固與增強作用的就稱為獎勵（*reinforcer*）；反之，要是環境的後果對未來標的行為出現的可能性具有弱化作用的，則稱之為懲罰（*punisher*）。

行為學派對獎懲的選擇與運用方式皆極為注意。不過不管吾人對獎懲的選擇與運用方式如何，它們的效用應以對標的行為改變的情形而定，而非出自一廂情願的主觀判斷。要是我們所運用的獎懲方式對標的行為起不了改變的作用，就表示該項行為後果的選用是效果不彰的，而應及時改弦易轍，變更獎懲的可能選擇或運用的方式。至於標的行為受到環境後果的改變情形如何，仍須透過適當的評量方能確認，這似也再一次肯定有效的行為評量之重要性。

二、行爲改變技術在親職教育上的應用

根據行為學派的學習原理（*learning theory principles*）所發展出來的行為改變技術，不祇已從實驗室被推廣應用於學校的教育與輔導工作當中，它更常被用來教給為人父母者以充實他們教養子女的知能。因此，行為改變技術在親職教育上的應用，直言之，即是對為人父母者在行為改變技術上的訓練與指導。行為改變技術值得被應用於親職教育似有其理由；吾人在教導父母行為改變技術時也有若干須注意的重點；此外，現存與訓練父母行為改變技術有關的方案或著作似亦有其參考的價值。以下將就父母值得接受行為改變技術訓練的理由、教導父母行為改變技術應注意的事項，及訓練父母行為改變技術的實例這三方面分別再加說明與介紹（*Simpson, 1980*）。

㈠父母值得接受行為改變技術訓練的理由

父母對其子女的成長與發展之影響，可說扮演著相當關鍵的角色。父母如具有充實與適當的教養知能，對於培育健全的下一代，必有相當大的幫助。行為改變技術算是教養子女的方法之一，對孩子的行為輔導策略也不失為可能的變通選擇。為人父母者對教養策略的學習應不嫌其多，不過父母值得接受行為改變技術的訓練，倒還有下列幾個重要的理由（*Simpson, 1980; O'Dell, 1974*）：

1. 行為改變技術的原理清楚易懂，很容易被為人父母者所接受。行為改變技術強調所處理的標的行為及影響因素是外顯且可觀察與可測量的，因此這樣的輔導策略自比其他輔導方法的免不了須處理一些不可觀察的因素，要更容易教給為人父母者。

2. 行為改變技術的應用並不必有特定的對象，它具有廣大的適用

性。也許有人認為會出現行為問題的兒童不過是少數，但我們不應忽略就是所謂「正常」的孩子，也難免有時會出現問題，換句話說，父母在養育子女的過程中或多或少皆會遭遇挑戰與問題。養育子女既然並非易事，做父母之前已做好準備的其實也不多見。因此，以行為改變技術的清楚易懂，如將之作為親職教育的內容應是值得考慮的選擇。

3. 行為改變技術並不將兒童的行為問題看作是「疾病」或「變態」(*abnormality*)。由於依據行為學習的理論，人類的行為不論是適應或不適應的，其形成的原理皆是相同的。因此，也就沒有必要去區分行為是「正常」或「異常」。正因為行為改變技術的應用並不致對兒童有標記(*labeling*)作用，因而比較容易被為人父母者所接受。

4. 行為改變技術是一種有系統，且有實證基礎的行為輔導方法。這種行為輔導的知識已具備相當的成熟性，為人父母者如能學得並善用這些知識，對有效教養其子女應可提供實質的幫助。

5. 行為改變技術可用團體教學的方式來教給為人父母者。因此它不只能滿足眾多為人父母者對子女的教養之道求知的需要，同時團體教學也有助於提高父母學習的興趣，並提供經驗分享的機會。

6. 行為改變技術的應用之訓練，所需要的時間相當短，為人父母者不需花太多時間即可學會此一輔導方法，因此頗能符合現代忙碌社會人們的需要。

7. 行為改變技術的應用所需的人力十分精簡，為人父母者學會後即可獨力承擔。在專業人力普遍不足的狀況下，似可因父母接受了行為改變技術的訓練，無形中有助於專業人力得以全力去處理較為棘手的問題行為。

8. 行為改變技術對大多數兒童的行為問題之輔導皆可產生效果，這對為人父母者當然極具吸引力。

9. 行為改變技術可讓平常即接觸到行為問題者，在自然的環境中去處理所面對的問題行為。由於行為改變技術的應用具有這種場所的方便性，因此非常適合為人父母者在家庭中應用此一技術，從事子女的行為輔導。

㈡教導父母行為改變技術應注意的事項

父母接受行為改變技術的訓練，其內容當然是以行為學習的原理及其實際的應用為重點。然為期訓練工作能發揮實效，在規劃與執行是項訓練方案時對下列事項似值得加以注意：

1. 教導父母行為改變技術的目的，是要培養父母在子女行為的發展上扮演主動的訓練角色，而非淪為專業輔導服務的被動受益者。

2. 行為改變技術的成效，與運用這一輔導方法者所具備之此一方面的知識和技巧，是息息相關的。因此行為改變技術的訓練必須確實。

3. 在指導父母應用行為改變技術時，對於兒童標的行為之選擇應從容易改變者先試用，等到有了成功的經驗後，再鼓勵父母考慮選擇更困難的標的行為去嘗試改變。

4. 標的行為評量常是應用行為改變技術時成敗的關鍵。不過許多為人父母者對評量工作的充滿「技術性」也常會感到不安或壓力沉重。因此行為改變技術的訓練者除應告訴父母，行為評量是行為改變技術的應用所不可或缺，並具有十足的關鍵性外，且應透過適當的講解、示範、練習等過程，按部就班，指導父母確實學會評量的技巧，以增強他們應用行為改變技術的信心。

5. 對兒童標的行為的改變，按行為學派的作法，主要係透過行為後果的操縱而來。吾人所提供的行為後果如果能儘量是正面的當然最好，不過我們仍不應排除使用負面後果的可能性。換言之，在應用行為改變技術時，保持行為後果運用的彈性是有必要的。因為我們常會發現正面與負面行為後果的伺機並用，似可發揮最佳的行為改變效果。通常負面的後果可以減少不當的行為，而正面的後果則可強化良好的反應，兩者適當而有效的同時使用，對孩子的行為輔導是有幫助的。

6. 父母對行為改變技術的學習與應用如要有效果，一定得由負責訓練的所謂行為工程師（*behavioral engineer*），對包括標的行為之選擇、定義與評量，以及獎懲的運用等在內的一系列處遇方案（*intervention plan*），提供父母在規劃與執行上適切與及時的指導才行。

7. 如以團體的方式指導父母行為改變技術時，指導者要是有經驗且訓練良好時，父母與指導者的比率可以是10：1；但如果指導者經驗或訓練不足時，則父母團體的人數應該更少，以維護父母對行為改變技術的學習成效（*Sadler & Seyden, 1976*）。

㈢訓練父母行為改變技術的實例

將行為改變技術作為親職教育的內容，而以訓練課程、圖書、影片等型態出現的可說十分豐富。有名的訓練課程如：

1. 回應性親職教育方案（*Hall, Grinstead, Collier, & Hall, 1980*）。
2. 特殊兒童親職教育方案（*Simpson, 1978*）。

著名的行為改變技術親職教育圖書如：

1.《父母即教師》（*Becker, 1971*）。
2.《兒童的管理》（*Smith & Smith, 1966*）。

至於已出版之有關行為改變技術的親職教育影片也不少，在此不贅。

將行為改變技術作為親職教育的內容，不管是以訓練課程、圖書或影片的型態呈現，大抵離不開在對為人父母者傳達有關行為改變的原理，以及行為改變的具體過程。辛普森（*Simpson, 1982*）曾提出對父母實施行為改變技術訓練的一份課程綱要。由此一課程綱要似大致可反映吾人在訓練父母應用行為改變技術時的實質內涵。茲將這一課程大綱摘錄於下，以供參考：

父母應用行為改變技術的訓練過程

Ⅰ、第一階段的訓練

(1)找出與明確的界定所關注的行為。

(2)找出標的行為所發生的環境。

(3)找出支持標的行為的可能因素。

(4)訓練父母去鑑別、觀察與記錄標的行為。

Ⅱ、第二階段的訓練

(1)訓練父母將行為資料用圖表示並加以分析。

(2)建立與執行處遇措施及對標的行為之期待目標。

Ⅲ、第三階段及後續的訓練

(1)指導父母有關標的行為資料的分析與解釋方法。

(2)對資料記錄與製圖呈現的方式，以及處遇措施作必要的改變。

(3)鼓勵父母與行為改變技術的訓練人員保持聯繫，並將此一技術應用於其他的行為或孩子。

第六節 對親職教育理論之評價

一、親職教育理論之比較

本章前面五節所介紹的艾德勒學派、吉諾特、高登、溝通分析及行為學派的親職教育理論，嚴格說來，似皆非純粹為親職教育理論之建立而立論。比較持平的說法，應是這些學派或學者之親子關係或兒童行為發展的觀點在親職教育上的應用。基本上，這些學派或學者對親職教育的貢獻，便是提供了各具特色的親職教育內容、方法與過程。而足以彰顯親職教育在內容、方法與過程上的差異性，也正是出自這些學派或學者對人類行為的發展或改變的不同觀點。這些對人類行為的發展或改變的不同見解，就建構了本章所介紹的各種親職教育理論。

前述的親職教育理論對人類行為發展或改變的說法，或許皆使用了不同的詞彙，去表達其各自的理論內涵，不過只要吾人仔細稍加辨識，各種理論之間詞異而意通的現象仍然存在。艾德勒學派所指的人類對「歸屬地位」的追求、吉諾特與高登所指的「同理心」、溝通分析所稱的「觸撫」，以及行為學派所強調的「增強」，在在皆顯示人類行為之所以能夠發展與改變，莫不出於受到「關注」的結果。因為「歸屬地位」、「同理心」、「觸撫」與「增強」的共通特性即是受到「關注」，只不過各學派或學者所用的詞彙不同罷了，它們應具有共通的意義。從這一點看來，筆者以為無論是艾德勒學派、吉諾特、高登、溝通分析或行為學派，他們對人性或行為的動因似具有共通的認知，只不過他們對人性的尊重或對行為動因的運用方式或許有所歧異而已。這種歧異性也反映了這些學派或學者對孩子教養方式的不同觀點。

就各學派或學者在教養兒童的方式所存在觀點的歧異而言，艾德勒學派、吉諾特、高登與溝通分析，應具有明顯的人文主義之取向，而行為學派對環境決定論的強調，就令人覺得有與人文主義較為疏離之感。在同為人文主義的陣營中，艾德勒學派、吉諾特與高登的主張，似皆建立在民主、平等的精神與對人性的尊重上。而溝通分析對問題行為所持之獨到的解析觀點，實亦自成一家之言，誠非其他學派可以相提並論。相較於充滿人文主義色彩的親職教育理論，行為學派對人類行為改變之主張就顯得更為清晢而乾脆。其對大多數為人父母者的說服力如何，雖有待了解，然其處遇方式的簡單易行，對一般人應有相當的吸引力。因此，若從教養理論付諸教養行動而言，行為學派的行為輔導觀應比艾德勒學派、吉諾特、高登及溝通分析的見解，在「知」與「行」的聯貫上要更為便捷。

總而言之，各親職教育理論對人類行為發展與改變的動因所持的觀點，雖言異而意通，皆同樣重視人類有獲得「關注」的需要。然在另一方面，各親職教育理論對孩子的教養方式雖或多或少出現不同的見解，但這種歧異性似反映了人類行為發展與改變的複雜性；換句話說，這些理論應有其特別適用的時空與對象。對人類行為的了解與改變而言，這些理論皆有價值，它們應是互補而非相斥的。這些理論對親職教育應該都有貢獻。

二、對親職教育理論應用之評價

不管是艾德勒學派、吉諾特、高登、溝通分析或行為學派的親職教育理論，在目前皆各自有其支持或擁護者。雖然有點各行其道，但多少亦顯示人類行為的獨特性，以及輔導策略多元化的歧異之美。因此這些親職教育理論的見解雖有同有異，但它們仍是可以相容與互補的。只有在實際應用時各種理論的兼容並蓄，才有可能針對不同的對象在不同的時空，提供適當的行為輔導方式。

各親職教育理論在實際應用時，似皆同樣看重團體學習型態的運用。如艾德勒學派的「親職學習團體」、吉諾特的「親職教育或輔導團體」、高登的「父母效能訓練團體」、溝通分析的「父母溝通分析團體」，以及行為學派在提供父母行為改變技術訓練時也莫不強調團體訓練方式的價值。這似乎提供了為人父母者經驗與感受分享的機會，對其教養知能的學習應該極有助益。然就實際應用的難易度來看，筆者以為高登的「父母效能訓練」與行為學派的「行為改變技術訓練」，也許比較容易被一般為人父母者所了解與應用。這與「父母效能訓練」及「行為改變技術訓練」對行為問題解析之明確，與輔導策略運用之井井有條，應有密切的關聯。至於艾德勒學派、吉諾特與溝通分析之理論的價值仍是必須肯定的，只不過在實際應用於親職教育時，可能不若高登與行為學派所揭櫫的方法那樣容易讓為人父母者心領神會，而很快地將之化為實際的教養行動。

第五章

親職教育型態

第一節
親職教育的實施型態

一、親職教育型態的多樣性

從多元架構的家庭系統來加以觀察，為人父母者由於彼此之間在家庭結構、功能，以及生命週期的不同，因此其親職教育需求若出現明顯的個別差異現象，應不足為奇。事實上，親職教育需求的多元性，應是一種常態而非例外。為滿足親職教育需求的多元性，當然在親職教育的內涵方面亦應有周延的考慮。巴茲（*Bartz, 1980*）認為一個內容完整的親職教育方案應包含下列的論題：

(一)與自我了解及人際關係相關之論題者

1. 自我覺察：如自信心、價值觀之認識、自我能力的了解、個性的欣賞、決策能力等。

2. 與人交往：如明白花時間在孩子身上的價值、如何表示關愛、整體家庭生活的氣氛等。

3. 生活的態度：如尋求協助的意願、為人父母的積極態度、以幽默面對問題、合理的期望等。

4. 人類兩性問題：如兩性角色、生兒育女、家庭計畫、父母的性生活等。

㈡與孩子相關之論題者

1. 產前的發展：如遺傳、基因異常、營養、藥物、懷孕、分娩等。

2. 生理、心智與社會的發展：如培養自尊、兒童與成人的差異、孩子對事情的看法、對不同年齡的行為期待、發展理論、積極的動機、個性、兒童早期的激勵、玩具、遊戲等。

3. 行為與紀律：如接納孩子的問題、懲戒與處罰之比較、父母即典範、一致性、鼓勵自立等。

4. 具有特殊需要的孩子：如學習障礙、生理障礙、智能不足等。

5. 孩子的健康與安全：如營養、保健、法令的規定等。

㈢與家庭和環境相關之論題者

1. 父母的需要與風格：如與孩子在一起與不在一起的時間之價值、與孩子相處的風格、父母的期待、壓力的處理等。

2. 家庭生活型態：如選擇當父母或不當父母、親子關係的重要性、為人父母的樂趣、孩子照顧方式的選擇、電視的角色等。

3. 社區資源：如從何處與如何去尋求協助等。

4. 孩子與父母的權利：如父母與孩子在法定與倫理上權利的平衡問題等。

5. 家庭管理：如決策、養育孩子的經濟問題、時間管理、家事與孩子相關之購買事項等。

6. 家庭溝通：如關愛的傳達與兒童及成人的溝通技巧等。

7. 孩子的需求：如遊戲的價值、讓孩子接觸各種學習機會、協助孩子做決定等。

巴茲雖提出了前述完整的親職教育方案所可能包括的內容，但像這樣多元性的論題要想在某一親職教育方案中皆加以涵蓋，事實上並非易事。正因為親職教育需求與論題的具有多元性，目前親職教育的實施型態也呈現多樣化。因為親職教育的需求或論題的不同，其適合的實施型態也可能有異。就親職教育型態的多樣性言，筆者以為似至少可有團體與個別性、家庭與機構本位，以及開放與結構性的親職教育之區別。這些從不同向度所區分出來的親職教育型態，將在本節進一步加以說明。

二、團體與個別性的親職教育

所謂團體與個別性的親職教育，係就親職教育的對象而加以分類的。如親職教育係以某一家庭之父母為對象的即是屬於個別性的，若以兩個以上家庭之父母為對象的，則是團體性的親職教育。就團體性的親職教育而言，似可再分成下列幾種不同的實施型態（*Simpson, 1982*；*詹棟樑，民 72*）：

㈠研習會

研習會是為提供父母在教養知能訓練較常見的一種親職教育方式；研習會通常也是一種相當綜合性的親職教育型態。為配合訓練的目的，它可能會兼採演講、討論、角色扮演等的活動方式。當然為求研習活動能達到預期的目標，舉凡課程的規劃、參與者的選拔、研習環境的安排、活動過程的掌握等皆得有縝密的考慮才行。其中尤以課程的設計常是整個研習活動的核心，值得特別留意。表 5-1 是一份智障者家長團體配合親子成長營活動，所辦理的特殊教育研習之課程表，可算是研習會課程設計的一個例子。

表 5-1　台南縣心智障礙者關顧協進會

85 年度身心障礙者家長修讀特殊教育暨「永不止息的愛」親子成長營活動行程

時　　間	車長：〇　〇　〇　　4 月 13 日(星期六)	
中午13：00 ∫ 13：30 ∫ 13：45 ∫ 14：00 ∫ 14：30 ∫ 14：50 ∫ 15：00	永康會址前集合 仁德鄉公所上車 歸仁鄉公所前 關廟新豐教會上車 抵新化虎頭埤活動中心報到，放置行李 引言、行程說明	
15：00 ∫ 17：00	專題：智障者的職業輔導 講師：〇〇〇教授　(一樓會議室)	輔導老師、小天使帶領小朋友團體活動
17：00 ∫ 19：00	晚餐、沐浴時刻(按手冊之家族分組入座)	
19：00 ∫ 20：30	營火晚會、親子團康	
20：30 ∫ 21：00	星光夜語、茶點時刻	
21：00 ∫	晚安：願神福佑一覺到天亮	
	4 月 14 日(星期日)	
上午 7：30 ∫ 8：00	呷早頓(按家族入座)	
8：00 ∫ 9：00	欣賞湖光山色(小天使陪伴晨間漫步，請至中繼站蓋章準時回程者可憑卡至起站領獎，逾時不候哦！)	
9：00 ∫ 11：00	專題：家長團體的功能與特色 講師：〇〇〇執行長　(二樓餐廳)	輔導老師指導小朋友陶土製作及戶外活動
11：00 ∫ 13：30	親子時刻：烤肉活動(按家族分組)	
13：30 ∫ 14：00	整理行裝	
14：00 ∫ 14：30 ∫ 14：50 ∫ 15：05 ∫ 15：20 ∫ 16：00	上車，歡喜的踏上歸途 返新化國小 關廟新豐教會下車 歸仁鄉公所前 仁德鄉公所前 安抵永康會址下車	

㈡演講會

以演講會的形式所舉辦的親職教育活動，在參與的聽眾方面往往不會有特別的限制，且聽眾的人數也可多可少，相當具有彈性。不過為迎合可能的聽眾之需求，對演講題目的訂定及演講者的選聘仍須加斟酌。許多中小學所辦理的親職教育活動方式，似以針對學生家長的親職教育需求，而聘請專家學者演講者居多。

㈢座談會

座談會之舉辦往往有其特定的討論主題，藉著學生父母的參與，以溝通思想、交換意見、分享經驗，以期對某些教養觀念能有更清楚的認識。通常座談會需要參與的學生家長有更多的交流互動，因此座談會的主持人似應具備良好的催化討論之技巧，以使討論的活動能順利地進行。由於座談會的重點係強調參與者的互動與討論，因此，得以參加之人數應有限制，以增加座談會的成員之間討論與互動的機會。

㈣團體諮商

某些特殊兒童的父母如具有相近的適應問題，也許可透過團體諮商的過程，以提供所需要的協助。團體諮商的運用，一般除了參與的父母成員所遭遇的問題須相近外，尚需有一位諮商員（*counselor*）擔任團體的領導者，以有效地催化團體諮商的過程，而整個團體的人數也侷限於八至十二人之間。目前許多以父母成長團體（*growth group*）、學習團體（*training-group*）、敏感訓練（*sensitivity training*）等為名之活動，應皆屬團體諮商的範疇。

㈤育樂營

育樂營活動真正的意義應該是寓教於樂的意思。目前國內中小學即經常為特殊兒童或青少年舉辦夏令營或冬令營之活動。如果為人父母者也被要求陪同參加時，此種育樂營也可能發揮某些親職教育的功能。在這種育樂營的活動過程中，孩子的父母不只可在自然的情境下與學校教育人員有許多溝通的機會，同時父母與父母彼此之間在教養經驗的分享也彌足珍貴。這對彼等在面對家有特殊孩子時，適應能力的提昇與教養技巧的精進，應有相當大的幫助。

至於個別性的親職教育較常見的型態則有下列幾種（Simpson, 1982；詹棟樑，民 72）：

㈠個別會談

學校教育人員與學生父母的面對面溝通，應是相當常見的親職教育管道。透過個別會談，教育人員將有機會從父母那兒獲得諸如下列的資料：

1. 父母對孩子問題的陳述。
2. 孩子的發展史。
3. 父母對孩子狀況之分析。
4. 孩子過去在學校的表現情形。
5. 父母的目標與期望。
6. 孩子的環境生態與社會性資料。

另一方面，教育人員也可提供學生家長諸如下列的資訊：

1. 孩子的評量與診斷資料。這部分又可能涵蓋下列之項目：

⑴澄清評量工作之目的與期待。

⑵評量程序的討論。

(3)評量結果之摘要。

(4)回答有關評量之問題。

(5)提出與評量結果相關之建議。

2. 孩子的教育方案之資料。諸如：

(1)班級與學校之課表。

(2)班級與學校之經營原則與行政。

(3)課業之補救措施。

(4)班級管理與行為輔導措施。

(5)輔助人員與相關服務。

(6)家長參與孩子教育方案之途徑。

3. 顯示孩子進步情形的資料。

4. 解決問題的變通方法及其他的學校與社區資源。

當然教育人員與學生父母作個別會談時，彼此的互動情形似可深可淺。不過參與會談的教育人員如能具備像諮商員（counselor）那樣的輔導技巧，而表現真誠、接納與了解的態度，並能作有效的溝通，則對親職教育功能的促進必定大有助益（李東白，民70）。

(二)家庭訪問

學校教育人員透過對學生家庭所作的訪問，固然有助於了解學生在家中的狀況，但另一項重要的目的，便是藉此能與學生家長當面溝通。因而就此而言，家庭訪問便具親職教育的意涵。惟教育人員與學生家長皆感日日忙碌的當今社會，除非學生發生特別狀況，否則出現教育人員親自造訪學生家庭的情形似不多見。較常採用的變通方式或許是藉由電話聯繫，以維持溝通管道的暢通，使教育人員與家長對孩子的教育問題得有經常交換意見的機會。

㈢教育讀物的提供

這是由學校提供學生家長有關其孩子的教育應知的相關書面資料，以提昇其家庭教育功能的一種作法。這類教育讀物可能是學校出版或建議閱讀的書刊，如《教養子女座右銘》、《請家長與學校配合事項》等。希望學生家長藉由閱讀這類讀物，能增進彼等教養兒女的知能。目前由於錄音、錄影帶的普及，提供給家長的教育讀物便可能擴及這些聲音及視覺媒體之採用，相信這類媒體的傳播效果應不亞於文字讀物。

㈣電話諮詢服務

透過電話所提供的諮詢服務，也可發揮相當大的親職教育功能。由於來話的家長多半在心中已存在某些待答問題，因此彼等的求知動機是無庸置疑的。由於電話諮詢服務的對象具有相當的開放性，而提供此項服務的人員亦未必是全能的，因此採用電話諮詢服務所提供的親職教育，似須建立相關的諮詢與支持網絡，以在必要時對求助的特殊兒童父母作適當的轉介。目前國內各師範院校特殊教育中心之特殊教育諮詢專線的功能之一，便是對特殊兒童的家長提供這類的電話諮詢服務。

三、家庭與機構本位的親職教育

親職教育若以訓練場所之所在加以區分，則可有家庭本位與機構本位之別。茲將這兩種類型的親職教育分別說明於後。

(一)家庭本位的親職教育

此一型態的親職教育是一種家庭本位的訓練（*home-based training*），它主要用於偏遠或尋求協助意願較低之家長的訓練。此種親職教育方式的特色，便是將專業輔導人員請到有特殊兒童的家庭，一方面對特殊兒童提供必要的協助，同時也訓練家長輔導其特殊子女。主張採取這種親職教育方式的理由，大致有下列幾方面（*Baker, 1976*）：

1. 由於訓練活動係在家中進行，家長可免除學習遷移的困難。
2. 訓練的內容可針對每一家庭環境的特質來設計。
3. 在家庭中所有的成員皆有機會參與訓練活動。
4. 輔導人員每週到家中所實施的訓練時間有限，家長平時即須積極投入對特殊子女的輔導，因而有助於激發家長主動承擔訓練自己子女的責任。

家庭本位的親職教育模式，可再分成下列兩種不同的型態（*Baker, 1984*）：

1. 家庭訪視方案（*Home-Visiting Programs*）：即由專業人員定期訪視特殊兒童的家庭，從事對特殊兒童的評量、示範教學、督導家長的在家教育活動等。
2. 模擬家庭（*Simulated Home*）：這是由教育或教養機構提供特殊兒童住家附近的房舍，可由特殊兒童的家庭去住宿或定期往訪，以讓家長學得教養知能的親職教育方式。此一型態在設備與輔助設施，皆可以比較完善，也可以減少專業人員的旅途往返，且仍可提供自然的互動關係、可能較大的活動範圍，以及家庭本位模式所擁有之較順利的技能類化。

㈡機構本位的親職教育

所謂機構本位的親職教育指的是診所或學校本位的訓練（*Clinic or School-Based Training*）。在此一類型的親職教育方案中，特殊兒童的父母多於每週定期到診所或學校與專業人員見面，共同研討其子女的個別化教育問題，觀察專業人員的訓練或輔導，並將在診所或學校中所學得的教養技巧，應用於特殊子女身上。在機構本位的親職教育方案中，親子間的互動情形，有時可藉由錄影而提供檢視與評量家長參與效果之用。因此，這一親職教育方式對親子間的互動關係常能作有效的控制。惟輔導與訓練活動多安排於特意設計而非問題發生的自然情境（如家庭）中，則是其可能的限制。

四、開放與結構性的親職教育

吾人若以接受親職教育的對象加以區分，似可有開放與結構性之別。所謂開放性的親職教育，是指接受親職教育的對象並不加以特別的限制，而歡迎為人父母者參與的教育活動。例如，大眾傳播媒體有關親職教育之宣導、專欄；社教機構所辦的親職教育講演、電話諮詢服務專線等，皆屬開放性的親職教育。此一型態的親職教育之目的，主要在推廣教養子女的基本知能，以幫助普天下為人父母者能善盡親職，而充分發揮家庭的教育功能。因此其親職教育的內容就比較具有通俗性，以滿足大多數為人父母者的需要。

至於結構性的親職教育則往往考慮到接受此一教育活動者的特殊需要，因此在教育內容的規劃也比較具有針對性。由於此一親職教育型態在教育對象上有其特定性，因而在實施之前先就接受親職教育父母之需求有充分的了解是十分重要的。這種需求的了解有時須透過調查、訪問等方式去加以評估，才容易掌握到這些父母親職教育需求的全貌，以進而發展合宜的親職教育方案。

第二節 親職教育型態之選擇

一、親職教育型態之比較

在本章第一節中，筆者已就團體與個別性、家庭與機構本位，以及開放與結構性的親職教育之區別加以說明。其中團體與個別性的親職教育最主要的差別，便是在團體的教育活動中，為人父母者彼此之間比較有溝通交流與分享的機會，而在個別的親職教育活動裡，也許教育人員和父母會有比較密切的互動關係，對個人特殊親職教育需求的滿足極有助益。在實際運用時，個別與團體性的親職教育該是相輔為用，而不必是相互排斥的。例如，在團體性的親職教育活動中，吾人若發現有諸多親職教育需求的明顯個別差異存在，應考慮個別性親職教育方式的必要性；在另一方面，吾人若在個別性親職教育活動中，發現諸多親職教育需求的重疊性時，也不必排斥團體親職教育方式採用的可能性。

家庭與機構本位的親職教育雖各具特色，但顯然在家庭本位的親職教育中，專業人員能對父母提供較多個別的輔導，且其他家庭成員也比較可能一起參與和學習，不過在服務資源（如人員與設備）的運用也許會較為不便。至於機構本位的親職教育之優勢，便是它可容許具有共同需要的家長一起參與，服務資源的運用較為方便，且家長與家長之間的互動與分享，也有助於彼等教養知能的學習與成長。因此，家庭或機構本位親職教育型態之選擇，不祇須注意特殊兒童家庭的需求，此外，負責親職教育的單位本身所具備的條件如何，也應一併加以考慮。

就開放與結構性的親職教育而言，其最顯著的差異厥為親職教育普及性或特殊性需求的考慮。事實上，在實際推動親職教育時，這兩種需求似乎皆應加以兼顧。換言之，吾人提供給為人父母的親職教育既要有廣度，也要有深度；既能滿足大多數人親職教育的需要，也不應忽略少數人的特殊輔導渴望。

二、選擇親職教育型態應有的考慮

親職教育型態的選擇，多少反映了我們所欲發揮的親職教育功能。然而，吾人對親職教育型態的抉擇應非是一廂情願的，有諸多因素可能須先加考慮，比較重要者似有下列這幾方面：

1. 預期親職教育目的之考量：推動親職教育的單位，一定有其本身所期待完成的親職教育目標。雖然目標之達成的程度，仍須考慮到其他相關的因素，但本身所預期達到的目的，卻不必捨而不顧。

2. 了解家長的親職教育需求：作為親職教育對象的家長，應該是實施親職教育時最須關心的重要人物，彼等的需求尤須反映於親職教育的型態與課程內容之中。為人父母者親職教育需求的了解，或可透過對學生學習與生活表現之觀察、對父母的直接訪談、問卷調查等方式而評估獲知。

3. 掌握現有的親職教育資源：欲實施親職教育的單位本身所能運用的親職教育人力、時間、設備、場地、經費等資源之狀況為何，也是在選擇親職教育型態時不應加以忽略的。吾人如無法對這些資源因素充分加以掌握，就難免在推動親職教育時橫生困阻。

4. 儘量提供多元的親職教育功能：親職教育的實施應不侷限於某一種功能（如教養知識的獲取），如能儘量發揮多種功能（如教養知識的獲取外，兼顧價值的澄清、家長間教養態度的分享、心得的交流等），則對親職教育資源也是得盡其用。

5. 應讓兒童的父母皆同時有參與的機會：對子女的教養貴在父母態度的一致。吾人在實施親職教育時，如能讓特殊兒童的父母皆同時有參與的機會，應有助於父母在子女的教養上建立比較相似的認知架構，從而對他們的子女之教養態度也比較可能一致，而不致讓孩子左右為難，以致損及彼等的適應與發展。

6. 應考慮家長對親職教育的接受程度：親職教育的本質也算是對家長的一種資訊傳播。不過由於家長在經驗、教育程度等等的歧異，往往也影響到他們對某一親職教育內涵的接受程度。是以某些家長在接受過親職教育之後或有滿心歡喜之感，但有的家長卻可能有曲高和寡之憾。因此，在面對不同接受程度的家長時，吾人所提供的雖是同樣的親職教育內涵，也許透過親職教育型態的變通以因人制宜，而使眾家長皆欣然接受應是可能的。

7. 配合家長接受親職教育時間的方便性：處於現今的工商社會，父母皆同時就業已成為常態。如果親職教育的辦理時間選在一般人的上班時刻，則父母能得閒參與者必定有限。因此，配合家長接受親職教育時間的方便性，而選擇適當可行的親職教育方式，的確是十分重要的。

8. 鼓勵家長經常與親職教育辦理單位保持聯繫：無論我們所選擇的是哪一種親職教育型態，我們在實施之後，應鼓勵家長經常提供回應性的意見，以作為改進親職教育辦理方式的依據。

第六章

殘障者的福利服務

第一節 我國殘障者的福利服務

本章所謂的福利服務係採廣義的觀點，而泛指就醫、就學、就業、就養等方面之服務而言。欲了解我國殘障者的福利服務，或可從現有的法令上先確定吾人提供給殘障者在就醫、就學、就業、就養等方面的福利服務內容究竟為何；其次，再探討有資格接受這些福利服務者應具備何種條件，以及決定條件是否具備的評估方法如何。

一、福利服務的供給內容

按現行法令，我國殘障者可能獲得的福利服務，如以就醫、就學、就業、就養這四個向度加以類分，則有如下的情形。

㈠就醫方面

1.實施嬰幼兒健康檢查，接受醫療復健及早期醫療等相關服務（身心障礙者保護法第十七條，民 92）。

2.身心障礙者醫療復健所需之醫療費及醫療輔助器具，尚未納入全民健康保險給付範圍時，直轄市、縣（市）主管機關應視其障礙等級補助之（身心障礙者保護法第十九條，民 92）。

㈡就學方面

1.各級政府主管機關應根據身心障礙者人口調查之資料，規劃設立各級特殊教育學校、特殊教育班、或以其他方式教育不能就讀於普通學校或普通班級之身心障礙者。學齡身心障礙兒童無法自行上下學者，應由政府免費提供交通工具；確有困難無法提供者，應補助其交通費（身心障礙者保護法第二十條，民92；特殊教育法第十九條，民90）。

2.各級教育主管機關應主動協助身心障礙者就學，各級學校亦不得因其障礙類別、程度、或尚未設置特殊教育班（學校）而拒絕其入學（身心障礙者保護法第二十一條，民92）。

3.教育主管機關應視身心障礙者之障礙等級，優惠其本人及子女受教育所需相關經費（身心障礙者保護法第二十二條，民92）。

4.各級教育主管機關辦理身心障礙者教育及入學考試時，應依其障礙情況及學習需要，提供各項必需之專業人員、特殊教材與各種教育輔助器材、無障礙校園環境、點字讀物及相關教育資源，以符公平合理接受教育之機會與應考條件（身心障礙者保護法第二十三條，民92；特殊教育法第二十一條、第二十四條，民90）。

5.鼓勵並獎助身心障礙者繼續接受高級中等學校以上之教育（身心障礙者保護法第二十五條，民92）。

6.各階段特殊教育之學生入學年齡及修業年限，對身心障礙國民，除依義務教育之年限規定辦理外，並應向下延伸至三歲。國民教育階段身心障礙學生因身心發展狀況及學習需要，得經該管主管教育行政機關核定延長修業年限，並以延長二年為原則（特殊教育法第九條，民90）。

7.對於就讀普通班之身心障礙學生，應予適當安置及輔導（特殊教育法第十四條，民90）。

8.接受國民教育以上之特殊教育學生，其品學兼優或有特殊表現者，各級政府應給予獎助；家境清寒者，應給予助學金、獎學金或教育補助費。前項學生屬身心障礙者，各級政府應減免其學雜費，並依其家庭經濟狀況，給予個人必需之教科書及教育補助器材（特殊教育法第十九條，民90）。

9.完成國民教育之身心障礙學生，依其志願報考各級學校或經主管教育行政機關甄試、保送或登記、分發進入各級學校，各級學校不得以身心障礙為由拒絕其入學（特殊教育法第二十一條，民90）。

10.政府對於就讀幼兒教育機構之身心障礙兒童，得發給教育補助費（特殊教育法第二十五條，民90）。

11.各級學校應提供身心障礙學生家庭包括資訊、諮詢、輔導、親職教育課程等支援服務（特殊教育法第二十六條，民90）。

12.各類兒童及少年福利、教育及醫療機構，發現有疑似發展遲緩兒童或身心障礙兒童及少年，應通報直轄市、縣（市）主管機關。直轄市、縣（市）主管機關應將接獲資料，建立檔案管理，並視其需要提供、轉介適當之服務（兒童及少年福利法第二十二條，民92）。

13.政府對發展遲緩兒童，應按其需要，給予早期療育、醫療、就學方面之特殊照顧。早期療育所需之篩檢、通報、評估、治療、教育等各項服務之銜接及協調機制，由中央主管機關會同衛生、教育主管機關規劃辦理（兒童及少年福利法第二十三條，民92）。

㈢就業方面

1.各級政府應依身心障礙者之障礙類別及等級，提供無障礙個別化職業訓練及就業服務（身心障礙者保護法第二十六條，民92）。

2.勞工主管機關協助身心障礙者就業時，應先辦理職業輔導評量，以提供適當之就業服務（身心障礙者保護法第二十八條，民92）。

3.勞工主管機關應視身心障礙者需要提供職業重建（係指職業訓練、職業輔導評量、就業服務、追蹤及輔導再就業等）、創業貸款及就業所需輔助器具等相關經費補助（身心障礙者保護法第二十九條，民92）。

4.身心障礙者就業，薪資比照一般待遇，於產能不足時，可酌予減少，但不得低於百分之七十（身心障礙者保護法第三十三條，民92）。

5.非視覺障礙者不得從事按摩業（身心障礙者保護法第三十七條，民92）。

㈣就養及生活方面

1.直轄市及縣（市）主管機關對設籍於轄區內之身心障礙者，應依其障礙類別、等級及家庭經濟狀況，提供生活、托育、養護及其他生活必要之福利等經費補助（身心障礙者保護法第三十八條，民92）。

2.直轄市及縣（市）主管機關相關部門應積極溝通、協調，制定生涯轉銜計畫，以提供身心障礙者整體性及持續性之服務（身心障礙者保護法第四十二條，民92）。

3.爲使身心障礙者於其直系親屬或扶養者老邁時，仍受到應有照顧及保障，中央主管機關應會同相關目的事業主管機關，共同建立身心障礙者安養監護制度及財產信託制度（身心障礙者保護法第四十三條，民92）。

4.身心障礙者參加社會保險，政府應視其家庭經濟狀況及障礙等級，補助其自付部分之保險費。但極重度及重度身心障礙者之保險費由政府全額負擔（身心障礙者保護法第四十四條，民92）。

5.對於身心障礙者或其撫養者應繳納之稅捐，政府應按障礙等級及家庭經濟狀況，依法給予適當之減免。納稅義務人或與其合併申報納稅之配偶或撫養親屬爲身心障礙者，應准予列報身心障礙特別扣除額。身心障礙者或其撫養者依規定所得之各項補助，應免納所得稅（身心障礙者保護法第四十六條，民92）。

6.身心障礙者申請在公有公共場所開設零售商店或攤販，申請購買或承租國民住宅、停車位，政府應保留名額優先核准。身心障礙者購買或承租前述之商店或攤販、國民住宅、停車位，政府應提供低利貸款（身心障礙者保護法第四十七條，民92）。

7.直轄市及縣（市）主管機關對於身心障礙者及其同住扶養者，因無自有房屋而需租賃房屋居住者，或首次購屋所需之貸款利息，應視其家庭經濟狀況，酌予補助（身心障礙者保護法第四十九條，民92）。

8.身心障礙者及其監護人或必要陪伴者一人搭乘國內公、民營水、陸、空公共交通工具，憑身心障礙手冊，應予半價優待。前述公共交通工具，身心障礙者得優先乘坐（身心障礙者保護法第五十條，民92）。

9.身心障礙者及其監護人或必要陪伴者一人進入收費之公立風景區、康樂場所或文教設施，憑身心障礙手冊應予以免費。其爲私人者，應予半價優待（身心障礙者保護法第五十一條，民92）。

從前述我國目前對殘障者所提供的福利服務之內容來看，大抵上可發現具有下列四個重要的取向：

1. 轉介：如需要就業者，由就業服務機構轉介，或轉介職業重建機構；需要收容、教養、養護者，轉介收容、教養、養護機構等。

2. 安置：如需要醫療、復健者，安置公、私立醫院或復健機構；身心障礙學生之安置於特殊教育學校（班）等。

3. 補助：如對於醫療復健、職業重建、教養及養護、生活、教育、健康保險、輔助器具等費用之補助。

4. 特殊權益：如就學減免、申請開設零售商店或攤販、國民住宅、停車位之優先核准、稅捐減免、搭乘公共交通工具之半價優待等。

二、接受福利服務的條件

我國殘障者目前接受現有的就醫、就學、就業、就養等方面的福利服務時，其基本條件為須領有殘障手冊。換句話說，他們須被確認為法定的殘障者。其次在接受前述的福利服務如有涉及費用補助或減免的部分，則多須再進一步考慮家庭經濟狀況與殘障等級。這些皆屬殘障者在接受福利服務的必備要件。

三、殘障者接受福利服務條件的評估

為確定殘障者是否符合接受福利服務的條件，最主要的應是殘障的鑑定，另外有的福利服務也需要提供家庭經濟狀況的資料。如何從事殘障鑑定與家庭經濟狀況之評估，目前法令上皆分別有所規定，其業務亦是政府殘障福利相關的承辦單位經常執行，且相當熟悉的，茲將這兩項評估業務的相關規定列述於下。

㈠殘障鑑定

1.直轄市及縣（市）衛生主管機關應設鑑定小組指定醫療機構或鑑定作業小組辦理身心障礙之鑑定服務；對設戶籍於轄區內經鑑定合於規定者，應由主管機關主動核發身心障礙手冊（身心障礙者保護法第十條，民 92）。

2.智能障礙者、自閉症、或慢性精神病患者之鑑定，必要時由所在地直轄市或縣（市）衛生主管機關邀集醫師、臨床心理人員、特殊教育人員、社會工作人員、職能治療人員組成鑑定作業小組予以鑑定（身心障礙者鑑定作業辦法第四條，民 91）。

3.身心障礙者之鑑定，其流程如下：

⑴向戶籍所在地直轄市區公所或縣市鄉（鎮、市、區）公所申請。

⑵經直轄市區公所或縣市鄉（鎮、市、區）公所詢視後發給身心障礙者鑑定表。

⑶持憑身心障礙者鑑定表至指定之醫療機構或場所辦理鑑定。

⑷鑑定醫療機構或鑑定作業小組應於鑑定後一個月內，將該鑑定表送達申請人戶籍所在地之直轄市及縣（市）衛生主管機關。

⑸直轄市或縣（市）衛生主管機關核發鑑定費用，並將該鑑定表核轉直轄市或縣（市）社政主管機關依規定製發身心障礙手冊。植物人或癱瘓在床無法自行至醫療機構辦理鑑定者，由直轄市或縣（市）衛生主管機關請鑑定醫療機構指派醫師前往鑑定（身心障礙者鑑定作業辦法第六條，民 91）。

4.對於鑑定結果有異議申請複檢，或因障礙情況改變申請重新鑑定，依前述規定之流程辦理。依規定申請複檢，應於收受鑑定結果通知之日起一個月內申請之，逾期者不予受理（身心障礙者鑑定作業辦法第七條，民 91）。

5.鑑定醫師應親自鑑定，始得填具身心障礙者鑑定表；鑑定結果對於身心障礙類別與等級之判定，應依身心障礙等級之標準辦理（身心障礙者鑑定作業辦法第九條，民 91）。

6.鑑定醫療機構已有其申請人三個月內之就診記錄，足以依身心障礙等級之標準，判定其身心障礙類別與等級者，鑑定醫師得逕依其病歷記錄，填具身心障礙者鑑定表（身心障礙者鑑定作業辦法第十條，民 91）。

7.除下列情形者外，申請身心障礙者鑑定，以三歲以上能明確判定身心障礙等級爲限：

⑴可明確鑑定其肢體或器官永久性缺陷之嬰幼兒。

⑵由染色體、生化學或其他檢查、檢驗確定爲先天性缺陷或先天性染色體、代謝異常或經中央衛生主管機關認定因罕見疾病而致身心功能障礙之嬰幼兒（身心障礙者鑑定作業辦法第十二條，民 91）。

㈡家庭經濟狀況之評估

對於殘障者家庭經濟狀況之評估，例由直轄市、縣（市）社政主管單位負責。此項評估也皆訂有具體的實施辦法可資遵循，如「身心障礙者生活托育養護費用補助辦法」（內政部，民 92）、「台灣省社會救助調查辦法」、「身心障礙者生活補助審核作業規定」（嘉義市政府，民 92）等，皆可作爲評估家庭經濟狀況的依據。

經由上述的殘障鑑定與家庭經濟狀況評估，殘障者能否獲得法定的就醫、就學、就業與就養的福利服務，應已相當明確。至於能否獲致合理的輔導與安置，則似應對殘障者的服務需求作持續的評估與瞭解，以提供其必要的福利服務。

第二節 美國殘障者的福利服務

同樣的，對美國殘障者福利服務的探討，吾人亦可從該國所提供給殘障者在教育、醫療、職業復健、社會福利等方面的服務內容先作了解，然後再進一步探索為接受這些服務應具有的條件，以及為提供適當的服務是否實施必要的評估過程。

一、對殘障者的服務供給內容

美國雖是一個地方分權的國家，不過在對殘障者所提供的服務方面，聯邦政府卻扮演著極重要的角色。對殘障者所提供的服務方案，大部分在聯邦政府皆有相關的立法作為後盾。美國對殘障者服務的供給內涵，亦可就醫療、教育、職業復健與社會福利四方面的重要措施，分敘於後。

㈠醫療方面

美國的 94−142 公法（*PL94-142*），亦即全體殘障兒童教育法（*The Education for All Handicapped Children Act*）只提供經費進行醫學的診斷與評量而已。但聯邦政府對有殘障兒童之家庭所提供的醫療服務則有下列之方案（*U.S. Department of Health and Human Services, 1993a, 1993b, 1994; Ehly, Conoley, & Rosenthal, 1985*）：

1. 醫療照顧（*Medicare*）：醫療照顧除了對六十五（含）歲以上的老年人提供外，符合下列條件之殘障者，亦可接受是項服務：

⑴接受社會安全殘障補助（*social security disability benefits*）達兩年者。

⑵父母正接受社會保險（*social security*）或工作相當時間可受到社會保險照顧時，如其子女需要洗腎或腎臟移植者。接受醫療照顧者並不須付費，同時亦無所得之限制。

2. 醫療補助（*Medicaid*）：殘障兒童的家庭如屬低收入與資產有限者，則可獲醫療補助。但如屬高所得之家庭，醫療費高於其年所得的某一百分比，也同樣可接受醫療補助。此項服務之申請資格及服務內容，各州之間，有相當的差異存在。例如，在大部分的州；獲得補充安全所得（*Supplemental Security Income, SSI*）的兒童即有資格取得醫療補助。也有許多州，有資格獲得補充安全所得即自動取得接受醫療補助的資格。有些州，是需要申請才有。也有的州是即使不具備申請補充安全所得的資格，卻照樣可以得到醫療補助。

3. 殘障兒童之服務（*Crippled Children's Services*）：這是聯邦與州共同提供的醫療與相關的服務，是根據社會安全法（*Social Security Act*）中特殊健康照顧需求兒童（*Children with Special Health Care Needs, CSHCN*）之條款所提供的醫療服務。其對象是從出生至二十一歲的殘障兒童，各州皆提供免費的診斷與評量服務。至於醫療或醫院照顧服務之價格，各州情況不同，家長有醫療保險者，可透過此一方案使用保險以支付有關的醫療服務。

4. 早期定時的篩選、診斷與治療方案（*Early Periodic Screening, Diagnosis, and Treatment Program, EPSDT*）：此方案乃在對貧困家庭之兒童從事是否需要健康照顧或相關服務之篩選工作。

(二)教育方面

美國的 94－142 公法（*PL94-142*）為其殘障者提供三至二十一歲免費的特殊教育，而 99－457 公法（*PL99-457*）更為出生到三歲以前之殘障嬰幼兒建立一項州經費補助方案，以提供法案所界定的合於資格兒童之早期處遇服務。

(三)職業復健方面

美國的 94－142 公法規定該國殘障學生可接受職業訓練至二十一歲，而一九七三年的復健法（*The Rehabilitation Act*，又稱 *PL93-112*）及其一九七四、一九七六及一九七八之增訂條文對殘障者的接受職業復健（*Vocational rehabilitation*）服務也作了明確的規定。而如何將學校教育的個別化教育方案（*Individualized Education Program, IEP*）與職業復健部門的個別化書面復健方案（*Individualized Written Rehabilitation Progrom, IWRP*）作緊密的協調與結合，在一九七八年的復健法之修正條文中也有具體的要求（*Nelipovich & Naegele, 1985*）。

基本上，職業復健是美國為協助殘障者進入就業市場所提供的聯邦與各州合作的一個全國性服務方案。任何人的殘障狀況如威脅到繼續就業，對就業的可能性有所干擾，或影響到做家事的能力時，即有資格接受是項服務。至於職業復健所提供的服務各州不同，但不管殘障者的家庭經濟狀況如何，各州皆免費提供下列的服務（*Hartman,*

Baker, & Harris, 1986）：

1. 復健潛能的評估。

2. 諮商、輔導及轉介服務。

3. 安置與就業後的追蹤輔導。

㈣社會福利方面

美國對其殘障者所提供的福利措施，主要是由社會安全署（Social Security Administration）所經管的下列兩種聯邦的補助方案（U.S. Department of Health and Human Services, 1992）：

1. 社會安全殘障保險（Social Security Disability Insurance, SSDI）：要取得是項保險補助，殘障者必須是在某一工作已工作相當時間，並繳了社會安全稅（social security taxes），或當事人必須是父母或配偶已工作有年才行。獲得社會安全殘障保險之補助者如補助時間達兩年後，也有資格可申請醫療照顧（Medicare）。有資格申請社會安全殘障保險補助者，必須是因任何可經由醫學所診斷的生理或心智障礙，而這些障礙預期會導致死亡或已持續，或可能持續十二個月以上，且申請者無法從事任何實質有報酬的活動（substantial gainful activity）者。社會安全殘障保險的受益人，在六十五歲後即轉換成接受老年補助（old age benefits）。因此，此項保險補助係僅適用於六十五歲以下者。接受此項保險補助的資格不因來自儲蓄、退休金、個人保險或其他非工作性的收入而受影響。通常，此項保險補助在受益人再從事嘗試與調適性的有酬就業之十二個月內仍可繼續領受。社會安全殘障保險補助之資格與金額，係依過去工作的時間長短與收入的多少而定。

2. 補充安全所得（Supplemental Security Income, SSI）：補充安全所得之補助係針對老年、殘障與盲人，若其收入與資產在某一水準之下，則提供每月的生活補助，獲取此項補助者，一般也有資格得到醫療補助（*medicaid coverage*），及其他的福利與健康照顧。成為補充安全所得的受益人並不需要曾工作過。至於申請補充安全所得者的收入與資產的限制，各州不一，不過此項補助之受益人會因收入增加而減少其補助。殘障與盲人接受是項補助者，其年齡須在十八歲以下與六十五歲以上。如在十八歲以下者，其殘障的嚴重程度須與成人者相當。

二、接受服務的條件

美國的殘障者在申請接受上述的醫療、教育、職業復健與社會福利等服務與協助時，其可能涉及的條件，比較重要的約有下列數端：

1. 須符合殘障之規定：事實上，對於殘障的定義，政府各部門如教育、社會福利、職業復健等單位並不盡相同，其定義主要是配合其本身提供服務的性質，而有不同的要求。

2. 低收入的限制：對於低收入的要求，特別是針對申請補充安全所得、醫療補助等福利服務者而設定，不過所謂低收入的標準，各州並不一致。

3. 工作時間的規定：對於申請社會安全殘障保險之補助的殘障者，美國的社會安全署有一套按工作時間的長短配給積分（*credits*）的作法，而殘障者所需具備的積分，也因致殘的年齡不同而有差異。

三、殘障者接受服務條件之評估

前面所提到的符合殘障、低收入與工作時間的規定，應屬美國殘障者在接受醫療、教育、職業復健與社會福利時，可能須分別具備的基本要件。事實上，在教育與職業復健部門為提供殘障者適當的教育與職業復健服務，除了對「殘障」此一基本要件之考量外，另會對殘障者的身心功能、學習及工作潛能等作系統性的評估。現就社會福利、教育及職業復健部門對殘障者所作的評估工作，分別敘述於後。

(一)社會福利部門的評估

美國的社會福利部門對殘障者所進行的評估，主要涉及殘障鑑定、低收入確認、工作時間的評定等三方面，茲分敘如下：

1. 殘障鑑定——

在向美國各地的社會安全局（*Social Security Office*）提出社會福利服務申請後，該局為確認申請者的殘障身分，皆將有關的申請資料再轉送至各州的「殘障鑑定處」（*Disability Determination Services*，簡稱 *DDS*）。殘障鑑定處會有一組包括醫師（或心理學家）與殘障評鑑專家所組成的人員，來決定申請者是否符合社會安全部門所規定的殘障資格（*U.S. Department of Health and Human Services, 1992*）。這項規定指出殘障是指：「因任何可經由醫學所診斷的生理或心智障礙，而這些障礙預期會導致死亡，或已持續，或可能持續十二個月以上，且無法從事任何實質有報酬的活動」而言。這個鑑定小組會從申請者的醫師、醫院、診所，或其他有關機構去獲取申請者在醫學上的證明。當然為獲取這些醫學報告所需要的費用，是由政府來支付的。如殘障鑑定處的鑑定小組所要獲取有關的醫學報告有困難，申請者可能會被要求提供協助。申請者在提出殘障補助申請之前，並不需要先要求其醫師提供醫學報告，但如果申請者已有醫學報告在手，也可逕行提供鑑定小組參考，以縮短申請的處理時程。

在醫學報告的表格上，申請者的醫師或其他有關人員會被要求提供申請者狀況的醫療史。諸如，問題出在哪兒、何時開始、如何地限制申請者的活動、醫學檢驗的結果為何，以及已提供何種治療等。申請者的醫師也被要求提供有關申請者從事與工作有關活動的能力之資料，如行走、坐、舉與搬運等，而不會被要求去決定是否申請者為殘障。

在殘障鑑定小組可以確定申請者之殘障資格之前，如現有的醫學報告資料仍嫌不足，鑑定小組可能會要求申請者再作名為「諮詢性檢查」（*consultative examination*）的特殊檢查。申請者的醫師或曾接受過治療的醫學機構是實施此項檢查比較好的處所。社會安全部門會支付所需相關檢查及某些有關的旅行費用。

然而社會福利部門在確定是否殘障的規定方面，有別於其他的政府部門。不過，其他政府單位所獲致的醫學報告以及其所作的決定，在社會安全部門的規定中，也可作為確認申請者是否為殘障的參考資料。

在鑑定小組決定申請者是否為殘障時，會考慮下列五個問題：

(1)申請者在工作嗎？如申請者在工作，且一個月的平均收入在美金五百元以上（對盲人所訂的標準通常比五百元還高），則一般無法被認定是殘障。

(2)申請者的狀況「嚴重」嗎？申請者的殘障狀況必須會影響到與工作有關的基本活動，申請案才會加以考慮。

(3)申請者的殘障狀況可在殘障清單上找到嗎？殘障鑑定處備有一份殘障清單，如申請者的殘障狀況與清單上所列者相符，即屬社會安全部門所認定的殘障。如申請者的殘障狀況並未出現在殘障清單上，就需由鑑定小組以申請者的狀況是否與清單上所列的某一類殘障有相等的嚴重程度去加以認定。如果是這種情形，申請者的殘障也會被接受；如其不然，則鑑定小組即進行下一步的考慮。

(4)申請者能做以前所從事的工作嗎？如果申請者的殘障狀況雖然嚴重，但卻非與殘障清單上所列的有相同或相等的嚴重情形，則鑑定小組將確定申請者的殘障是否會影響其從事過去十五年所做過的工作之能力。如果不會，則申請案將被駁回；如果會，申請案會進一步加以考慮。

(5)申請者能做其他種類的工作嗎？如申請者不能做過去十五年曾做過的工作，鑑定小組會看看他能否做任何其他種類的工作。鑑定小組會考慮申請者的年齡、教育、過去工作經驗與可遷移的技能，同時也會檢視勞工部（*Department of Labor*）所訂定的各職類的工作要求情形。要是申請者無法做任何其他種類的工作，他的殘障將被確認；如果申請者還能做其他工作，則其申請案會被駁回。

如申請案被駁回或申請者不同意鑑定小組的其他任何決定時，則申請者可提出層層的上訴，社會安全部門會協助其完成上訴有關的書面作業。

在殘障者的申請案獲准並得到有關的補助後，社會安全部門會定期就個案加以檢討，以了解其是否仍符合殘障的條件。這項檢討工作的頻率視個案從殘障狀況復元的預期情形而定。如「預期」會有改善，則六至十八個月內會加以檢討；如改善是「可能」的，則三年後會加以檢討；要是改善是「非預期」的，則可能是七年後檢討。

如殘障者的殘障狀況經檢討後，已不再符合殘障條件，則會停止給予相關的補助。會導致這種結果是出於下列這兩種情形：

①殘障者從事工作且每月平均薪資在五百美金以上。

②殘障者的殘障狀況已改善到不符合殘障條件的程度。

美國的殘障者在接受相關的社會福利補助期間，按其法令規定有責任隨時就其殘障狀況的改善情形、回復工作及相關事項，向社會福利部門提出報告（*U.S. Department of Health and Human Services, 1993b*）。

2. 低收入確認——

美國各州對殘障者在申請「補充安全所得」（*SSI*）時，有關低收入的標準，多有不同的規定。申請者在提出申請時須提出相關的所得與財產證明。

3. 工作時間的評定——

對工作時間的要求，主要是針對申請社會安全殘障保險（SSDI）之補助而訂的。一般而言，每工作一年最多可有四個積分，這些積分累計後，可作為申請社會安全殘障保險補助之用。所需積分的多少，視殘障被確認的年齡而定。通常，在一九五〇年或二十一歲之後，申請者所需的積分就等於其積累的年數，如在此之後，以盲人而言，即是其被判定為盲的年數。例如，盲人如在二十八歲以下，則其所需積分不會高過六個；要是在四十一歲成為法定盲（*legally blind*），則需二十個積分；而最高的積分要求為四十個。而非屬盲人的殘障者則有另外的規定，他們所需積分的一半，必須是在最近幾年得到的。例如，三十一歲以上的申請者，必須在過去十年內，得到二十個積分。如申請者是盲者，則不必遵守這種最近工作的規定，申請者的積分，可以在其工作期間的任何時間獲取。從工作所獲取的積分，在申請者致殘後，即可累計用來申請有關的補助。

㈡教育部門的評估

美國對於殘障學生的鑑定與評估，根據其聯邦及各州的立法皆已建立明確的程序（*Gearheart, Weishahn, & Gearheart, 1992*）。殘障學生欲獲得特殊教育的照顧，皆須經過各州所訂定的鑑定與評估程序，其獲得特殊教育的資格，方可被確認。這些鑑定與評估程序對於學齡與學齡前的兒童多有不同的規定。現以紐約州為例，分別就學齡階段、三至五歲及三歲之前的評估程序提出說明。

1. 學齡階段的評估——

所謂學齡階段，係指兒童五歲至二十一歲，或獲得中學畢業證書這段時間而言。學生要想進入特殊教育系統必須由家長、學校或學區的專業人員、醫師、司法人員等，以書面提出轉介（*referral*）之申請。但如學生本人在十八歲以上，也可自行提出轉介之聲請。

在轉介之申請提出三十天之內，學生會獲得免費的評估。如轉介非由家長所提出，特殊教育委員會（*Committee on Special Education*，簡稱 *CSE*）先須獲得家長的同意，才能進行鑑定與評估工作。要是家長不同意，則特殊教育委員會就須透過公聽會（*impartial hearing*），在取得聽證官（*hearing officer*）的同意後，才得以對該學生進行評估。家長也可隨時撤銷他們的評估同意權。

家長本身有權可以進行獨立的評估工作，各學區則會提供家長可進行獨立評估的公私立機構或其他專業資源的名單。各學區（在紐約市則通常指教育委員會）在某些情況（如當學區的專業人員無法按時對學生作評估時）下將支付獨立評估的費用。此外，如家長不同意學區所作的評估結果，則家長有權以公費進行獨立的評估，除非學區召開公聽會顯示其評估結果的確當性。如聽證官確認學區當局的評估結果是適當的，則家長就無權因獨立性的評估工作而要求經費的補償。

評估工作須包含由合格的醫師與心理學家所做的身體與心理的檢查，社會背景（*social history*）的了解也是評估的項目之一。另外，就與學生的殘障可能有關的部分，如健康、視力、聽力、社交與情緒狀況、一般的智力、學業表現、職業技能、動作、溝通能力等，如必要時亦列入評估。而對學生在其目前教育安置狀況下的觀察亦屬評估工作的一環。

特殊教育委員會一般係由學校心理學家、特殊教育教師與學區中一位與學區無聘雇或合約關係的殘障兒童之家長所組成的。其他專業人員如社工員、輔導人員、語言治療師等也可參與此一委員會。在特殊教育委員會開會至少七十二小時之前，如有家長提出書面請求，則亦可有醫師出席備供特殊教育委員會諮詢。

在殘障學生接受有關之評估後，特殊教育委員會就須進一步做出學生是否有資格接受特殊教育的決定。此時所做的為個別化教育方案（*Individualized Educational Program*，簡稱 *IEP*）第一階段的工作。如該委員會確認學生合於接受特殊教育的資格，則委員會所做出的建議須包括下列事項：

⑴說明學生目前的成就水準及學生和下列四方面相關的需求：

①學業成就和學習特徵。

②社會發展。

③生理發展。

④服務管理的需求（即爲使學生從教學中受益，所須提供的環境改變、人力、物力資源的性質與程度）。

⑵學生障礙狀況的類別。

⑶學生年度的教育目標。

⑷為使學生從所建議的服務方案中受益，所須提供的任何特殊設備與輔助器材。

⑸班級的容量。

⑹學生可參與普通教育方案的程度。

⑺開始提供服務的預定日期。

⑻學生每天接受服務時間的份量。

⑼對學生做測驗時所須做的改變或修正的情形。

⑽對安置的建議。

在特殊教育委員會做出了上述的建議後，特殊兒童所屬的學區將有三十天的時間去準備提供適當的特殊教育方案與相關服務。在特殊教育委員會做出特殊教育安置建議時，也應告知家長有哪些公私立學校可提供所需要的服務。家長有權了解這些學校的名單，也可要求在同意安置的建議之前去訪視有關的學校。

在殘障兒童進入所建議的特殊教育方案後三十天之內，即須為其規劃所需的個別化教育方案第二階段的內容。家長、教師及學校中參與殘障學生教育活動的有關人員，須共同規劃個別化教育方案第二階段的內容。第二階段的內容包括與學生的年度教育目標相符應的具體短期目標之陳述，以及決定教學目標是否達成的評鑑標準、程序與評鑑時程。

每年家長與學校人員皆須為學生研擬新的個別化教學方案。如對個別化教學方案欲作重大的改變，則須經特殊教育委員會加以檢討。而特殊教育委員會則須每三年再對學生重做評估。此外，如家長、教師或行政人員認為個別化教育方案中所建議的安置或教育內容對學生不再是適當時，則可請求特殊教育委員會重新檢討。在特殊教育委員會做出新的建議之前，學生有權仍留在目前的教育安置中，除非家長與學區當局同意另作其他的安排。

2. 三～五歲的評估——

為處理三～五歲殘障兒童的鑑定與評估工作，美國各地的學區皆會成立學前特殊教育委員會（*Committee on Preschool Special Education*，簡稱 *CPSE*）這樣的組織。此一委員會的組成份子可能包括學區所聘僱的專業人員、殘障兒童的家長、負責殘障兒童評量與服務工作的其他專業人士等。特殊兒童的鑑定與評估之轉介工作須以書面向學前特殊教育委員會的主席提出。可以提出轉介的包括家長或法定監護人、合格的醫師、公家機關的代表、司法人員，或學區的專業人員、兒童早期輔導中心（*Early Childhood Direction Center*）、出生至三歲的兒童服務單位、已立案的三～五歲兒童的學前服務單位，或與兒童熟識的某一服務單位。一旦接獲轉介的申請，學前特殊教育委員會會發給家長一份已核定的評估處所（*evaluation sites*）之名單。家長可從該名單中選定一個評估處所進行免費的多方面評估（*multi-disciplinary assessment*）。然而，家長也可選擇運用健康保險以支付這種評估費用（如他們的保險有包括的話）。評估時一般會注意到兒童目前的表現水準、學習特徵、社會、情緒與生理發展的情形，以及所需要的服務等。最少，評估的過程會包含身體檢查、社會背景的了解、心理的評量，和其他有助於了解兒童是否殘障的適當評估項目。評估的處所在接到家長同意進行多方面的評估之表示後，有二十天的時間來從事評估的工作。當完成評估後，學前特殊教育委員會會安排時間加以審核，家長也會接到評估結果的摘要。

接著，學前特殊教育委員會會開會以審核由學童家長或監護人及教師所提出的資料、評估結果，和由早期教育單位所提供的資料。會議出席人員最少有學前特殊教育委員會的主席、殘障兒童家長，以及接受資料審核的兒童家長或監護人。委員會會決定是否當事的學童有法令上所規定的教育障礙狀況出現，如果有這種情形，則委員會將研擬第一階段的個別化教育方案，以建議適當的教育與服務方案。學前特殊教育委員會須在接到家長同意進行評估工作之表示後三十天內，向教育委員會（*Board of Education*）提出這樣的建議。教育委員會也須在學前特殊教育委員會提出建議之日起三十天之內，審定所提建議教育與服務方案的確當性。

在紐約市對三～五歲的學前殘障兒童之教育安置的選擇包括巡迴輔導、特殊班、在家教育方案（但由特教教師指導）、轉銜教育方案（以幫助學童能由在家教育轉銜至學校教育）、住宿學校方案等。但無論作何種選擇，應符合在最少限制的環境提供免費適當教育的精神。

當殘障學童開始接受所建議的教育安置之日起三十個上學日內，第二階段個別化教育方案的規劃會議即須召開。須出席人員包括學童的教師、家長或監護人等。此項會議應研擬出與第一階段個別化教育方案所訂的長期目標相符應的短期目標，以及決定教學目標是否達成的評鑑標準。家長或監護人將可獲得一份已研擬完成的第二階段個別化教育方案的副本。而對於殘障學童的教育安置是否適當，將會每年加以檢討。

3. 三歲之前的評估——

以紐約市為例，對於每年十二月三十一日之前未滿三歲的殘障幼兒，可經由其家長、醫師或診所之轉介而接受評估。評估工作係由醫院、診所、學前教育方案的臨床專業人員，或由兒童早期輔導中心所建議的其他適當的單位來實施。所實施的多方面評估工作必須包括醫學／生理的評估、心理評量、社會背景與任何其他有助於確認疑似殘障所需的適當評量項目（如有疑似語言障礙存在，則可做說話和語言能力的評量）。如沒有家長的同意則不得實施測驗。做測驗時，如可以的話，則須以兒童本身的語言來實施。

對於三歲之前的殘障幼兒所做的分類，及所提供的安置、個別化教育方案、相關服務等，大致與前述學齡兒童的情形相同。由於美國聯邦政府對三歲之前殘障幼兒的早期處遇服務，係以對各州提供補助款的方式加以協助。各州為取得這些補助款也須做相對的配合，諸如設定提供服務的期限，保證會發展出「個別的家庭服務計畫」（*Individual Family Service Plans*）與確實的實施程序，並設立州單位間的協調委員會（*State Interagency Coordinating Council*）。每一州且必須指定一個領導的單位（*a lead agency*），以協調如何在家庭服務計畫下去提供殘障幼兒所需的服務。就以紐約州為例，該州即指定衛生處（*Department of Health*）作為領導的單位。至於對於較大的學童之服務，則由教育廳（*Department of Education*）擔綱。

㈢職業復健部門的評估

職業復健是美國聯邦與州政府為促進殘障者就業所實施的一項全國性服務方案。基本上，職業復健是一種資格方案（*eligibility program*），而非權利方案（*entitlement program*）。換句話說，只有符合法令規定資格的殘障者，才可以接受是項職業復健服務。

美國的復健行政在聯邦雖由設於教育部特殊教育與復健司（*Special Education And Rehabilitation Services*）中的復健工作科（*Rehabilitation Services Administration*）來統籌，不過實際上復健

個案的接受與輔導，卻是各州復健部門的復健輔導員（*Rehabilitation Counselor*）來負責。復健服務的對象並沒有年齡的限制，因此復健法的涵蓋面似比特殊教育上的立法要廣，其影響亦十分深遠。復健個案的評估與處理，在法令上有一系列的分類性編號（*Classification Codes*），以顯示其評估與處理的狀況（*Status*）。以下即按編號分別說明其意義。（*Mandeville & Brabham, 1992*）

狀況 00：

代表復健服務的轉介（*referral*）。轉介者可能是其他的機構或個人，亦可能係個案本人的自求協助，而由州政府的復健部門負責受理。不管是登門接洽或以電話、書信聯繫，轉介資料須包括傷殘者的姓名、住址、年齡、性別、傷殘性質、轉介日期，以及轉介者。

狀況 02：

代表復健服務之申請，申請的方式或填寫復健部門製作的申請表，或是由個人所簽署的申請函皆可。此時復健輔導員所要做的，即是判斷申請者是否符合接受復健服務資格。傷殘者要想接受復健服務，按規定須符合下列三個條件，缺一不可：

1. 具有生理或心智上的傷殘。
2. 傷殘會對就業造成實質上的障礙。
3. 職業復健會使傷殘者更具有就業的能力。

復健輔導員為了判定傷殘者是否符合上述的三個條件，可能對申請者提供必要的評量。

狀況 06：

代表延續性的評量階段（*an extended evaluation period*），時間至多以十八個月為限。目的在評量申請者是否符合接受復健服務的條件。

狀況 08：

是一種未具備資格而結案（*ineligible closure*）的情況。所有個案從轉介、申請及至評量的過程中，如因條件不符而未能成為合格的個案者，皆屬於此一編號。

狀況 10：

代表可以接受復健服務的合格個案。此時復健輔導員即運用完整的診斷研究資料，配合當事人的參與，以為當事人發展書面的個別化復健方案（*Individualized Written Rehabilitation Program*）。

狀況 12：

此乃一行政工作的編碼，代表要為當事人完成書面的服務計畫。在此一階段，復健行政部門即為書面的個別化復健方案的執行，而對所需的服務設施作必要的安排。

狀況 14：

如果當事人所需要的服務為諮商與輔導及可能的安置服務，以協助其就業，即屬於此一編號。不過值得一提的是，諮商與輔導兩者皆有輔助其他服務設施的功能，它們可能貫穿施行於整個復健的過程。

狀況 16：

代表生理與心理的重建，其服務包括內科診療、外科手術、精神醫學之處遇及義肢的裝配等。

狀況 18：

代表訓練。訓練的範疇包羅甚廣，舉凡學校訓練、在職訓練、個別指導及通訊教學等皆屬之。有時當事人也同時需要生理或心理的重建，類此狀況，即賦予當事人所需要的服務時間最長的編號。

狀況 20：

此一編號跟狀況 12 一樣，同屬行政工作的編碼。它代表當事人已完成就業的準備，並且已準備接受工作的安排，或已接受安置但尚未開始工作。

狀況 22：

表示當事人正就業中。按目前聯邦法令的規定，當事人必須維持這種狀況最少六十天，方可稱得上是成功的復健而予以結案（狀況 26）。

狀況 24：

也是屬於行政上的分類，它代表在復健過程（狀況 *14* 至 *22*）中服務工作的中斷。一旦繼續接受復健服務，或結束個案，當事人即自然脫離此一身分。

狀況 26：

代表復健個案的結束，也是成功的復健工作的最後結果。成功地結束復健個案最少須符合下列六個條件：

1. 符合接受復健服務的資格。
2. 已接受適當的診斷與相關的服務。
3. 須已訂有書面的個別化復健方案。
4. 須已盡可能提供了所需的復健服務。
5. 最少已提供了諮商作為基本的復健服務。
6. 已被認定適當地就業最少有六十天的時間。

一般認為適當的就業，須符合下列十個條件（*Seventh Institute On Rehabilitation Services, 1969; Dunn, Currie, Menz, Scheinkman, & Andrew, 1974*）：

(1)當事人與雇主皆感滿意。

(2)當事人在就業環境中，一直維持著適當的人際關係以及能夠被接受的行為。

(3)所從事的職位與當事人的能力相當一致。

(4)當事人具備適當的工作技能，在工作上也有令人滿意的表現。

(5)就業的情境不致使當事人的傷殘狀況更加惡化。而且當事人的傷殘狀況在工作環境中不致危及本人和他人的健康與安全。

(6)薪資與工作條件符合政府法令的規定。

(7)僱用的情形具有規律性，且稱得上相當穩定。

(8)當事人所獲得的薪資與其他從事相似工作的人所獲得的堪稱一致。

(9)所從事的工作能在合理的時段內提供晉升的機會。

⑽所獲得的薪資足以供應當事人及家屬最起碼的生活所需。

狀況 28：

表示在書面的個別化復健方案開始實施之後，由於某種原因而結束個案。此時所結束的個案已符合接受復健服務的資格，且最少已獲得一種復健服務，不過當事人仍未成功地就業。

狀況 30：

代表在書面的個別化復健方案開始實施之前，由於某種原因而結束個案。當事人已可接受復健服務，不過實際上，尚未依書面的個別化復健方案提供任何服務。

狀況 32：

表示就業後的服務階段，其目的在協助復健後的當事人能保有其僱用機會。此時所提供的服務，仍須與當事人原有的復健目標有關，而不涉及其他新的復健服務項目。

狀況 34：

代表從就業後服務而結案。在狀況 32 中結束或完成就業後服務的個案之結案狀態。

美國各州的復健輔導員所負責的殘障個案人數不一，紐約州平均須承擔二百五十名個案（*Wong, 1995*），而加尼福尼亞州則在六十～八十人之譜（*Mau, 1995*）。各州負責殘障者職業復健服務的復健輔導員之人數，也因而十分可觀，紐約州約有六百名左右（*Wong, 1995*），而加利福尼亞州則高達八百人（*Thompson, 1995*）。各州的復健輔導員除接案會談（*intake interview*）及與個案當事人共同研擬書面個別化復健方案外，其他實質的評估工作率皆透過合約方式，請相關機構（如殘障復健中心）或專業人士負責實施。復健輔導員再將評估結果彙整，以作為研擬書面個別化復健方案的依據（*Wong, 1995; Graham-Baca, 1995*）。由於目前美國各州的復健輔導員所從事的工作，真正親自做職業能力評估的時間並不多，其主要扮演的多為殘障復健服務個案的協調與統籌的角色，因此有人寧以個案管理者

(*Case manager*)稱之(*Wong, 1995*),不過亦有人仍願維持復健輔導員的稱號,以維護其更具專業的色彩(*Mau, 1995*)。

第三節 日本殘障者的福利服務

日本大致上將殘障人士(*a disabled person*)分成身體障礙(*physically disabled*)與心智障礙(*mentally disabled*)兩大類。該國在殘障福利服務方面,也有令人刮目相看的作為。在與我國民族種源、文化背景等相近的條件下,應有其值得與易於借鏡之處。以下同樣將對日本在殘障者的服務供給內容、接受服務應具的條件,以及服務需求的評估措施分別加以介紹。

一、對殘障者的服務供給內容

日本在殘障者有關的醫療、教育、職業復健、社會福利等方面的立法既多,分工也細,對於殘障者就醫、就學、就業、就養的需求,多能面面兼顧,而貫徹殘障者所企求的完全復健(*total rehabilitation*)之理念(何華國,民80;*Japaness Society for Rehabilitation of Disabled Persons, 1992; Japanese Society for Rehabilitation of the Disabled, 1988; National Vocational Rehabilitation Center for the Disabled, 1988*)。此外,在日本與殘障復健行政有關的政府部門,除衛生、教育、勞工等單位,皆有專責分工外,更在首相府設立殘障者福利促進總部(*The Headquarters for promoting the Welfare of Disabled Persons, 1987*),對於各部門之間的協調與合作助益甚

大，從此處也可看出日本政府對殘障復健工作的重視。除了在政府部門從中央到地方皆有明確的復健行政體系外，殘障者復健服務機構的設置也相當普及；兩者似已構成十分完整的服務網絡。

日本對殘障者所提供的服務內容，亦可就醫療、教育、職業復健與社會福利四方面的重要作法，分別說明於後。

㈠醫療方面

過去日本對殘障者所實施的醫療復健，皆係援引其「身體障礙者福利法」的規定。不過目前有許多卻是經由醫療保險系統而提供。在一九八七年八月，依據身體障礙者福利法所指定的醫療復健機構共達二千七百三十七家；而在一九八四年經由醫療保險所特許的職能治療（*occupational therapy*）機構有三百二十三個，物理治療（*physical therapy*）機構則有一千零七十四個（*National Vocational Rehabilitation Center for the Disabled, 1988*）。因此，日本似已逐漸在建立其傷殘醫療復健之網絡與體系。

在日本的傷殘醫療復健服務中，最引人注目的，厥為其自一九六一年以來對三歲幼兒所作的全面性健康檢查，此項檢查對殘障的早期發現與預防助益甚大。這種健康檢查有許多地方在一九七七年以後，更提早至一歲半時實施。此外，腦血管疾患者的復健、長期臥病床榻之老人的居家護理與指導的提供、重要器官病患的醫療照顧與輔助、肢體截斷與心智障礙者的復健等，也皆是傷殘醫療復健領域的重要課題（*Japanese Society for Rehabilitation of Disabled Persons, 1992*）。按日本目前的「殘障者基本法」及「身體障礙者福利法」的規定，對於經濟能力有困難之身體障礙者所需的復健醫療費用，經提出申請，政府會負責給付。給付的範圍涵蓋診療、藥劑、治療材料、手術、護理、接送等方面的費用。

㈡教育方面

日本對殘障者的特殊教育安置，主要採取特殊學校與特殊班兩種型態。有一些障礙程度較輕微者，且在提供特殊的輔導下，仍然安置於普通班之中。另外有一些在生活上需要經常照顧、無法通學或住校的重度殘障者，則由學校派遣教師實施在家教育（*domiciliary education*），這也是一種巡迴輔導教師的制度（*itinerant teacher program*）。這種方式的教育，其教材、教法、教學時數皆有相當的彈性，完全由教師衡量學生的需要而定奪（*Ministry of Education, Science, and Culture, 1988*）。在日本，不管是特殊學校或特殊班，皆儘可能提供殘障學生同等於普通學生所接受的教育課程。不過為因應殘障學生的特殊教育需要，有些特殊課程（如感覺與行動訓練、機能訓練、聽能訓練、讀話訓練等）也可能成為殘障學生教學活動的一部分，以培養彼等所需的知識、技能、態度與習慣，從而幫助他們克服因殘障而產生的生活、學習及工作上的困難。

㈢職業復健方面

日本對殘障者職業復健工作的考慮與規劃，堪稱十分詳密周延。這可從其有關法令的面面俱到、制度的踏實完善與對執行措施可行性的注意而略知一二。而各種法令、制度與執行措施的訂定與設計，即在為殘障者提供完善的評量、訓練、安置與輔導為著眼。其在職業復健方面所提供的服務內容概有下列幾個方面（*National Vocational Rehabilitation Center for the Disabled, 1988; Japanese Society for Rehabilitation of Disabled Persons, 1992*）。

1. 完整的職業復健服務體系——

與殘障者職業復健相關之單位，含涉甚廣，包括中央與地方政府有關之行政部門、各種法人團體，甚至民營企業皆有可能參與其事。日本政府除了廣設公立職訓機構（或公設由法人團體經營），為殘障者提供職業訓練外，也有由地方政府委託雇主訓練的「在職適應訓練方案」（*on-the-job adjustment training programs*），或由勞動省提供雇主、私立機構等必要的經費補助，而實施的職業能力養成方案；勞動省也鼓勵地方政府與民間企業為智能不足者合辦職業訓練，此即所謂的「第三方案」（*Third Sector*）的職訓。厚生省所管轄與指導的復健與養護機構對殘障者所實施的日常生活訓練、職前能力訓練與駕駛訓練等，以及特殊學校的教育內容，也皆與殘障者的職業訓練有密切的關係。

2. 職業災害之殘障的預防與補償——

為了預防職業的災害與疾病的發生，日本制定了「職業安全與衛生法」，實施嚴格的工作環境條件的管制。因此，最近幾年因職業災害而死傷的人數，似有逐年減少的趨勢。另外，「勞工災害事故補償保險法」的制定，則旨在提供受害勞工諸如醫療照顧、生活津貼等方面的保障。在一九八八年，全日本共有三十八所勞工補償醫院（*Workmen's Compensation Hospitals*），為在職受到意外傷害的勞工提供醫療服務。同時由勞工福利事業團（*Labor Welfare Projects Corporation*）所設立與經營的八個勞工保險復健工場（*Workmen's Insurance Rehabilitation Workshop*），也在提供重度脊椎或下肢損傷的勞工必需的健康維護與工作適應訓練，以協助彼等重回工作世界。

3. 就業後的繼續輔導措施——

日本為了幫助殘障者真正成功地就業，仍然在職業安置後，提供諸多的繼續性輔導措施，特別值得一提的約有下列數端。

⑴殘障者職業生活輔導員（*vocational life consultants* ）的安排：凡是僱用五個以上殘障者的廠商，須依「殘障者僱用促進法」之規定任用殘障者職業生活輔導員，以提供殘障者在就業適應方面必要的輔導。

⑵職業輔導員（*vocational consultants*）的設置：在日本一些主要的公共職業安定所（有如我國的就業服務中心），皆有深語殘障知識及身心障礙者職業輔導之專業人員的設置。這些職業輔導員的任務，即在透過對學校、機構及企業的訪問，以提供殘障者與雇主必要的諮詢與輔導。

⑶殘障者員工適應促進小組（*adjustment promotion team for disabled employees*）的成立：在日本僱有殘障者的廠商，皆被鼓勵成立殘障者適應促進小組，以協助這些員工在職業上的適應。此一小組的成員一般包括雇主、職業生活輔導員、管理人員、領班，以及殘障員工的代表。這個小組的活動多與公共職業安定所及殘障者就業協會等有密切的合作關係。

⑷補助金制度的實施：為了促進殘障者的就業，日本也對殘障者與雇主實施各種補助措施。例如，對殘障者所提供的公共職業訓練津貼（*public vocational training allowance*），在一九八八年每人每月平均達十一萬五千七百七十日圓。由地方政府委託雇主實施六個月至一年的訓練，最後並加僱用的在職適應訓練制度，在訓練期間，殘障者於一九八八年每人每月平均也同樣可以得到十一萬五千七百七十日圓的補助。至於對雇主的補助措施，則涵蓋殘障者工作設施設備的提供與改善、僱用殘障者的管理（如交通運輸、手語翻譯、生活輔導員、職業輔導員等之支出）、職業訓練、薪資等費用之補助，以及稅賦的減免皆是。

⑸退職殘障者之報告：根據殘障者僱用促進法之規定，廠商所僱用的殘障者如有人退職，雇主須向公共職業安定所提出報告，以便殘障者可以繼續得到必要的職業輔導。

4. 僱用比率、課徵與補助相互配合的制度——

根據日本的殘障者僱用促進法，目前更藉僱用比率（*quota system*）、課徵與補助（*Levy and Grant System*）相互配合的制度，以確保殘障者的受僱機會。

㈣社會福利方面

日本的殘障者社會福利服務，不僅有完備的法令作基礎，且有分工精細的行政專責單位負責推動各項社會福利工作。茲就其社會福利服務內容分項概述於後。

1. 殘障復健機構的安置服務——

日本殘障復健機構的設立，皆有其立法的根據。例如，設立身體障礙與智能不足者的復健機構，所根據的分別是身體障礙者福利法與智能不足者福利法。兒童福利法則主導未滿十八歲身心障礙者福利機構的設立；老人福利法與日常生活安全法也是老年殘障者養護機構的設立基礎；心理衛生法則是精神病患復健機構得以設立的立法依據。當然，日本仍存在許多未經立案的小型庇護工場。這類機構多由殘障者的家長、教師或殘障者團體所設立；其成立的原因或由於殘障者的障礙程度過分嚴重，以致無法被已立案的機構所接受，或由於社區中缺乏已立案的機構。不過這類機構，有的仍可得到地方政府的經費補助。（*National Vocational Rehabilitation Center for the Disabled, 1988*）

2. 殘障者收入的扶助——

在日本為使殘障者能獲得可維持其基本生活所需的收入，目前提供許多不同性質的扶助措施，重要的計有下列數端（*Japanese So-*

ciety for Rehabilitation of Disabled Persons, 1992）：

(1)公共救助制度（System of public assistance）：如提供殘障者生活補助津貼、護理津貼、住屋津貼等皆是。

(2)殘障扶助金（Disability pension）：如基本殘障扶助金在一九八七年之給付，第一級殘障者每月為六萬五千二百五十八日圓，第二級殘障者為五萬二千二百零八日圓。

(3)殘障津貼制度（System of allowances for disablement）：例如，為二十歲以上需要特別照顧的殘障者，每月給予二萬零九百日圓的殘障者特殊津貼；有二十歲以下的殘障兒童的家庭，如屬一級殘障每月可獲四萬一千一百圓特殊兒童家庭津貼；如為二級殘障則給付二萬七千四百圓的津貼等皆是。

(4)家庭重建貸款制度（Family rehabilitation loan system）：這是透過低利（利率爲3%）貸款給家有殘障者的低收入戶，並提供適當的輔導及職業上的幫助，以使彼等在經濟上得以自立自強的措施。這種貸款的類目繁多，諸如商業經營、職業訓練、住屋購置或修繕、學雜費、災病急用等方面的貸款皆屬之。

(5)稅捐的減免：透過稅捐的減免，也是照顧殘障者生活的另一種途徑。其減免的範圍甚廣，可能遍及所得稅、營業稅、遺產稅、贈與稅等，最常見的如相關殘障者所使用之交通工具、錄音機、鐘錶、輪椅等器材之關稅、營業稅或牌照稅等之減免皆是。

3. 住宅及日常生活輔助用具——

(1)獲取住宅之輔助措施：日本政府在幫助其殘障者擁有住宅的措施方面，包括如優先配售國民住宅、為殘障者的家庭建造特殊用途的國民住宅、優先配售房地產公司所建造的住宅、從住宅貸款銀行獲得優惠借貸，以及有關房屋在設計、財務及法律問題之諮詢服務等皆是。

(2)日常生活輔助用具的提供與出借：殘障者輔助用具的提供與出

借，其目的即在協助彼等獲得較為獨立的日常生活。對於低收入家庭輔助器具的借用是免費的，否則即須負擔一部分的出借費用。

4. 殘障者的居家照顧——

為了讓某些重度殘障者仍可繼續生活於其社區之中，日本也發展出一套「居家協助」（*home help*）的制度。透過這種制度，家有重度殘障且需特別協助者，將可得到居家協助人員（*home helper*）的幫助。其協助的範圍包括飲食的準備與提供、衣物的洗濯、家事的整理與清潔、上街購物、交通的接送，以及相關事項的輔導與諮詢服務等。原則上，這類服務的時間，每週有六天，每天有三小時。不過由於協助人員的短缺，很可能每個家庭每星期只獲得一、二次服務的機會。這種居家照顧對低收入戶是免費的，其他則依個別的收入水準，而有不同的收費標準。除了這種每天實施的照顧形式之外，有些身體殘障者如平日照顧他們的家人因疾病、生產、意外或其他緊急事故，而無法再照顧他們時，政府也可提供最長為七天的短期居家協助。有些地方政府甚至提供在家的殘障者諸如沐浴、熱食、理髮等方面的服務。

5. 促進殘障者的社會參與——

在日本為幫助殘障者儘可能地參與社會的活動，其種種作為整個說起來，真可謂政府與民間共同致力的一項社會運動。換句話說，不僅民間社團熱心推動，政府部門在政策的制定、經費的支持方面也作相應的配合。為促進殘障者對社會的參與，常見的具體活動或措施如：無障礙環境的講究、接納殘障之社會宣導、重度殘障者社區本位照顧方案之推動、殘障者運動與休閒活動之舉辦、服務殘障者義務工作員之組訓、各種殘障者輔助用具之研發與推廣、交通運輸費用之折扣等皆是。

二、接受服務的條件

日本的殘障者在接受上述的醫療、教育、職業復健與社會福利等方面的服務時所應具的條件，和美國及我國的情形極為類似，皆需要當事人符合法定的殘障資格，對某些服務或協助且另有低收入的限制。茲將這兩方面的情形略述如後。

1. 符合殘障的資格與等級：殘障資格的具備是日本殘障者在接受特殊教育、職業復健、社會福利等服務時應有的條件。而殘障等級也事關殘障者的特殊教育或職業安置方式，以及其可能獲得的生活扶助津貼的額度。對於殘障的定義與等級，日本的「學校教育法施行令」（1989 年修訂）、「身體障礙者福利法施行細則」（1993 年修訂）等皆分別有所規定，以作為教育部門、社會福利部門等為殘障者服務的行政依據。

2. 低收入的規定：對殘障者所提供的復健服務中，有些是對低收入者有特別的優惠，或專對低收入者而提供的。對低收入殘障者的優惠措施如醫療復健、輔助器具的提供、居家照顧等；而如透過低利貸款給家有殘障的低收入戶之「家庭重建貸款制度」，則屬專為低收入殘障者而提供的。

三、服務需求的評估措施

日本對殘障者服務需求的評估，除對殘障者接受服務的條件會進行評量與認定外，為對殘障者提供適切的教育與職業復健，也會給予必要的醫學、心理學及職能方面的評估服務。日本的殘障者服務需求評估措施，實植基於其教育、福利與職業復健行政與服務體系能作有機的聯繫。以下將以行政與服務體系為經，服務需求的評估內容為緯，就社會福利、教育及職業復健的評估措施分別加以介紹。

(一)社會福利部門的評估

為了推動殘障者的福利工作，日本除了為殘障者設立各種不同性質、數量甚多的殘障復健機構外，最重要的是彼等具有健全的殘障福利行政體系。日本的中央政府設有專責衛生福利部門的厚生省（*Ministry of Health and Welfare*），都、道、府、縣與市、町、村除有專責的福利行政單位外（如福利事務所），福利行政單位內更有殘障福利的專責部門。例如，東京都政府即有社會福利局之設，局中更專設殘障者福利科，負責殘障福利之推動（*Tokyo Metropolitan Government, 1988*）。這種地方社會福利行政單位的任務，在日本的「身體殘障者福利法」與「智能不足者福利法」中皆有明確的規定。其任務性質不外在從事殘障者的調查、殘障種類的判定、安置，並提供必要的諮詢服務。圖 6−1 為東京都社會福利局所屬殘障福利相關單位的行政體系。因此，類如社會福利局者堪稱極為典型之殘障福利行政的推動部門。至於在市、町、村這一層級的社會福利行政單位則稱「福利事務所」，在福利事務所中，也可設置「殘障者福利課」，以專司殘障福利業務。

此外，日本各都、道、府、縣為了便利殘障者的復健服務，及為了支援市、町、村對殘障者的福利服務，皆有復健諮詢中心（*rehabilitation consultation center*，即日文之更生相談所）之設。這種復健諮詢中心主要的功能，即在對十八歲以上的身體障礙與智能不足者實施醫學、心理及職能評估、義肢與支架安裝之處方與適合性評估，甚至有的中心也提供資訊的交流、復健技術的開發研究、人員訓練、殘障的認定等服務項目。因此，復健諮詢中心實為一十足提供服務的部門。復健諮詢中心為因應殘障者之需要，也可提供巡迴服務。此一中

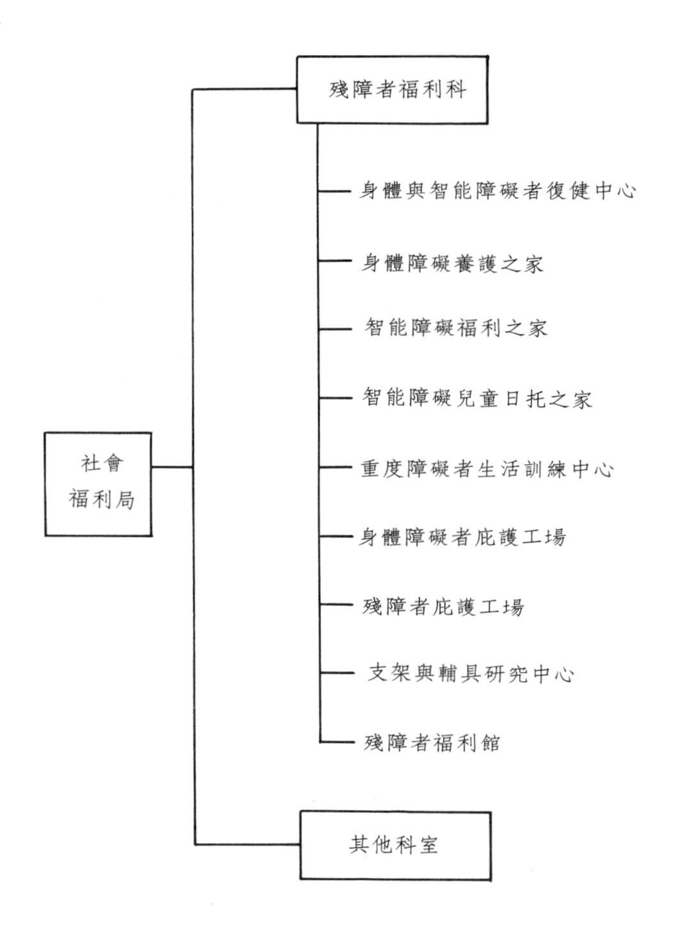

圖 6−1　東京都社會福利局所屬殘障福利相關單位
（採自 *Tokyo Metropolitan Government, 1988, p.8*）

心也會針對身體障礙與智能不足者的需要而分別設立。此外，與復健諮詢中心功能類似，但卻針對情緒障礙者而設的，即是各縣的心理衛生中心（*mental health center*）。其設立的目的，是在為情緒障礙者及其家人提供諮商與輔導服務，以及有關心理衛生的研究、調查與資訊交流。因此，社會福利局、福利事務所、復健諮詢中心、心理衛生中心等，無疑地已形成了日本地方政府中殘障福利的行政與服務體系。這兩個體系之間的關係，可從圖 6−2 以見一斑。從圖 6−2 吾人不難發現，日本殘障福利的行政與服務系統之間，在業務上具有密切聯繫的情形。就對殘障者的需求評估而言，行政部門所負責的多是與資格的認定有關的工作。例如，在日本欲申請殘障手冊，須提出經都、道、府、縣認可的醫師所開立之診斷書，行政部門即據以審查並判定是否符合殘障的資格。至於諮詢服務單位所從事者，乃是專業性更高的醫學、心理及職能等評估工作。因此，從殘障者職能評估的角度來看，復健諮詢中心實為福利事務所在職能評估工作的支援與諮詢單位。此外，日本的殘障者教養與復健機構更有心理與職能評估專業人員之設置（日文稱心理判定員與職能判定員），亦可見彼等對殘障者復健服務需求評估工作之重視。由於日本的殘障福利行政與服務體系的緊密結合，不只有助於殘障者服務需求的評估，其殘障福利的推展也自然更容易落實。

㈡教育部門的評估

日本教育部門對身心障礙學生的評估，除了在入學後，為因應個別化教學與處遇的需要而做的評量外，最饒特色者，厥為其對入學的學生所實施的健康檢查與殘障學生的鑑定工作相互結合的作法。依日本「學校保健法」之規定，市、町、村教育委員會對其轄區內有戶籍且將入學的學生應給予健康檢查。市、町、村教育委員會應依入學健康檢查的結果，並參照醫師的意見，採取必要的建議措施，以通知學生的監護人。必要時也可對監護人提出必要的指導與勸告。入學健康檢查的結果如屬視障、聽障、智障、肢障、病弱或其他身心障礙者時，更須由都、道、府、縣及市、町、村教育委員會所設的鑑定就學輔導委員會加以審查，以判定學生之身心障礙類型與等級。該鑑定就學輔導委員會在都、道、府、縣由醫師五人、教員七人以上及兒童福利法所設立兒童福利機構之職員三人以上組成之；在市、町、村則由醫師二人以上、教員七人以上，及兒童福利機構的職員一人以上組成之（林寶貴，民81）。經鑑定就學輔導委員會認定符合身心障礙之資

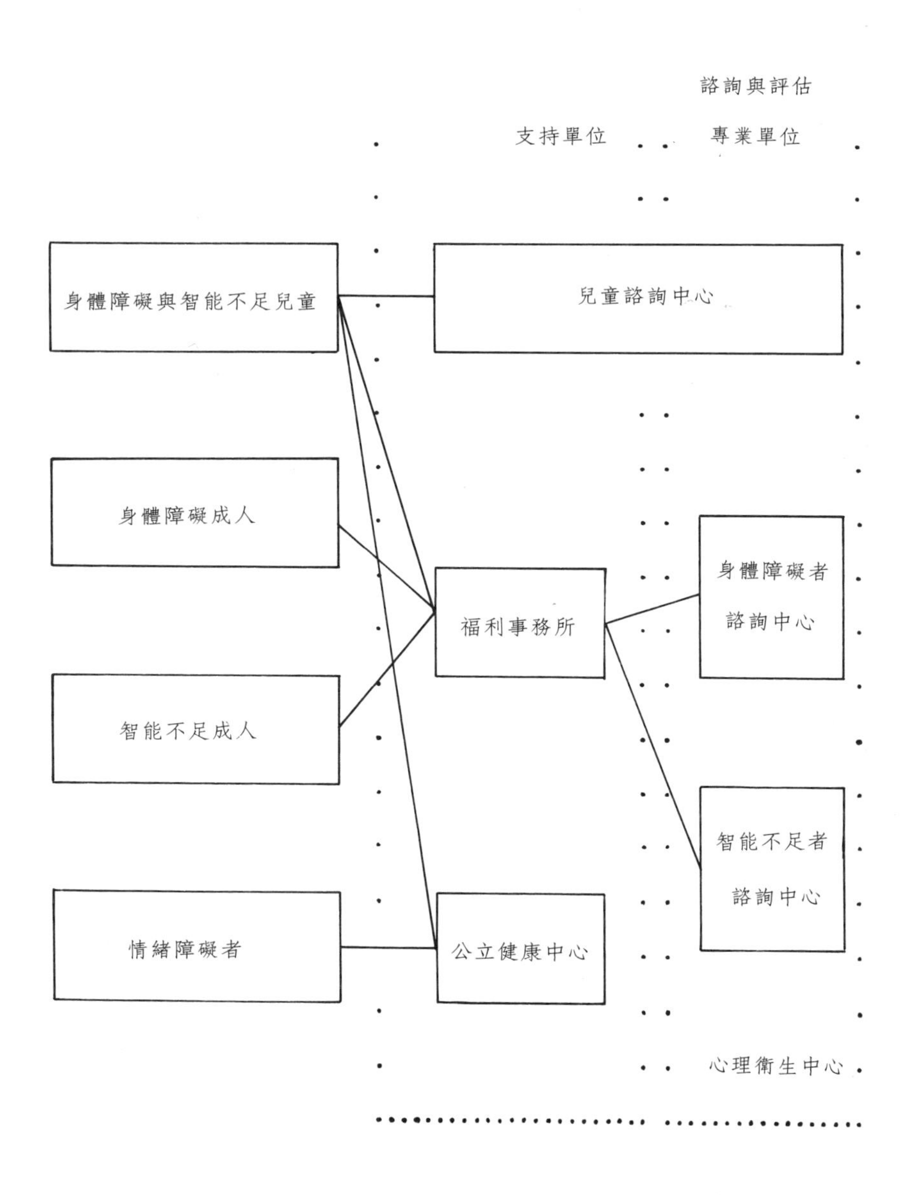

圖 6—2　日本殘障者的福利單位

（採自 *National Vocational Rehabilitation Center for the Disabled, 1988, p.17*）

格者，可按學生之需要，輔導其進入盲校、聾校、養護學校或特殊班就讀，如學生符合就學義務的暫緩或免除的規定，亦可申請暫緩或免於就學的義務。

㈢職業復健部門的評估

日本對殘障者職業復健工作的考慮與規劃，堪稱十分詳密周延。這可從其有關法令的面面俱到、制度的踏實完善與對執行措施可行性的注意而知其梗概。日本的職業復健部門對殘障者的服務需求評估，除有其堅實的法令基礎外，職業復健行政與服務體系的密切聯繫合作，也是使評估工作得以和職業復健服務相結合的關鍵所在。以下將就日本職業復健有關的法令及職業復健相關單位的聯繫情形，分別加以說明。

1. 職業復健有關的法令——

日本政府所制定與職業復健有關的法律，重要的如：勞動省（*The Ministry of Labor*，即勞工部）的殘障者僱用促進法（*Law for Employment Promotion, etc. of the Disabled*）、就業安全法（*Employment Security Law*）、人力資源發展促進法（*Human Resources Development Promotion Law*）、職業安全與衛生法（*Occupational Safety and Health Law*）、就業對策法（*Employment Measures Law*）、勞工災害事故補償保險法（*Workman's Accident Compensation Insurance Law*）、就業保險法（*Employment Insurance Law*）等；厚生省（*The Ministry of Health and Welfare*，即衛生福利部）的身體障礙者福利法及智能不足者福利法；另外，文部省的學校教育法（*School Education Law*）與殘障者的職業復健也有關係。上述的這些立法即分別在規範殘障者的僱用比率制度（*quota system for the disabled*）、職業能力評估、就業安置、職業輔導、職業教育

與訓練、職業疾病與災害的防治、對殘障者及雇主之協助、庇護工場與產業界工作站（*industrial workshops*）之設立與獎勵之有關事項。

2. 職業復健相關單位之聯繫——

日本中央政府的勞動者、厚生省與文部省就如前述已制定諸多與職業復健有關的法令。因此，彼等在職業復健政策的擬定與行政指導方面，實扮演著重要的角色，是毫無疑問的。不過其中與職業復健業務關係最為密切的當非勞動省莫屬。就地方政府而言，勞動省體系下各地所設的公共職業安定所（*Public Employment Security Office*，相當於我國之就業服務中心）應是主要的業務主管部門。當然厚生省體系下的各地社會福利局，文部省體系下的各特殊學校等，在業務上也有關聯。圖 6-3 所示為勞動省、厚生省及文部省體系下與職業復健相關的主要單位。由圖 6-3 可知日本對殘障者所提供的職業復健服務設施是相當多元化的。

公共職業安定所的主要功能，即在接受殘障者就業輔導的申請、就業安置的實施、僱用殘障者廠商之輔導、提供接受職訓殘障者的經費津貼，以及核發僱用殘障者之雇主依法應得之補助金等。公共職業安定所為推動其職業復健有關的業務，仍須與各國立、縣立或政府設立，但由法人團體如僱用促進事業團（*Employment Promotion Corporation*）、日本殘障者就業協會（*Japan Association for Employment of the Disabled*）等所經營之職業訓練中心（*vocational training center*）、職業中心（*vocational center*）等密切的協調與合作。其中殘障者職業中心有地方性的，也有屬於大區域性或綜合性的，其主要的任務即在提供職業能力評估（*vocational evaluation*）、職業輔導、職業訓練課程、給予雇主在僱用殘障者時所需之指導與協助。通常公共職業安定所為了解前來求助殘障個案之復健需求，皆會對當事人作初步的職能評估。如果有必要實施進一步評估的話，他們皆會借重就近的殘障者職業中心，從事較完整的評估工作。在殘障者職業中心中較著名的要屬在一九七九年設立於崎玉縣的國立殘障者職業復健中心（*National Vocational Rehabilitation Center for the Disabled*）。該中心分設職能評估與工作能力養成、職業訓練及技術研究等三大部門。這一職業復健中心與國立殘障者復健中心毗鄰而設，對殘障者可以提供完整的復健服務。圖 6–4 顯示職業安定所與殘障者職業中心在對殘障者職業輔導上的聯繫情形。而圖 6–5 則顯示國立殘障者職業復健中心所提供的職業復健服務之過程。

由圖 6–4 吾人可以發現，職業安定所與殘障者職業中心在從事職業輔導時，皆會對受輔導的對象實施職能評估。職業安定所對於殘障的受輔導者如能自行做職能評估者，仍會自力完成評估的工作，但對一些無法自力完成評估工作的重度殘障者，則會轉介給殘障者職業中心去從事職能評估與職業輔導的工作。另一方面，經由殘障者職業中心評估與輔導的個案，最後也會再由公共職業安定所接手提供職業介紹等服務。由此可見，公共職業安定所與殘障者職業中心在對殘障者提供職業輔導上彼此合作與互補的情形。而由圖 6–5 吾人亦可見到屬於殘障者職業中心的國立殘障者職業復健中心，其本身固在發揮殘障者職業能力評估、訓練及輔導的功能，不過為提供殘障者完整的復健服務，它仍與國立殘障者復健中心、福利事務所、公共職業安定所等有直接或間接的聯繫，以提供殘障者所需要的服務。

以上所介紹的乃是日本殘障者復健服務體系中個別單位或機構之間的聯繫狀況。由圖 6–6 吾人將可看到日本以殘障者職業復健為核心的教育、福利、醫療，與職業輔導之間的聯絡、協調與配合的情形。從圖 6–6 我們可以了解，日本為達成殘障者職業復健之目標，衛生、教育、福利行政與服務體系和職業輔導系統著實存在著聯繫與轉介的管道，再加上職業輔導系統本身各單位、機構或措施間，在職業能力評估、職業安置、輔導與諮商等業務的相互支援與配合，的確可以提供殘障者在職業復健上所需要的服務。

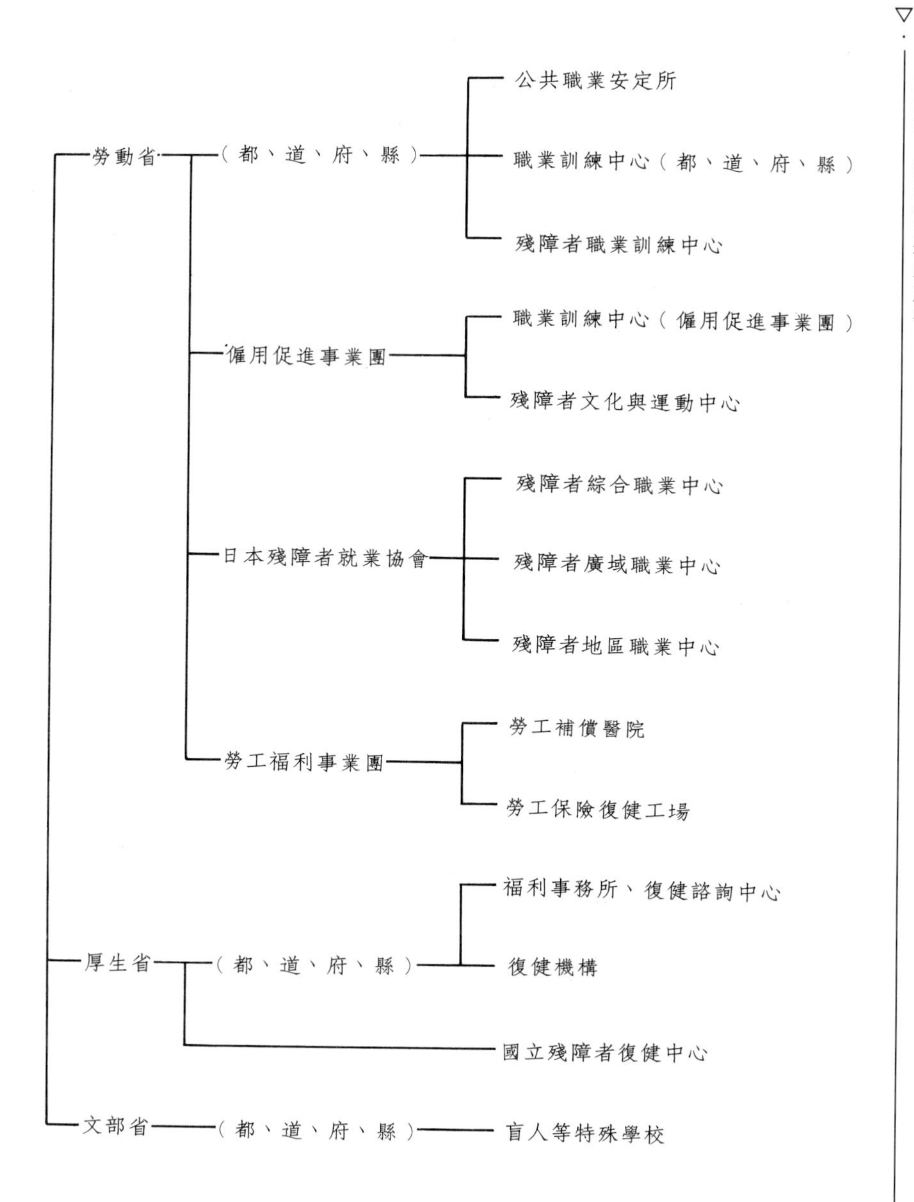

圖 6−3 日本職業復健相關單位

（採自*National Vocational Rehabilitation Center for the Disabled, 1988, p.29*）

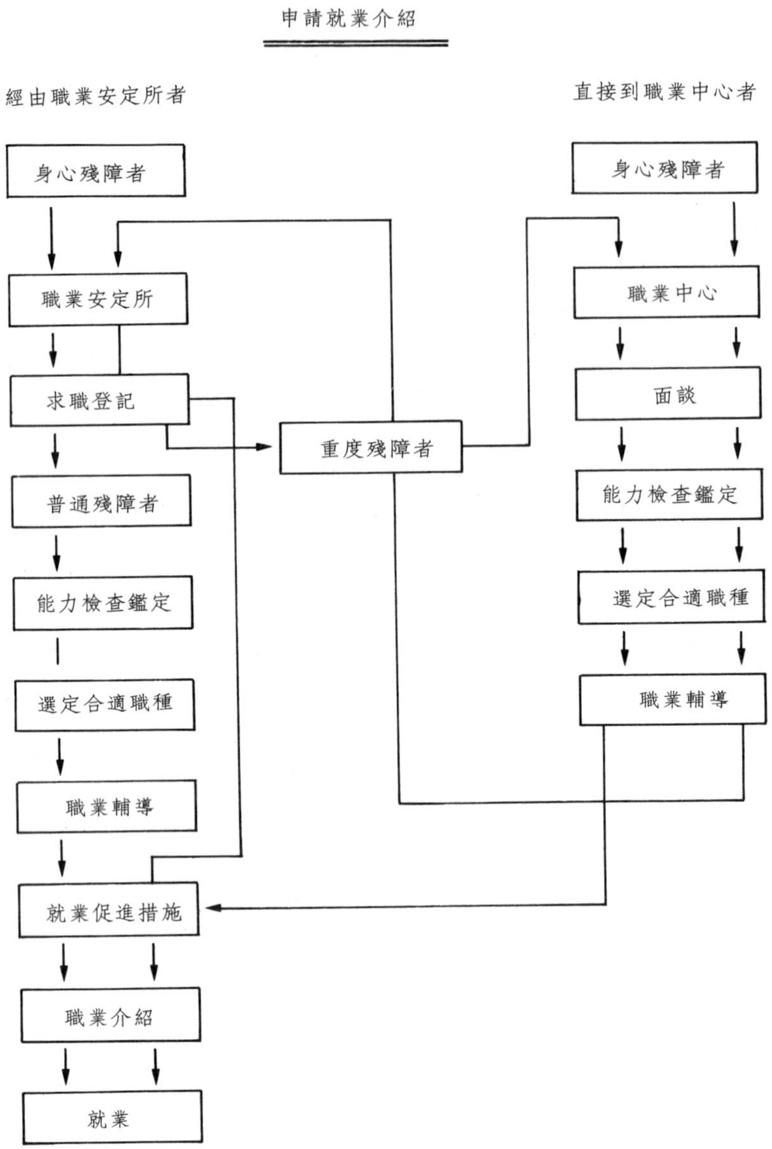

申請就業介紹

經由職業安定所者

身心殘障者

職業安定所

求職登記

普通殘障者

能力檢查鑑定

選定合適職種

職業輔導

就業促進措施

職業介紹

就業

重度殘障者

直接到職業中心者

身心殘障者

職業中心

面談

能力檢查鑑定

選定合適職種

職業輔導

圖 6-4 職業安定所與殘障者職業中心在職業輔導上之聯繫

（修正自許澤銘、毛連塭、張勝成、張世彗、許芸菁、葛竹婷、陳尚霖，民83，16頁）

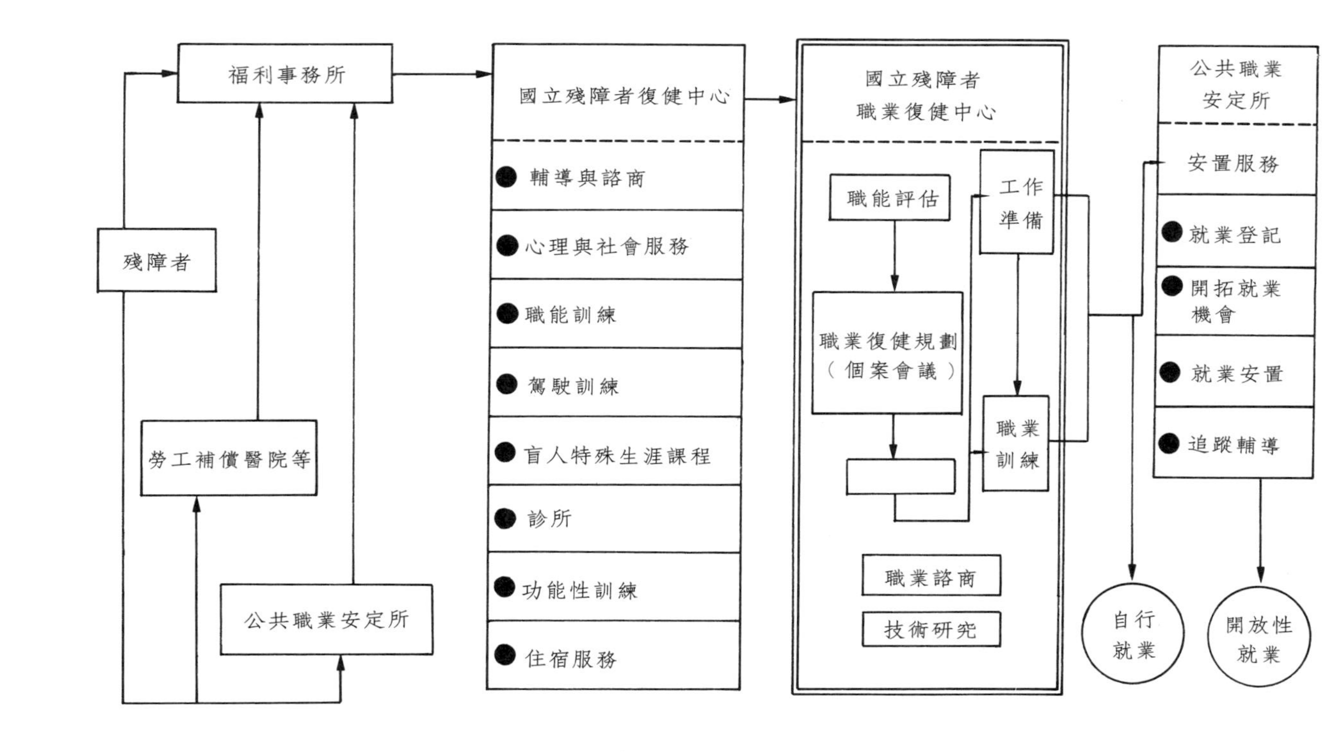

圖 6–5　國立殘障者職業復健中心之職業復健服務流程

（修正自 *Japan Association for Employment of the Disabled, undated, pp.8-9*）

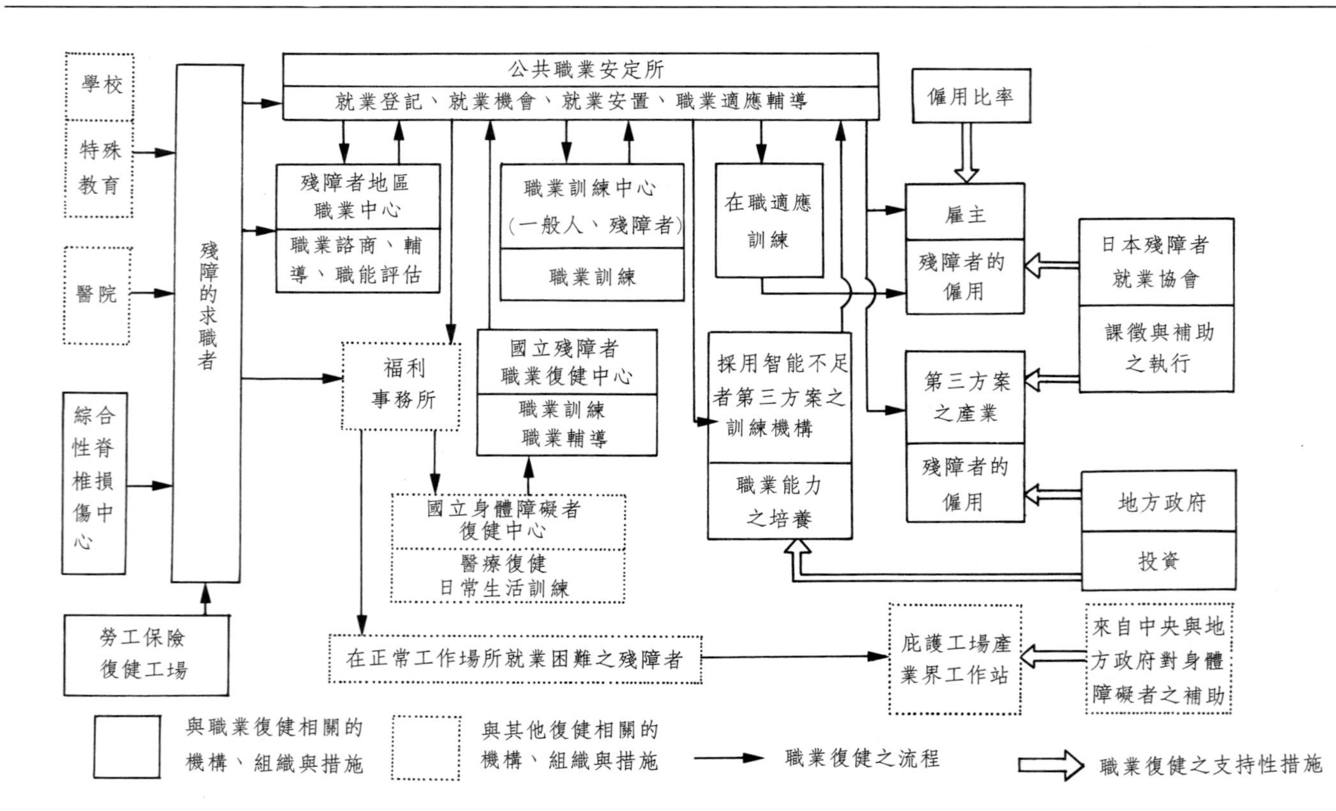

圖 6–6　職業復健的過程

（採自 *National Vocational Rehabilitation Center for the Disabled, 1988, p.30*）

第七章

社會資源與支持系統

第一節 社會支援對殘障者的重要性

一、殘障導致的家庭困難

家庭中殘障成員的出現不僅對父母或其他家庭成員是一種驚愕，同時也可能是一項長期的挑戰與負擔。殘障者的問題常會帶給其家庭多方面的壓力。殘障者的出現與需要長期的教養照顧所導致的家庭困難，最常見的似有下列幾方面（*Stagg and Catron, 1986*）：

1. 社會接觸的受限：最常見的情形是殘障者的父母不僅較少去探訪別的家庭，同時受訪的機會也不會太多。親屬間的往訪所受到的影響，要比友朋間的訪問要來得少。換言之，殘障者父母的社會關係之素質在殘障孩子出生之後，似有可能跟著變化。

2. 額外的財力負擔：殘障孩子的出現所引發的醫療、生活照顧等問題，勢必會增加家庭的支出，和正常的孩子相比，自屬額外的經濟負擔。

3. 殘障孩子的照顧需要獲得多方面的協助：這些協助如孩子的看顧、教育、訓練，與輔導、醫療的服務、家中雜務的處理等。殘障者的家庭對於這些協助的需要，常會因孩子的殘障狀況、年齡，以及其家庭所擁有的資源之不同而有差異。就以家庭所擁有的資源而言，有殘障孩子的中低收入家庭即可能比高所得家庭會遭遇更多的問題與更高的壓力。此外，殘障者的父母在孩子入學與處於青少年期時，所感受到的照顧壓力亦可能突然陡增。

殘障孩子的出現雖無可避免地會造成其家庭諸多的壓力與困難，但是殘障者的父母與家人並非先天即有承受這些壓力與面對這些困難的準備與能力，他們也和殘障者一樣需要獲得各種協助與支持。這些支持與協助最常見的大致有下列幾種（*Powell & Gallagher, 1993; Drew, Hardman, & Logan, 1996*）：

1. 紓解性的照顧（*respite care*）。
2. 家庭的健康服務。
3. 交通接送服務。
4. 就業輔導服務。
5. 住宿安置服務。
6. 同胞手足的諮商與訓練。
7. 父母的諮商與訓練。
8. 休閒活動輔導服務。
9. 財務支援服務。
10. 社會工作服務。
11. 殘障子女信託（*trust*）服務。
12. 護持服務（*advocacy services*）。

儘管殘障者的家庭確有獲得社會資源服務與支持的需要，不過他們所能得到的社會支援（*social support*）往往比不上非殘障者的家庭（*Dunst, Trivette, & Cross, 1986*）。因此，如何提供殘障者家庭必要的協助，應該是一個值得關切的課題。高若緒（*Gourash, 1978*）曾用其所發展的求助模式（*help-seeking model*），作為預測父母在面對生養殘障孩子時可能尋求社會支援的類型。根據高若緒的看法，個人的社會網絡（*social network*）中的成員對其求助選擇之影響有下列四個方面：

(1)緩和壓力的經驗，從而可以排除求助的需要。

(2)經由提供有幫助與情緒上的支持而排除專業協助的需要。

(3)擔任專業服務之篩選與轉介者的角色。

(4)傳達有關求助的態度、價值觀與行動典範。

前面四種影響中的頭兩種影響，常可在殘障者家庭面對日常大部分的危機與壓力時，減少其尋求專業協助的需要。至於後面的兩種影響力則在個人的社會網絡無法提供所需的資訊或支援時，才可能發生作用。正由於殘障者的家庭所能獲致的社會支援比不上非殘障者的家庭，因此個人的支援網絡也就不太可能去紓解生養殘障孩子所導致的問題與壓力。職是之故，殘障者的父母或家人如轉而向個人社會網絡之外的資源與支持系統尋求協助，應是理所當然與極為正常的事。

二、社會資源與支援系統對殘障者之重要性

殘障者的出現對其家庭既然可能造成長期的壓力與負擔，而多數殘障者的家庭又無法單憑己力以突破其所面對的困阻，有待其善用社會資源與相關的支持系統，以紓難解困，而健全其家庭功能，並使得殘障者的潛能得以獲致充分的發展。當然在社會資源與支援系統的運用上，似乎也可有消極與積極之分。吾人對社會資源與支持系統如採消極的運用，應只算是單純的資源消費者而已；若採積極的運用，則應具有進而創造資源的意義。例如，為使殘障子女的特殊需求獲得適當的滿足，有些家長常會將彼等的個人問題轉化成社會所關切的議題，以便能獲得所需要的服務、改進現有的服務設施、發展欠缺的服務方案，甚至希望特殊兒童的需求能成為高度的政治優先事項；類此皆可視為是在積極地創造社會資源與支持系統，使殘障者可以得到更好的照顧與服務。

社會資源與支持系統應同屬社會支援網絡（*social support network*）的範疇。社會網絡所代表的乃是一種社會的人脈體系。在這一體系之下人與人之間或多或少皆存在著某些關係，個人很難遺世而孤立。正因為社會網絡存在著這種人際的關聯性，因此彼此的資源共

享與相互的支持也就成為可能。

社會資源與支持系統的運用固可補殘障者家庭的力有未逮，然其對殘障者的重要性，實可從下列社會資源與支持系統可能發生的影響力而見其端倪(*Dunst, Trivette, & Cross, 1986; Stagg & Catron, 1986*)：

1. 社會資源與支持系統的運用有助於殘障兒童的身心發展及其家庭功能的發揮。具體而言，社會資源與支持系統的運用不僅會影響殘障者家庭的生活型態與福祉，同時也可能直接與間接地影響殘障者父母的教養態度、親子的互動風格、父母對子女的期待，以及孩子的行為與發展。

2. 有效的社會支援網絡有助於父母排解養育殘障的孩子所引發的壓力。這樣的支援系統所帶給父母的正面影響是直接的，當然殘障孩子也會間接受益。

3. 有許多支援變數（*support variables*）的存在也與殘障者的安置選擇（如留在家裡、安置於機構，或採用其他紓解性的照顧方式等）息息相關。這些變數包括：祖父母與父母的同胞手足在精神上的支持情形、父母的婚姻狀況、殘障孩子行為的異常程度，以及家中是否出現其他殘障孩子。

認識到社會資源與支持系統對殘障者的重要性後，接著我們有必要進一步去了解殘障者及其家人可資運用的社會資源與支持系統到底為何。就宏觀的角度而言，不管是法定或非法定的社會資源與支持系統，皆屬廣義的社會支援。法定的資源與支持體系多屬政府所提供的福利服務，這一部分已在本書第六章作過介紹。本章對社會資源與支援系統的論述，則是以法定的福利服務以外的社會支援為探討的重點。有關社會資源與支持系統的類型及運用將於下節一併介紹。

第二節 社會資源與支持系統的類型與運用

一、社會資源與支持系統的類型

社會資源與支持系統除了可如前述以有無法令基礎加以類分外，也可就有無預設目的而有正式或非正式的支援之區別。所謂正式的支援（*formal supports*）多屬政府或社會機構所提供的服務，諸如特殊教育、健康照顧、所得維持、就業訓練與安置、住宿安排，甚至也擴及有助於消弭殘障者父母日常生活壓力之紓解性照顧、居家協助、諮商服務等也可包括在內。至於非正式的支援（*informal supports*）則屬由政府與社會機構之外的大家庭成員（如祖父母）、朋友與鄰里所提供之自然的支持（*natural supports*）。這種自然的支持對深陷壓力之下的殘障者家庭幫助最大。自然的支援常見的如在宅協助、房舍清理、交通接送等皆是（*Drew, Hardman, & Logan, 1996*）。無論是正式或非正式的社會資源與支持系統，只要是對殘障者及其家庭有幫助的，都應該是他們所需要的。對殘障者及其家庭具有幫助功能的社會資源與支持系統較常見的似有家庭、鄰里友朋、學校、專業組織、殘障服務機構、殘障社團、家長團體、宗教團體等類型。茲分別說明於後。

㈠家庭

家庭是一個人安身立命、生存發展的重要基礎。毫無疑問的，它也是一個人最自然的支持與仰靠。家庭本身是一個系統，此一系統可大可小。家庭系統小者如限於父母與兒女，大者又可擴及祖父母、叔伯姑嬸等。惟大家庭親屬的存在對家庭需求的滿足與家庭功能的維持具有支援的可能性，應該是可以肯定的。根據國內已有的研究（吳武典與 *Retish*，民 *78*）發現，美國有智障兒的家庭較仰賴社區的資源，而非家庭本身；至於台灣此類家庭則較依靠家族的支持。由此似可顯示家庭這一支援體系在我國台灣地區對殘障者家庭確有其重要性。

以家庭本身作為支援系統而言，與殘障者關係最為密切的厥為父母與同胞手足，其次才是祖父母等大家庭的成員。就殘障者的父母而論，彼等的角色分配（*role division*）與傳統的男女性別角色可說相當一致（*Dunst, Trivette, & Cross, 1986*）。此即為人母者多承擔照顧子女、家庭管理等責任，而為人父者則多肩負財力供給、保護家庭、房屋與設備維護等傳統的男性角色。由於母親多負起照顧殘障子女的主要責任，因此其角色的扮演也格外受到注意。根據譚斯特、崔玫特及柯洛斯（*Dunst, Trivette, & Cross, 1986*）之研究發現，殘障兒的母親之年齡和其所扮演的角色有顯著的關係。通常母親的年齡增長後，其所負擔的財務管理與家庭器具維護的責任會減少，但在膳食準備的責任卻會增加；此外隨著年齡的增加，殘障兒的母親也比較容易從指導子女課業與管理家庭的財務資源方面獲得滿足。在這一項研究中，譚斯特、崔玫特及柯洛斯也發現，隨著殘障兒母親年齡的增加，除了其父母的協助會減少外，其他如來自丈夫、子女、家庭醫師、社會團體與教會的支持則會更具有助益。換句話說，殘障兒母親的年齡與所獲得的支援是息息相關的。王天苗（民 *74*）的研究發現，殘障者父母需要專業人員協助與其社經地位因素有關；其中除高社經家庭似較能運用社會資源外，餘則多仰賴醫師、教師為家庭支援人士。

殘障者的同胞手足可能是除了父母之外，殘障者可以持續較長時間得到支持的重要家族成員。基本上，這些同胞手足因家有殘障所感受到的壓力與遭逢的適應困難，或許不若其父母那麼嚴重，但問題的性質應是很相近的。因此他們固可以向殘障手足伸出援手，事實上他們也需要得到支持。在父母健在時，殘障者的同胞手足固然可分擔父母照顧殘障者的責任，一旦父母老去後，他們更可能成為終生的照顧者。這種情形尤以排行較長的同胞手足為然（*Gibbs, 1993*）。基於此，父母在面對家有殘障的成長過程中，不僅應透過各種親職教育的途徑，以提昇本身教養殘障孩子的知能，也不應忽略身心正常子女在照顧殘障孩子的協助功能，而該因勢利導訓練正常的子女也能扮演照顧殘障孩子的角色，使他們可以成為殘障子女的長期支持來源。

除了父母與同胞手足外，祖父母算是與殘障孩子關係較為密切的大家庭成員。不過祖父母能夠提供給其殘障孫子女協助的程度，仍須視其對殘障的接納態度而定。葛柏與柯奇（*Gabel & Kotsch, 1981*）認為大家庭成員受到家有殘障的衝擊，可能會影響家庭中隔代間的關係（*intergenerational relationships*）。如果為人祖父母者對殘障孫子女的出現能不加排斥，並積極地提供支援，對家庭壓力的紓解應有相當大的助益。事實上，處於當今離婚率升高、單親家庭充斥、婦女普遍就業的社會，祖父母如能在殘障孫子女的照顧、教養知能的傳承、家庭財務負擔等方面適時伸出援手，的確對有殘障孩子的家庭是一個重要的支持與安定的力量。這一項家庭內在的支持力量似應驗了「家有一老，如有一寶」的古訓，也是這個變遷的社會所應珍惜的資源。

(二)鄰里友朋

鄰里友朋的重要性實可由「遠親不如近鄰」這一句話去加以說

明。不管是鄰居或朋友，他們能提供給殘障者家庭的支持與協助，最常見的應是紓解性的服務（*respite services*）、日間托育（*day care*）或休閒活動的機會等。鄰里友朋這方面的社會資源對殘障者的家庭雖有其支持的功能，不過在這個功利色彩瀰漫，人與人之間居住的空間距離日益縮短，可是心理距離卻越來越遠的所謂現代社會，如何營造一個「富而好禮」、「敦親睦鄰」、「人間有情有愛」的新社會，的確是一項值得推展的社會改革工程。

㈢學校

學校所辦理的教育事業，其本質即是一種助人的專業（*helping profession*）。再加上學校教育人員多受有專業訓練，且殘障孩子也有相當長的時間需要接受學校教育，因此學校無疑的是殘障者及其家庭的一項重要的社會資源與支持系統。學校對特殊兒童所能提供的直接幫助，應是身心發展狀況的鑑定與評量、個別化教育的安排，以及提供符合需要的其他相關的服務（*related services*）。這些直接的服務，等於是學校與父母共同攜手一起為特殊兒童的福祉而努力。除此之外，學校這樣的教育機構也可能透過親職教育的途徑，對特殊兒童的家庭提供下列的協助（*Espinosa and Shearer, 1986*）：

1. 提供精神支持：學校教育人員如對殘障兒童具有同情與了解領受的態度，則其父母也會因精神上受到支持，從而比較能夠接納與適應家有殘障的現實。

2. 提供身心障礙的相關資訊：殘障孩子的父母對於其殘障子女的身心狀況、教育安置的選擇、未來的展望等的正確與可靠的資訊，皆有持續了解的需求。學校本身由於學生身心狀況鑑定上的需要，經常與醫療單位有所聯繫，對學生的發展情形多能掌握，往往成為父母對有關孩子的殘障狀況重要的資訊來源。

3. 提供特殊教育的專業諮詢：一般而言，學校為滿足特殊兒童教育上的需要，多網羅有教師、行政人員、心理學家、社會工作者、物理治療師、職能治療師、語言治療師等各方面的專才，因此他們確有實力可以提供家長必要的特殊教育專業諮詢，以幫助家長面對家有殘障的壓力與挑戰。

4. 提供社會資源的諮詢服務：對於社會上能提供殘障者家長服務的資源與支持系統，學校多有相當的了解，可以為有需要的家長提供必要的諮詢或聯繫服務。

儘管學校可以提供殘障者的家庭許多教育與相關的支援服務，但這些資源或服務也不見得能為所有的殘障者及其家庭所享有，有諸多因素可能會影響到學校的支持程度，這些因素比較重要的似有下列幾方面（*Espinosa & Shearer, 1986*）：

1. 學校的大小與座落：通常較大的學校學生人數多，經費也多，會比小學校更能提供殘障學生較多特殊性的資源與服務。這種大型的學校似以座落於都市者居多。相反的，位於鄉下的小學校則多顯得經費不足、合格的特教人員缺乏，且難以滿足出現率較低之特殊兒童的教育需求。

2. 特殊教育經費的差異：國內省與直轄市在特殊教育經費上固然有不同的比重，就是同為台灣省的各縣市之間彼此也有相當大的出入。在這種特殊教育資源所顯現的水準不同，資源分配的方式有異，且資源運用的優先順序有別的情況下，難免會影響殘障學生的家庭是否能獲得需要的支援服務，以及學校所能提供的支持水準。

3. 學校教育人員的特質：通常殘障學生的家長與學校教育人員初次接觸的印象往往會影響嗣後的互動關係。從初次接觸的感受，家長可能會受到鼓舞或拒絕，感覺安心或驚恐，覺得言語有人聆聽或不被理睬。學校教育人員的態度與人格特質即會左右家長這種交往的印象，而影響其再求助和參與孩子教育方案的意願。

4. 家庭背景：有證據顯示殘障者家庭的社會經濟地位有可能影響彼等對學校教育活動的參與水準（*Lynch & Stein, 1982*）。一般而言，特殊兒童的家長對殘障者的教育與福利權益有關的法令規定，如有較清楚的了解，也比較可能挺身而出極力爭取，並得到較好的服務。在爭取學校的支援服務方面，高社經地位的家庭也許比社經地位較低的家庭要來得更為主動，因此兩者所得到的資源與支持程度可能就迥然有別。

5. 孩子的年齡與殘障程度：通常在孩子小的時候（如學前與小學階段），家長對孩子的教育活動參與的熱情會比較高，對相關服務資源的爭取也較為急切。然而，一旦孩子到了青少年階段後，父母的參與程度即可能降低，因此就可能影響到其殘障子女所獲得的服務水準。此外，孩子障礙程度較嚴重的家長似比較會主動關心其子女的特殊教育活動，從而也比孩子障礙程度較輕的家長，更可能獲得額外的支援服務。

㈣專業組織

此處所謂的專業組織特別是指與殘障者教育、醫療、福利等有關之大學院系及學術社團而言。如國內師範院校特殊教育系所、特殊教育中心、醫學院之醫學系所、心理衛生中心、特殊教育學會、醫學會、物理治療學會、職能治療學會、傷殘重建協會等皆屬知名度較高的專業組織。這些專業組織的成立多以專業人員訓練、研究、出版為其主要的目的。有時並兼顧對特殊兒童及其家人提供直接或轉介的服務，如特殊教育中心的特殊教育諮詢服務專線即具備這樣的服務功能。

㈤殘障服務機構

廣義的殘障服務機構包括特殊學校與特殊教育班在內。不過此處的殘障服務機構係指特殊學校與特殊教育班之外的殘障福利、醫療、職業輔導等服務機構而言。這些機構是針對殘障者在安置、訓練或醫療上的需要而設立的。國內有關殘障者的服務機構不斷增加，最常見的是以教養院、訓練中心、發展中心、重建中心等為名而設立。由於殘障者的安置、訓練或醫療皆具專業性，因此殘障服務機構固旨在對殘障者提供直接的安置與復健服務，它們應也是殘障者的家人可以諮詢或求助的對象。

㈥殘障社團

國內的殘障社團多由殘障者及關心殘障福利的人士所組成。目前似以盲、聾、肢體傷殘等類別的福利協進會、服務協會、自強協會居多。這類殘障社團的設立固以促進殘障者的福利為宗旨，但參加這些社團的殘障成員，由於所遭遇與關心的問題比較相近，很容易從彼此的互動中得到情緒的支持，從而有助於紓解壓力，並在個人、社交或職業方面獲致較好的適應。此外，殘障者也可能經由這些社團得到殘障福利、家庭、訓練、醫療等服務資源之相關資訊，以為自己開拓更大的發展空間。

㈦家長團體

目前國內家長團體的組成，仍以子女為智障、自閉症等者為主，其名稱概以啓智協會、智障福利協進會、自閉症協進會等居多。心智障礙者的父母之所以組成家長團體，應與心智障礙的子女較缺乏自立與自主性有關。因此，這些家長團體即多以提供成員相互的支持，及為殘障兒童與其家庭從事護持性的努力（*advocacy efforts*）為目的。近年來，國內殘障者家長團體已逐漸發展成從中央到地方皆有聯繫的組織網絡，對殘障者教育與福利立法的促進與改善、服務資源的分配、權益的爭取與護持等，的確已發揮了可觀的影響力。

㈧宗教團體

個人或家庭因其宗教信仰，如佛教、道教、基督教、天主教、回教等，而成為某一宗教團體的成員後，在所屬的宗教範疇中，並不限於教義的研修與崇拜儀式的奉行之類的活動。事實上宗教團體對殘障者的父母有可能提供下列幾種不同的支援（*Fewell, 1986*）：

1. 實質的支援（*instrumental support*）：所謂實質的支援是指提供食物、醫療用品、金錢，及其他實際的東西或服務給需要的殘障者的家庭而言。透過這種實質的幫助，宗教團體的成員正可以將他們的宗教信仰付諸行動。

2. 情緒或社會性的支持（*emotional or social support*）：同一宗教團體的成員由於具有共同的信仰，彼此即容易有良好的互動與聯繫，而相互以同道兄弟姊妹稱呼者似不足為奇。對於家有殘障者，這種同道一家的感情即可能轉化成情緒或社會性的支持，以幫助殘障者及其家庭面對壓力，克服困境。

3. 教育的支援（*educational support*）：就廣義而言，宗教活動本身即具有教育的意義。宗教教義的探討實離不開人生意義與人生目標的追尋。各種宗教團體所提供的教義研修與崇拜的活動，就具有支持與強化教育的功能。殘障者的父母不只在對其子女從事宗教訓練時可從所屬的宗教團體獲得協助，在一般教養知能的充實上，其宗教團體也具有支援的功能。

4. 結構性的支持（*structural support*）：一個人在一生的發展過程中，似不斷有新的角色要扮演，不同的責任需承擔。宗教團體就像學校和其他教育訓練機構一樣，可以幫助一個人在成長的過程中，對新的角色與責任作適當的調適。人生的許多重要發展階段如基督教的洗禮（*baptism*）、佛教的皈依、結婚、死亡等皆伴隨有諸多習俗與儀式需要遵行，以表達歡欣、哀傷等各種不同的情感。宗教團體在人生的諸多結構性的轉變過程中，確可提供合宜的協助與支援。

除了前述宗教團體本身對殘障者的父母可能的支援外，殘障者的父母對宗教教義不同的解讀或信仰的不同，也會使得他們在面對家有殘障時表現出相異的態度。例如，在家中出現殘障孩子時，為人父母者最常反躬自問的問題是：「上帝（老天爺）為何給我這樣的孩子？」許多做父母的對這樣的問題之答案是：「孩子的殘障是對父母所犯罪過的一種懲罰。」不過也可能有些當父母的會這樣想：「上帝（老天爺）只將特殊的兒童送給特殊的父母。」像個人內在這樣不同的信仰，即可能產生不同的自我支持效果，從而也影響了他們對社會資源與支援系統的追求態度。這應是吾人在探究宗教團體扮演社會資源與支持系統之角色時，不該加以忽略的。

二、社會資源與支持系統的運用策略

吾人在了解社會資源與支持系統的存在及來源後，進一步去探討如何運用這些可能的支援體系應該是相當重要的。當然社會資源與支持系統的運用似應兼顧法定與非法定的支援體系，庶幾能對殘障者的家庭發揮最大的協助功能。在社會資源與支持系統的運用方面，筆者以為應從掌握社會支援網絡、善用社會資源與支持系統，以及對殘障者的家庭發揮有效的支援功能這三個重點策略去努力，茲分敘於後。

(一)掌握社會支援網絡

吾人在運用社會資源與支持系統時，對於已有的社會資源與支持系統所形成的社會支援網絡之特性似應加以掌握，方能有助於爭取到適當的資源服務，以提供殘障者的家庭所需要的協助。一般在論及社會網絡（*social networks*）時，經常會注意到下列三方面的特性

(*Cochran & Brassard, 1979*):

1. 時空的座落(*location in time and space*):這是指社會網絡中的成員在時間與空間上所處的位置而言。換句話說,以社會支援的立場來看,我們須注意的是在什麼時候與在那裡存在著我們所需要的社會資源與支持系統。

2. 結構的特徵(*structural characteristics*):社會網絡的結構特徵主要係由網絡的大小(*size*)、成員的關聯性(*interconnectedness*)或密度(*density*),以及成員的多樣性(*diversity*)所構成的。從社會網絡的結構特徵,似有助於吾人了解社會資源與支持系統的多寡、強弱與運用的難易程度。

3. 關係的特徵(*relational characteristics*):社會網絡之關係的特徵是由網絡的方向性(*directedness*)、強度(*intensity*)與內容所決定的。由關係的特徵,吾人除可了解社會支援的內涵外,也有助於掌握可能獲得支持的程度。

(二)善用社會資源與支持系統

為提供殘障者及其家庭較好的服務,我們不僅應充分利用已有的社會資源,同時現有的支援體系如未臻理想,亦應思有所改進之道。為善用社會資源與支持系統,吾人似可教導殘障孩子的家長下列的行動策略,並與他們共同努力(*Ehly, Conoley, & Rosenthal, 1985*):

1. 組織或加入殘障團體:社會資源與支持力量的爭取或導正,個人的行動總不如團體的關注來得有影響力。親職教育人員可鼓勵殘障者的父母組織或加入殘障福利社團,並鼓勵他們彼此經常保持聯繫。所謂「人多力量大」(*there is power in numbers*),正是為凸顯殘障者的需求與服務問題,殘障團體應可發揮其影響力的寫照。

2. 獲取充分的資訊:家長對殘障者服務之有關資訊如法令、報導、新知、權益等應充分掌握;同時對如何爭取支援服務與改善服務品質，也可透過家長訓練活動、公聽會等方式，以凸顯殘障者的問題與需求。

3. 留下紀錄：家長與學校、政府單位或醫療、教養機構等因殘障子女的服務問題之往來對話、會議紀錄等皆應留存。對服務之申請、核准與駁回的情形必須載明，與之交涉對話之人員的姓名也不可遺漏，諸如個別化教育計畫之類的重要文件亦應影印存參。如所接洽的單位或機構對殘障孩子的服務工作有所承諾，這些相關的紀錄將是有效的支持證物。

4. 監督政府的殘障服務計畫：根據法令的規定，我國各級政府皆有提供殘障者福利服務的責任。家長可透過對政府殘障服務計畫之檢討、召開公聽會以發表看法，以及經由申訴、遊說等管道，以提出改變有關服務計畫的要求。

5. 建立諮詢人才庫；殘障者的家長團體應設法把認同其目標的諮詢人才如律師、心理學家、醫師、特殊教育專業人員、社會工作者等找出來。這些人才的借重與參與不只可以增加家長團體的份量與影響力，同時對家長爭取殘障服務資源將可提供莫大的助力。

6. 提起訴訟：透過法律程序是爭取權益與改變服務方案最佳的途徑，但由於其費時費錢，許多人多捨此而不由。尤其許多家長認為政府單位擁有龐大的資源，與其對簿公堂談何容易，故多不願興訟（*Strickland, 1982*）。如欲提起訴訟，最好聯名、請專精於殘障法令的律師，並結合相關家長、護持與專業組織等共同努力。一般而言，政府單位與學校對捲入訴訟，也多心有戚戚焉，認為有失形象。因此，經由訴訟程序，應不失為爭取殘障者教育與福利資源的有效途徑之一。

7. 磋商：家長在為殘障子女爭取權益的過程中，難免有與服務提供者相持不下的情形，因而透過磋商以解決問題是必要的。磋商並非單純是一種贏或輸的經驗，它是在具有歧見的基礎上，尋求能被接受的解決問題之途徑。一般而言，磋商的運用須注意下列事項：

⑴指出自己的目標為何。

⑵了解本身的情況。

⑶了解本身能妥協的限度。

⑷本身參與磋商的成員之人數與能力應和對談單位的人員有所匹配。

⑸留下開會的紀錄。

⑹切勿捲入毫無止境的需求評估活動。

⑺對任何已達成協議的改變，應要求設定推動的時程。

⑻以信函指出同意與不同意的項目，以作為追蹤會議結果之用。

8. 找出模範的服務方案：在我們反對某一殘障福利政策或措施時，最好也能提出可能的變通選擇。吾人為找出具有品質、可以作為模範的服務政策、方案所作時間上的投資是值得的。大學或其他的學術機構或可提供是項諮詢。

9. 從事行動研究（action research）：藉由實際的調查、訪問、評鑑中可發現殘障者服務工作所存在的需求與問題，並可根據具體的研究證據而向有關權責單位或機構提出改革服務方案的建議。

10.寫信表達意見：殘障者的父母對政府官員、民意代表、家長或專業團體等，以集體有組織的寫信之行動，將能有效表達其殘障子女需要獲得適當照顧與服務的訴求。

11.運用傳播媒體讓社會大眾了解殘障兒童及其家庭的需求：可透過記者會、與媒體記者的座談、事先準備的文字資料如研究發現、政府殘障服務計畫的分析與評鑑、團體的護持行動（advocacy actions）、訴訟情況及有關的訴求等，以讓社會大眾對殘障兒童及其家庭的需求與問題有所了解，並進而樂於提供必要的支援與協助。

㈢對殘障者的家庭發揮有效的支援功能

適當的社會資源與支持系統的存在與可資利用，並無法確保一定可對殘障者的家庭提供有效的協助。社會資源與支持系統的運用如欲對殘障者的家庭發揮預期的支援功能，筆者以為下列原則的把握是有必要的（*Lucyshyn & Albin, 1993*）：

1. 了解殘障者的家庭生態環境：只有充分地了解殘障者的家庭生態環境，才能有效地評估其家庭的服務需求，並據以提供必要的支援。若干生態理論（*ecological theories*），如家庭系統理論（*family system theory*）、家庭生命週期理論（*family life cycle theory*）與生態文化理論（*ecocultural theory*），皆有助於殘障者家庭生態環境之了解。吾人對殘障者家庭之需求評估與支援計畫即應反映其生態環境之特性。

2. 發展家庭與專業人士的合作關係：吾人如欲發揮對殘障者及其家人的協助功能，家庭與專業人士協同合作的夥伴關係之建立是相當重要的。這種家庭與專業人士的合作關係最主要的特色，便是在安排支援方案時，專業人士會尊重殘障者家庭的價值觀、資源與生活型態，以選擇其服務目標與處遇策略。

3. 對殘障者家庭支援的目的應在強化其家庭系統的功能：對殘障者及其家庭的協助，目的應是使他們終有一日得以自立自強，而不必成為需要社會特別扶助的對象。欲強化殘障者的家庭系統功能，吾人須特別著眼於：

(1)改善家庭成員解決有關兒童發展問題的能力。

(2)增進家庭對非正式與正式支援的運用能力。

(3)鼓勵家庭成員將成功歸諸自己的努力。

(4)提供家庭精神與實質的支援。

4. 重視殘障者及其家庭可能的優點：養育殘障孩子的家庭之優點，以及殘障孩子對家庭所做的積極貢獻，最近已有研究加以認同（*Summers, Behr, & Turnbull, 1989*）。因此，殘障者的家庭並非全處弱勢。吾人在提供殘障者的家庭處遇與支持方案時，即應從殘障者及其家庭可能具有的優勢出發。這固然比較符合個別化的服務需要，對他們是一種尊重，同時也是一種鼓舞。

5. 注意壓力的來源：殘障者的家庭若是需要社會資源與支持系統的幫助，多由於承受的壓力過大，以致不勝負荷，才不得不尋求奥援。因此社會支援的需要應與彼等所受壓力的來源及性質有密切的關聯。換句話說，壓力不同，則所需的社會支援就可能不一樣。吾人只有在了解殘障者的家庭所面臨的壓力為何後，方可能提供「對症下藥」與「符合所需」的社會支援，以發揮有效的協助功能。

第八章

家長與專業人員的互動關係

第一節 家長與專業人員的互動關係之性質

一、殘障者的家長需要專業人員的協助

殘障者的父母在生養孩子方面，有許多感受與經驗和「正常」孩子的父母並無二致。不過他們卻須去面對與處理孩子殘障所帶來的諸多壓力與特殊需求。殘障孩子需要家長花比「正常」的孩子更多的時間、精力、耐性、金錢去照顧。他們要有相當多的付出，但回饋卻可能十分有限。在家長教養殘障孩子的過程中，他們不祇需要獲得精神的支持，更有賴實質的幫助。殘障者的家長也許需要各種社會資源與支持系統的協助，但是和他們關係最為密切的應屬醫療、教育、法律、社會福利等方面的專業人員（*professionals*）。如醫師、物理治療師（*physical therapists*）、職能治療師（*occupational therapists*）、特殊教育教師、語言治療師（*speech therapists*）、護士、律師、社會工作員、心理學家（*psychologists*）等，不祇可對殘障者提供直接的輔導，更可對其家長、同胞手足等給予必要的支援。殘障者的家長也正需要藉著專業人員的知識與經驗來幫助殘障孩子獲得較好的發展，並使其家庭功能得以有效的發揮。因此，專業人員在殘障者的整個家庭發展上的確可以扮演相當重要的協助角色。

二、專業服務需要家長的參與

殘障者及其家庭固然需要獲得專業的協助，但這樣的專業服務如欲發揮其效能，則更有賴家長的積極參與及配合。華柏與陸怡士（*Farber and Lewis, 1975*）指出專業人員在為殘障者提供服務時之所以會鼓勵家長參與，有一項原因是要將服務工作的成敗責任由專業人員轉移到家長身上。換句話說，藉著家長的參與，也是對殘障者的輔導與協助的責任分擔。事實上就專業人士的立場而言，家長參與最重要的意義，應是經由家長的參與，可以發展出更符合殘障者及其家庭個別化需要的服務方案，且可以使相關的服務工作更為落實，以實現真正的幫助功能。

就家長的參與（*parent involvment*）而言，常見的包括直接的家長訓練（*direct parent training*）、被動的教育與治療活動（*passive educational and therapeutic activities*）（如家長收到與孩子有關之報告、接受諮商等）、主動的教育與治療活動（如家長扮演孩子行爲改變者的角色），以及從事處遇方案的規劃、發展、運作與評鑑等方面的工作。在這些家長參與的活動中，似以被動的教育與治療活動，以及家長的訓練活動最為普遍，而以規劃、發展、運作與評鑑活動為最少（*Espinosa & Shearer, 1986*）。其原因可能與直接參與殘障孩子的處遇或其決策，常是家長另一種壓力的來源有關（*Mallory, 1986*）。

家長的參與最常見的應是在孩子的教育活動方面。薛佛（*Schaefer, 1983*）指出在孩子的教育活動中家長可扮演經費籌募志工、專業輔助人員（*paraprofessional*）、觀察者與決策者的角色；而家長可以與專業人員共同分擔的則包括護持者、規劃與籌辦者（*planner-organizer*）、個案管理與協調者（*case manager-coordinator*）及合作者（*collaborator*）等的角色。

就專業人員對殘障者所提供的輔導與協助而言，對殘障者的家庭應是一種支援；而家長對專業人員服務工作的參與，對專業人員也是一種支持。由此可見，家長與專業人員的互動關係應該是十分密切的。

三、家長與專業人員需要發展合作的互動關係

家有殘障子女對多數為人父母者而言，是相當大的壓力與衝擊。專業人員的支援無疑的是他們的仰靠與希望，因此專業人員在殘障者的家長心目中多占有重要的地位。正如一位道恩氏症（或稱唐氏症）孩子的母親所描述的（*Moeller, 1986, PP. 165～166*）：

> 我作爲母親，我的丈夫作爲父親，我的其他兩個孩子作爲他的哥哥，都仰賴於我們所接觸到的每一位專業人員的知識。我們期待他們，給我們相信所能給的更多的東西，使我們不太完美的孩子有更完美的生命。毫無疑問的，正因爲這些期待，我們係以虔敬的心情去看待每一位專業人員——終究，我們正將我們的心置放於他們的手中。

這位母親又說到（*Moeller, 1986, PP. 155～156*）：

> 家長與專業人員關係的品質是重要的。家長需要技術性的資訊、技能訓練、諮商與支援服務，使殘障孩子與家人能儘可能過著正常的生活方式。這種學習過程並無法單靠閱讀書本（何種爲人父母的技能可以呢？）可以完成，而書本也無法提供家長所需要的信心，使他們在爲孩子做重要的決定時會感到自在。這是專業人員可藉分享他們的知識與經驗，以幫助家庭的

地方。

專業人員對殘障者及其家庭的服務固然十分重要，但在這種服務中，有些家長可能出於主動的意願，也有些家長則因受到專業人員的鼓勵，而對殘障孩子的處遇決策與過程的參與似日漸普遍。家長與專業人員已成為對殘障者的服務過程中同為不可或缺的支持力量。換句話說，家長與專業人員需共同為殘障孩子的福祉與發展而努力。兩者應非傳統上服務消費者與供應者的關係，而該是合作共事的伙伴。不過由於家長與專業人員彼此背景與經驗的歧異，雙方的互動關係並不必然是順利與正面的，若有衝突出現似不足為奇。站在親職教育的立場，如何消弭家長與專業人士間在意見與態度上可能的衝突，並進而發展合作的互動關係，應該是對殘障者家長的教育工作上不可忽視的課題。因為惟有家長與專業人員培養良性的互動關係，方能共同為殘障者創造出更為開闊的發展空間。

第二節 家長與專業人員之互動問題

一、家長與專業人員互動關係的基礎

家長與專業人員由於彼此在教育背景、生活經驗及對人生期望上的差異，因此往往各自對殘障兒童會有獨特的看法與態度。家長與專業人員這種對所遭遇到的事物之知覺與認定方式所表現的世界觀（*worldview*），即常成為雙方交往互動的基礎。家長在面對家有殘

障所可能產生的知覺、觀念、態度等的演變情形，以及專業人員特有觀點的形成因素，將在以下分敘說明。

(一)家長世界觀的演變

生養殘障孩子的經驗對多數為人父母者是相當巨大的衝擊。家長因之所形成的信仰、價值觀與態度，也常隨其殘障子女的成長而與時俱變。代表殘障兒童家長的信仰、價值觀與態度所構成的世界觀之演變，若以先天殘障孩子的家長為例，大致可分成產前期、嬰幼兒期、兒童期與青少年期四個階段。孩子的殘障出現較晚的家長，其面對家有殘障的反應之演變，較之孩子是先天性殘障的家長，或許有推遲的情形，不過他們的反應模式可能是相同的。茲將先天性殘障者的家長之世界觀的演變狀況，按產前、嬰幼兒、兒童與青少年期分別說明於後（*Darling, 1991*）。

1. 產前期——

在孩子出生前，為人父母者皆滿懷希望，但孩子如有問題，一般而言，少有醫師會明講，多數則語焉不詳，到最後家長知道確定的診斷時，其失望之情常無以名狀。在此時期，家長與醫師的互動關係，也常有從充滿信心到信心盡失的情形。

2. 嬰幼兒期——

家長因生養殘障兒所產生的諸如驚嚇、失望、悲傷、哀痛、後悔等的負面情緒，此時期在親朋好友的鼓勵下常可獲得紓解。不過真正影響其情緒者，可能是孩子的發展情形，只要孩子有成長，常是父母最大的願望。但是家長對孩子的期待有時會被某些專業人士潑冷水，認為給無法成為正常的殘障孩子某些訓練是沒有必要的。此時家長由於對孩子的未來缺乏控制能力，且充滿不確定感，其無力感可能就油然而生。

對許多家長而言，跟其他有相似殘障孩子的家長之接觸，常讓他們覺得受益匪淺。這種接觸除了相互交換育兒資訊，獲得精神支持與慰藉外，對於彼此與專業人員互動的甘苦經驗，也有機會分享。家長有關其殘障孩子與本身權益的護持觀念，往往即從家長團體的經驗分享與意見交流的場合中，逐漸萌牙、滋長，以致實際付諸行動。

在孩子嬰幼兒階段，家長所接觸到的專業人員以醫護人員居多。由於孩子的殘障問題並非醫療處理可以立竿見影，家長如又遭受某些醫療人員的負面態度，就極易因而產生反感。最近消費者運動（*consumer movement*）的興起，多少會鼓勵家長以實際的醫療問題為訴求，挺身而出為殘障子女的權益從事護持的活動。

到了學前的最後階段，大部分的家長對於孩子的障礙狀況大抵已有正確的認識，且多能從家人、親友，特別是從其他殘障孩子的家長獲得精神的支持，因此他們在面對家有殘障的事實，已逐漸培養出相當的調適能力。

3. 兒童期——

到了殘障子女就學時，大多數家長已可發展出一種實際接納（*realistic acceptance*）孩子的態度。他們儘管會因孩子的殘障而悶悶不樂，但已逐漸能看到孩子生命中的積極面，雖然孩子是殘障，然而多數為人父母者仍然是愛著他們的。有些家長對殘障孩子的描述，諸如：「家中的樂子」、「智障但可以學習」、「家庭的凝聚力量」、「同情與愛的教師」等，多少可以反映此一時期家長的積極接納態度。家長的這一種實際接納的意識多半係從專業人士、志願服務組織與流行文化（*the popular culture*）那兒學得的。因為對老弱殘疾者的照顧，應屬吾人的文化傳統之一；再加上大眾傳播媒體對殘障者的家長自立自強成功事蹟的報導，多少會激發家長「殘障者家庭當若是」的精神。家長有了這種觀念與願望，對殘障孩子的「實際接納」，應該是順理成章的自然發展了。

在此一時期，家長所企盼的，即是過儘可能正常的生活。他們常想從專業人士那兒尋求協助與支持，這種需求如未能獲得滿足，彼此之間的衝突，即難免因之而起。不過此一階段的衝突，常與學校教育有關。

在此一時期，家長與專業人員的互動衝突多和子女的教育安置、各種服務方案的提供與協調、教育人員的態度等問題具有關聯。在家長與學校的互動過程中，家長也常覺得對學校提出某些訴求、挑戰與質疑會感到不安。同時，家長與教育人員的交往互動中，有些家長也可能因教育與社經背景的不如人，以及不敢面對孩子的問題，而有心生恐懼的情形。這些皆有礙教師與家長之間的溝通，而不利於雙方合作關係的發展。

在孩子漸漸成長後，對正常化（*normalization*）生活的追求，就更加成為有殘障孩子的家長生命中的主要心願。若家長在與學校的交往中曾遭遇過負面的經驗，他們可能會逐漸學到如何的更加自我肯定，並努力去尋求相關的服務與支援，使殘障孩子能接受較好的處遇，同時也可以使自己與孩子皆能過正常化的生活型態。

4. 青少年期——

在殘障孩子進入青少年期與即將到來的成年期時，家長想過正常化生活的理想，可能為之幻滅。通常身心正常的孩子長大後應可以自己獨立生活，可是對於中重度殘障孩子而言，想要獨立生活就不是那麼容易了。家長為了張羅中重度殘障子女的成年生活，可能又要到處找尋解決問題的途徑了。家長特別會想為殘障子女解決的，可能包括諸如適當的居住安排、就業安置、法律或生活照顧等方面的問題。在此一階段，如專業人員無法提供所需要的資訊與協助時，家長可能會轉而向諸如家長團體等非專業體系尋求支援。

㈡專業人員世界觀的形成因素

可能參與殘障者服務的專業人員類型甚多，最常見的如醫師、復健治療人員、護士、特殊教育人員、社會工作者、心理學家、諮商與輔導人員等。每一類專業人員由於其專業訓練、工作與社會經驗的不同，皆可能形成其獨特的世界觀。一般而言，專業人員的世界觀之形成，主要來自社會性標記（*social stigma*）與臨床觀點（*the clinical perspective*）的影響（*Darling, 1991*），茲分敘如後。

1. 社會性標記——

一般而言，社會大眾對殘障者的歧視與消極的態度是極為普遍的。教育、醫療、心理與社會工作等的專業人員也是人，他們也很難逃避主流社會的這種負面的影響，而同樣會把殘障者看成是異常、可憐，而非快樂與自我實現的人。因此，社會性標記可以說是整體社會大環境的某些偏見，對人們思想、態度、行為等所造成的影響。

2. 臨床觀點——

臨床觀點對專業人士態度與行為的影響，主要來自歸罪於受害者（*blaming the victim*）、醫療模式（*the medical model*）、專業支配的優勢（*professional dominance*）與官僚體制（*the bureaucratic context*）這四個部分。這四個部分的觀點皆會在專業教育與執行業務的過程中正式或非正式地學到，而可能成為專業人員意識型態的一部分。不過吾人須特別注意的是臨床觀點對專業人員的影響並不能一概而論，不只專業人員之間會有個別差異，就是同一位專業人員這種影響也可能會與時俱變。而專業教育有可能是主導這種影響的重要力量。茲將這四個臨床觀點分別說明於下。

⑴歸罪於受害者：多數的臨床服務工作皆企圖去改變處於困境的

個人。以傳統醫學界的狀況而言，醫師多會對病人而非其環境作檢查與診斷，以找出病因。同樣的，孩子在學校表現不好，接受評量常是孩子本身，以確定問題之所在；就不太會有人說學校或教師，而非孩子應加以評鑑。此外，有某一青少年犯罪被送去接受矯治，通常就不會追究父母的責任而施以處罰。凡此種種，皆是將罪過歸之於當事的受害者身上。這種臨床工作的積習，似乎許多專業人士皆無法倖免。在殘障者服務工作的領域，殘障者本身，而非其環境，固常被看成是問題的核心，可是殘障者的家長也常無法避免被指責是孩子問題的根源。

(2)醫療模式：醫學教育的重點在於治療。有治癒希望的個案對醫療人員而言是一種鼓舞，且可增強其自我價值與成就的感受，因此當醫師最感滿意者，便是有好的治療結果或有高的治療率（*Mawardi, 1965*）。對於醫學生而言，他們對「重度殘障」與「沒有希望」的病人則可能表現出負面的態度（*Ford, 1967*），因此，對於長期慢性病或發展障礙兒童，即常令醫師裹足不前。事實上，和兒童身心障礙關係密切的小兒科醫學教育，長期以來就一直忽略發展障礙（*developmental disabilities*）這一領域。其結果便是多數醫師對發展障礙的知識不足，且對永久性障礙狀況也有覺得無趣、不重要，或有進一步介入太過累人的看法。職是之故，醫學界對治癒的強調，有時甚至會使醫師拒絕去治療重度、永久性障礙的孩子。醫學界所存在的這種無法治癒便不予治療的觀點，的確引發頗多的爭議，有些人也想有所改革，認為那些無法治癒的身心障礙者，其實仍然是可以治療的；但吾人所謂的治療（*treatment*）方法似不必侷限於傳統的醫學領域，而應該將教育、心理、護持等技術也一併包括在內。

(3)專業支配的優勢：通常專業人員與當事人的關係（*the professional-client relationship*）即含有權力與服從（*power and subordination*）的成分。傳統上，專業人員所具有的專門知能，常使得他們具有專業支配的優勢，讓接受專業服務者言聽計從。這種專業支配的優勢似在所有的專業領域皆存在，其中醫師所具有的專業支配優勢較高，而教師則較容易受到來自家長的威脅。專業支配的本質事實上是維護專業人員的自尊（*self-esteem*），但卻可能以犧牲當事人的利益為代價。為維護這種自尊，通常專業人員總會感到有控制與當事人的互動情境之需要。這也就是為什麼專業人員執行業務的地點多要求在其辦公室、學校、醫院或診所，而鮮少在當事人的家中或辦公室的道理。即使有些以家庭為本位的服務方案（*home-based programs*），當家長的可能也會有要令教師或相關的專業人員覺得他們家是乾淨、孩子是穿著整齊，且他們在家中也都有配合服務方案的活動之努力。為維持專業支配的優勢，專業人員另外也常採用「資訊的控制」這一策略，使當事人一知半解，從而支配彼此的互動關係。特別是在醫學界，當病人的治癒無望，專業人員的優勢即受到威脅與挑戰，此時唯有當事人不知道專業人員沒有能力去控制或改變病情時，專業支配的優勢才有可能繼續維持。另外，在遇到一些先天性永久缺陷的個案時，有些醫師也可能採取一些諸如逃避、暗示、故弄玄虛之類的敷衍技巧，以拖延將實情告之家長；醫師若因此被究責，則又可能以怕家長承受不起而對自己的延宕告知加以合理化。專業人員的這種專業支配的習慣多係在專業教育的過程中所養成的，特別是在醫師的培養過程中，皆一再強調須為患者負責；為了表現這種負責的態度，權威與控制的傾向就自然流露出來了。因此，專業人士之具有權威性的言談，無非係在表達其是負責、有能力，且是具專業支配優勢的，這或許是一種專業尊嚴的表現吧！

(4)官僚體制：今日專業人員與當事人的關係正是彼等的社會體制（*societal context*）之反映。當事人所接受的是某一專業機構而非某一專業人員的服務。換句話說，官僚體制擴張的結果，已逐漸淡漠了專業人員與當事人之間的人際聯結（*interpersonal bond*）。正如葛萊德曼與羅斯（*Gliedman and Roth, 1980*）所言，對於家長來說，與專業人員約見可能是大事一樁，可是對於專業人員而言，不過是例行公事，不足為奇。通常家長會從各種環境來看孩子（如家庭、學校、鄰里等），但專業人員卻習於從某一專業角度（如醫學、教育等）來了解孩子。專業訓練多教導學生將當事人看作「個案」（*case*），而非是一個人（*a person*）來看待。由於在醫學教育中對醫療技術的過度強調，醫師與患者之間的關係之重要性無形中就受到忽略。沃瑞奇（*Wolraich, 1982*）指出溝通技能傳統上係被視為醫學的「藝術」之一部分，因而常不受醫學教育的重視，這對良好醫病關係的發展自然是相當不利的。此外，逐漸官僚體制化的結果，是我們的專業照顧體係的日漸分工與專業化。這種專業分工的可能影響，是當事人也許期待某一專業人員給予全方位的照顧，但他卻祇能得到那一專業的專屬服務。如果所需要的各專業服務領域皆各自為政、自掃門前雪，而未能發揮團隊合作的精神，且家長對有關的專業分工也一知半解時，則其殘障子女就很難獲得具有品質的專業服務與照顧了。

以上所述的專業人員之世界觀只是一般的情況，事實上仍有許多個別差異存在，不可一概而論。專業人員的世界觀乃是其在接受培訓與執行業務的過程中受到所屬次級文化（*subculture*）、價值觀、態度與信仰的影響而形成的。專業人員的世界觀所顯示的，乃是專業社區的整體狀況，但整體之中仍存有變異（*variation*）。這些專業人員的世界觀正是家長在為其殘障子女尋求服務支援時所可能遭遇的，也是彼等在與專業人員交往互動時所須面對的。

二、家長與專業人員的衝突

家長與專業人員在共同面對殘障孩子的服務問題時，由於彼此在教育、經驗背景的歧異，責任、使命感及價值觀的不同，極可能在對殘障孩子的服務觀點和相互對待的態度上會有衝突出現。這種家長與專業人員在意見上的衝突，最常見的有下列的情形：

1. 對殘障性質的看法。

2. 處遇的目標與策略的觀點。

3. 家庭需求與關心事項的重要性。

4. 家庭與專業人員關係的性質。

諸如上述的衝突，很可能徒增家長與專業人員在交往互動時的挫折感。再加上專業人員與家長在面對殘障問題時，皆共同有無助與易受傷害的現實感受。這種感受如果運用得宜，或許有助於拉近雙方關係的距離，不過由於多數專業人員皆習於從負面的限制去看孩子的問題，但家長想聽的卻是孩子到底有何能力與長處，像這種專業人員與家長的想法南轅北轍的情形，應是屢見不鮮的。

其次就專業人員與家長在態度上的衝突而言，也常是難以避免的。在所有的專業人員中，家長接觸機會最多的要屬教師。以下即以教師與家長在態度上的互動情形為例加以說明。以教師對家長的態度來說，出現負面的情形是相當普遍的，尤其在面對棘手的特殊兒童教育問題時，教師本身在心理上也備感壓力。在處理孩子的行為與學習問題時，如果雙方溝通不良，也極易令教師將問題歸咎於家長，而影響彼此的互動關係。一般而言，教師常會從病理的角度（*pathological perspective*）來看待家長，認為他們不祇造成孩子的問題，同時家長本身在面對孩子的問題時也適應不良。另外，教師也多半認為家長對孩子的看法偏頗且與事實不符，並不是理想的團隊合作共事的對象（*Bissell, 1976*）。如果再加上教師所面對的家長是不合作、充滿攻擊性，且教師又有諸如性別、社經地位、種族、文化等的偏見的話，則其對家長的負面態度將益為凸顯。雖然有些教師對家長會有負面的態度，但教師仍然有賴家長的合作，希望能以教師認為適當的教導方式去影響孩子。因此在教師心目中的好家長，多半是那些對教師的教學既不干預又能支持的家長（*Lortie, 1975*）。不過教師依賴家長在孩子教育工作上的配合，卻與其要求專業自主的願望似多少有點衝突，且他們所求於家長的，家長也不見得言聽計從；就這一點而言，他們可能又有受到傷害的風險。最近殘障者家長團體的興起，對教師而言多少會有壓力，因為家長傳統上常被認為是站在與教師對立而非同盟的地位的（Carberry, 1975）。這種看法並不一定正確，也沒有必要，如何化解這種可能的偏見與誤會，其實是值得教師與家長共同努力的。教師在特殊兒童的教育過程中，因為承擔了較多的責任與壓力，難免對家長會有負面的反應，這種情形可能容易出現於充滿權威，且缺乏支持氣氛的學校教育環境。要是學校教育環境是充分支持與配合的，則教師對學生和家長的負面態度應不必然的會發生。（Seligman, 1979；何華國，民82）。

在另一方面，從家長的立場來看教師時，家長對教師的負面態度可能就不像教師對家長的負面反應那麼多（Barsch, 1969）。雖然家長對專業人員或許普遍存有負面的態度，但一般而言，教師是比較可以倖免的。不過這也不表示家長對教師的態度是全然正面的。在我國強調「天地君親師」的文化傳統裡，教師在大多數家長心目中仍有其一定的地位。巴許（Barsch, 1969）認為殘障兒童的家長多視孩子的教師為飽學之士，而常以「專家」尊稱。有許多家長與教師之間的衝突，皆起於雙方對孩子教養觀點的歧異，彼此如再溝通不良，家長對教師的誤會與反感就可能因之而起。另一個比較可能引發家長不安，且對專業人員感到不滿的，是在討論孩子殘障問題的場合；要是專業人員所談的皆是孩子的缺點與限制，很可能是會超出一般家長所能忍受的限度的。這種情形不祇會妨礙家長與教師或其他專業人員之間友好關係的建立，甚且可能導致家長的某些唐突或退縮性的反應。在家長與教師之間的互動過程中，雙方在教育背景的差異也往往受到注意。有些家長覺得與教師之間的教育程度距離過大，可能會覺得自卑而不太願意跟教師有所接觸。此外，在家長與教師有接觸的機會時，他們對教師的態度似與教師對殘障子女的情緒反應有密切的相關。這種情形正如莫勒（Moeller, 1986, P. 155）所提到的：

我覺得她（教師）是一位在她的專業上十分博學且受過良好訓練的人，但我們決定要更換教師，因爲我們不覺得她對我們的孩子是體恤的。她應該抱起他，且更和藹地跟他說話——畢竟他只是個嬰兒。在她與他接觸後，他就時常哭鬧，我想她照顧他的方式是相當粗率的。

從前述家長與專業人員在意見上的溝通與態度上的反應，吾人可以發現彼此會有衝突存在似乎是難以避免的。強烈衝突的存在表示家長與專業人員的關係不良；雙方若沒有衝突或有積極的回應與互動，則顯示彼此的關係正傾向良性的發展。家長與專業人員之間的關係良好與否，雙方是否有衝突存在，若從專業人員的角度加以考量，下列因素或可作為評斷的指標（*Walker & Singer, 1993*）：

1. 對新作為之發起獲得善意回應之程度。
2. 對所作的要求之配合程度。
3. 對每天與長程的處遇活動贊同與否的程度。
4. 對孩子的福祉所作的努力而顯示的支持與否的情形。
5. 對欲影響家長及提供幫助所作的努力之成敗狀況。

三、造成家長與專業人員衝突的因素

家長與專業人員之間的互動如果有良性的發展，對特殊兒童獲得適切的服務與照顧當然是有利的。但雙方的關係若有衝突存在，則了解可能造成衝突的因素，或許是化解彼此緊張關係所必需的。人際關係本身是相當複雜的，微觀的人際關係衝突因素的確認並非易事，若就宏觀的角度而言，造成家長與專業人員衝突的因素，有人認為可能涉及家長與專業人員之間在文化、社會階層、價值觀或人格特質等背景的差異（*Walker & Singer, 1993*）。也有人認為大部分專業人士所堅持的傳統臨床觀點，頗不利於彼等與家長良性互動關係的建立。此外，專業人員與家長角色特質（*role attributes*）的差異，更常被認定是家長與專業人員之間衝突的重要導火線。由於傳統臨床觀點的影響，以及專業人員和家長角色特質差異的問題，對造成家長與專業人員衝突因素之探討特具針對性，因此將在以下進一步加以說明。

㈠傳統臨床觀點的影響

專業人員由於受到其本身專業教育、工作環境等次級文化的長期陶冶，無形中對傳統的臨床觀點即有所堅持，並秉持這種觀點去處理與對待相關的服務對象。專業人員對傳統臨床觀點的堅持，有可能導致下列的結果：

1. 殘障者及其家人係被期待扮演患者的角色（*patient role*），而身為家長者應對專業人員的建議言聽計從，成為好的患者；否則他們可以自有主張並抗拒專業人員的控制，而做個壞的患者。

2. 殘障者及其家人是困難與問題的根源。孩子有問題，則其父母應難辭其咎。

3. 對孩子的問題歸咎於父母後，父母的行為往往會被專業人員以防衛機制的眼光加以看待，認為父母係以這種防衛機制來淡化其生下殘障孩子的罪惡感；例如，為人父母者被視為否認孩子殘障的事實，或將其罪惡感投射到專業人員身上等皆屬於這種情形。

4. 專業人員假設家長多有情緒困擾的問題而需要諮商的幫助；諮商的目標是在協助家長接納與調適孩子的殘障狀況。

5. 專業人員所扮演的乃是權威性的專家之角色。

從上述專業人員對傳統臨床觀點之堅持所產生的結果來看，吾人似可感受到由此所發展出來的家長與專業人員的關係，有可能是缺乏尊重而相當僵化的，頗不利於雙方良性與健康的互動關係之培養。專業人員與家長在這種互動環境與氣氛下，雙方若因此而出現摩擦與衝突，應該是不足為奇的。

㈡專業人員和家長角色特質差異的問題

由於專業人員和家長可能有其不同的世界觀，在雙方有所交往互動時，難免因「以己度人」的結果，而對對方有負面的態度與看法。雖然他們彼此不見得會公開討論雙方之間的歧見，不過由於互尊互信的闕如，卻可能影響對殘障孩子的服務品質。專業人員和家長觀點的衝突，根據帕森斯（*Parsons, 1951*）的看法，似與兩者角色特質上的差異有關。雖然這些特質上的差異不見得可以適用於個別的專業人員或家長，但它們卻可能是一般專業人員和家長角色特質上的傾向。專業人員和家長角色特質所顯示的歧異主要有下列數端：

1. 成就與歸屬（*achievement / ascription*）——

專業人員的身分地位是獲取的（*achieved*），但殘障兒童家長的身分卻是歸屬的（*ascribed*）。專業人員選擇了他們的生涯，他們所期待的往往是工作上的自由、樂趣與回報；有許多人並不見得願被殘障兒童的問題所困擾。然而殘障兒童的家長對自己這一身分的取得往往是很無奈的；有了殘障子女，就自然成了殘障者家長了；他們就需要去照顧殘障的子女。家長有心照顧自己的殘障子女時，如遇到缺乏熱誠的專業人員，他們難免會感到失望與挫折。家長如想到專業人員只在上班時間才處理殘障子女的問題，而自己卻需一日二十四小時，且全年無休的照顧，有許多家長難免會對專業人員怨憎有加。

2. 普遍性與特殊性（*universalism / particularism*）——

專業人員關心的是某一類問題的所有個案，而家長則只關心一個個案——即他們自己的孩子。專業人員這種普遍性取向多反映在臨床工作的官僚體制上，習於以同樣的方式去對待所有的當事人（*clients*），而不理會每一當事人皆有其獨特的個別情況。同樣的，專業人員也可能以此普遍性原則去對待屬於某一類型問題的所有家長。然而，家長卻討厭普遍性的處理方式，他們認為自己的孩子是重要的，而應該得到特殊的照顧。

3. 特定性與擴散性（*specificity / diffuseness*）——

墨索（*Mercer, 1965*）曾指出，吾人可從臨床或社會系統的觀點（*a clinical or a social system perspective*）來看待當事人。就臨床的觀點而言，當事人係以其問題而被加以認定；然就社會系統的觀點來說，除了「有問題的當事人」這一角色外，其他所有的角色皆須列入考量。大多數專業人員所採取的即是臨床的觀點，因此當事人所出現的特定問題或徵候才是重要的，至於當事人在社區中所扮演的其他角色，則往往會被忽略掉。

至於家長則注意到孩子所扮演的各種社會角色，如愛子、愛女、同胞手足、孫子女、玩伴、學生、殘障兒童等，他們與子女的關係，則涵蓋所有這些角色，而具有擴散性。有時，子女的殘障如與其在家中所扮演的其他角色沒有衝突時，家長也可能不認為孩子是殘障的；例如，學習障礙的孩子即是很好的例子。萬一學習障礙的子女被教育人員認定是特殊兒童，而家長卻無此知覺時，很可能家長與專業人員之間即產生衝突。專業人員也許認為家長不敢面對現實，然殊不知專業人員單一面向的觀點，卻可能讓他們無法看清家長的「現實」其實與他們自己的觀點是很不相同的。

4. 中性情感與感性（*affective neutrality / affectivity*）——

專業人員之訓練所強調的乃是專業角色中有具體功用的層面，他們可能會一再被告誡避免與當事人有過多的感情牽連，情緒過度介入，咸信對專業效能會有所妨礙。因此，許多專業人員多儘量想與當事人保持某些情緒距離（*emotional distance*）。史鐵西（*Stacey,*

1980）曾指出，有許多專業人員並不見得曾受過諮商或支持性溝通方面的訓練；因此他們對當事人有關社會、情緒問題的處理，就不見得皆可得心應手。

然而，就當事人而言，一般卻希望專業人員能滿足其社會、情緒上的需求。許多家長將專業人員的中性情感解讀為這些專業人員不關心其子女，家長往往對那些冷漠且對子女的正面特質也無法表現任何欣賞態度的專業人員相當不滿。

5. 專業支配的優勢與衰頹無力（*professional dominance / anomie*）——

一般而言，專業人員與家長都會想去支配與控制他們彼此的互動情況。然而，專業人員多半取得支配的優勢，臨床工作的慣例就常支持專業人員取得這種優勢。另一方面，家長則會有無力感，且不滿專業人員對他們的生活之控制。

家長通常很少公開挑戰專業人員的優勢，不過有些會表現表面同意，但等到離開臨床環境（*clinical setting*）後，可能即不斷抱怨的情形。家長無法對專業人員言聽計從，多與他們對彼此的的互動不滿意有關。使得家長未能言聽計從的影響因素可能和家長的希望無法滿足的程度、醫師與家長之間缺乏溫暖的關係，及未能得到對診斷所作的解釋有關（*Francis, Korsch, & Morris, 1968*）。要是家長在臨床環境外（如家長團體之類）得不到支持性的互動與關心時，則會繼續感覺心煩意亂、不知所從。住在偏遠地區或對其社經地位有自卑感的家長，在面對專業優勢時特別會有無力感。

第三節 促進家長與專業人員的良好互動關係

一、有助於發展家長與專業人員合作關係之理念

家長與專業人員間如有良好的溝通，並能建立合作的互動關係，則應有助於提供特殊兒童所需要的支援服務。在家長與專業人員的交往互動中，消極地避免衝突的產生固然很重要，但若能積極地發展良好的互動關係，不只可消弭衝突於無形，更可將家長與專業人員共同的注意力導向對特殊兒童的服務上。以言家長與專業人員的良好互動關係，其極致應該就是一種合作的關係。對於家長與專業人員間合作關係的發展，筆者以為「立法具有引導作用」、「家庭應有其能力」、「以家庭為中心的服務」、「專業人員的訓練應加強化」與「家長應積極參與」這五種理念應該皆有其貢獻。茲將有助於發展家長與專業人員合作關係的這五種理念分別說明於下：

(一)立法具有引導作用

許多先進國家的特殊教育或殘障福利、復健等的立法，多將家長參與特殊兒童的評量、安置、教育、復健等工作的決策，加以明文規定。家長透過對其特殊子女有關評量、安置、教育、復健等服務工作同意權之行使，即自然地需要去關心、參與，及和專業人員共同為其特殊子女的福祉而努力。例如，美國特殊教育立法中，對於特殊兒童

所實施的個別化教育方案相關之研擬與執行過程，係將家長的參與及同意權的行使列為必備要件，這種作法可說充分體現了以立法來引導家長與專業人員攜手共事的典範。

㈡家庭應有其能力

過去專業人員在為殘障者提供服務時，可說深受傳統的病理學派典（*pathology paradigm*）的影響，他們會特別去注意殘障者及其家庭的弱點、缺陷、限制與問題。這種病理學或醫學的派典似乎普遍影響著專業人員對殘障者的服務觀念與態度。除了病理學派典外，殘障者的服務工作中，目前也存在著能力派典（*competence paradigm*）之理念。此一派典與病理學派典正好相反，它所重視的乃是當事人的家庭所擁有的優勢與資源，以及專業人員可用以強化這些積極特質的途徑（*Marsh, 1992*）。這種派典和多數有殘障者的家庭仍可表現相當調適水準之情形，可說是相符合的。正如一位殘障孩子的家長所指出的（*Marsh, 1992, PP. 46～47*）：

> 我非常愛我的女兒，不管有何問題存在，我總會百分之百地幫著她。我從不會是個輕易放棄的人，而我女兒也會跟著我到底。她給了我一個很重要的啓示——殘障不是挫敗，而是一種挑戰。有這麼多可做與這麼多可爲你自己做準備的，最重要的，我的女兒對我的生命已成爲一種激勵，我們將一起度過這個困難。已有十年了，而我仍將繼續堅強。

能力派典目前並非僅止於是一種理念，事實上它已漸為專業人士所認同與應用。譚斯特與崔玫特（*Dunst & Trivette, 1987*）即認為吾人若欲將能力派典落實於當事人的服務時，應該把握下列的重點：

1. 強調有助於成長的行為，而非問題的矯治或負面結果的預防。

2. 藉培養社會化、自立、自強及其他適應性的行為，以增強個人與家庭的功能。

3. 將尋求協助與協助供給者的關係界定為共同承擔責任的合作夥伴。

4. 鼓勵提供符合當事人的文化與需求之協助。

5. 鼓勵家庭運用自然的支援體系。

在強調能力派典的殘障者的服務工作中，當事人往往成為其命運的重要改變者，他們需要承擔主要的決策責任，而專業人員則藉由提供支援、鼓勵與機會，以幫助當事人將他們的潛能充分地發揮出來。

從專業人員提供服務的觀點，馬斯特派思柯（*Masterpasqua, 1989*）指出能力派典具有下列五項優點：

1. 它在當代的理論與研究中具有堅實的基礎。

2. 它為傳統以疾病為本位的醫學模式，提供了一個較清楚的、以健康為本位之心理學的變通模式。

3. 它提供了一種較不具輕蔑意味的治療途徑，因其重點係置於能力與能力的缺陷而非常態與變態。

4. 它提供了一種可以獲致更精確結果的研究基礎，因為能力派典所包含的概念，比起病理或心理衛生所屬的較籠統的概念，可以更清楚地加以運用。

5. 它視個人的問題係潛存於其社會心理的環境之中。

此外，筆者認為能力派典所強調的「家庭應有其能力」之概念，對專業人員與家長之間友善的、健康的與合作關係之建立，似具有積極的誘導與催化作用，這應該也是能力派典所具有的另一項優點。

㈢以家庭為中心的服務

在殘障者的服務工作中，對採行以家庭為中心的服務理念之專業人員而言，瓦克與辛格（*Walker & Singer, 1993*）認為大致會具有下列之觀點：

1. 家長與專業人員應共同協力以幫助家庭發揮其潛能並達成其發展目標。

2. 專業人員可為家庭成員扮演多樣化的建設性角色，以滿足其可能的服務需求。

3. 專業人員可經由一再地對其所採取的服務行動徵求同意，以顯示對家庭成員的自主與見解之尊重。

4. 家長與專業人員皆有獨特的知識與見解可以增益彼此的合作關係。如果要各自忽視或放棄其特有的見解，將是雙方關係的一種損失。

5. 家長與專業人員皆會受到其生活與工作所屬的社會體系（如家庭、學校或衛生保健系統）之拘束。找到並釐清這些限制為彼等夥伴關係的一部分，且各自接納或克服這些限制是重要的。

6. 當專業人員對多元文化（*pluralism*）能加珍惜時（即尊重文化、信仰、社會階層、家庭結構及個人風格的差異），將增益其對家庭的幫助。

馬洛利（*Mallory, 1986*）指出以家庭為中心的服務取向，所重視的乃是內在制握（*internal locus of control*）、家庭與服務機構間責任與權力的均衡，並對長期的發展目標有所考量。馬許（*Marsh, 1992*）則認為以家庭為中心的照顧模式涵蓋了下列的要素：

1. 承認家庭在孩子生命中的地位是恆定的，而服務體系及其人員則是變動不拘的。

2. 促進在所有層次上家長與專業人員的夥伴關係。

3. 持續以適當與支持性的方式，和家長分享有關其子女之不帶偏見的完全資訊。

4. 執行完全以家庭為取向的政策與服務方案。

5. 認可家庭的優點與多樣性。

6. 將嬰幼兒、兒童、青少年及其家人的發展需求，列入衛生保健體系的服務計畫之中。

7. 鼓勵並促進家長與家長的相互支援。

8. 確保服務體系之設計是靈活、便利，並能反映家庭的需求。

此外，在殘障者的服務工作上，亞歷山大與湯普肯．馬吉爾（*Alexander & Tompkins-McGill, 1987*）依據家長的經驗，對專業人員所提的下列建議亦頗富以家庭為中心的色彩：

1. 他們應將孩子視為是具有多面相的人，而非僅是具有單一標記之單方面的問題。

2. 他們應依孩子進步的情形而不是某一套常模來作評斷。

3. 他們應珍視家長對其子女特有的見解。

4. 他們應學著聆聽家長所說的話。

5. 他們應為家長營造一種自在的交往環境。

6. 他們說話應坦誠。

7. 他們應將殘障孩子視為家庭的一部分。

8. 他們應能區辨事實與意見的不同。

9. 他們應能導引家長利用資源並解決問題。

10. 他們應將其他有相似情況的家庭之資訊告知家長。

11. 他們應提供家長一些樂觀的希望。

從上述「以家庭為中心的服務」所表現的特性看來，吾人不難了解這樣的服務理念對殘障者及其家庭是十分尊重的，家長與專業人員的地位是平等的，同時殘障者的家庭所擁有的資源也相當受到珍惜。以這樣的服務理念出發，則家長與專業人員合作關係之營造，應該是很容易水到渠成的。

㈣專業人員的訓練應加強化

專業人員對殘障者及其家庭的服務，吾人除了需借重其各自所擁有的專業知能外，更期待彼等能表現適當的服務態度與溝通的技巧，以增益其協助的功能。前面所提到的「家庭應有其能力」及「以家庭為中心的服務」之理念，事實上也是對專業人員應有的知覺與態度之期待。然而，專業人員專業知能的充實、適當的服務態度與溝通技巧的習得，皆須透過教育與訓練的途徑加以養成。

就專業知能的充實而言，各專業技術與方法領域固仍存在相當大的發展空間，不過專業人員在為殘障者及其家庭提供服務遭遇較多的問題，多與對這些特殊羣體的所知有限息息相關。因此，與殘障者的服務有關的專業人員訓練，將殘障相關的課題也列入其教育課程的範疇，似已逐漸成為一種趨勢。以醫學院的課程為例，最近幾年即有若干變革（*Darling, 1991*）。由於兒童期的急性傳染病目前已大部分可以治療或預防，小兒科與家庭科醫師已逐漸將其注意力轉向其他領域。雖然大部分的小兒科課程並不重視慢性病與殘障狀況，不過似有越來越多的人對發展障礙的處遇有興趣。此外，有關殘障兒童的課程也正逐漸提供給小兒科住院醫師及在職訓練醫師。運用錄放影機、受過訓練的家長，及與殘障相處的經驗等新的教學技術，也用來幫助專業人員得以能更加了解家長的想法。同樣的，在教育界也可發現這類的訓練課程，其目的無非想讓殘障者的家庭所表達的需求能受到應有的尊重。

另就適當的服務態度與溝通技巧來說，最近在殘障服務的相關專業領域也漸受重視。以家長和學校人員的關係為例，艾思皮諾沙與希阿羅（*Espinosa & Shearer, 1986*）即指出兩者和諧關係的缺乏概可歸諸下列這幾個因素：

1. 大多數學校人員並未受過人際關係的訓練，他們直接與家長相處時多感到不自在。
2. 家長可能被視為威脅或肇事者。
3. 家長與專業人員在目標上可能有衝突。
4. 專業人員可能覺得他們是「專家」。
5. 學校人員在處理殘障兒童的家長之情緒與心理需求方面可能未

有充分的準備。

司利曼（*Seligman, 1983*）也指出，專業人員在與家長建立良好的互動關係所需的人際技巧方面往往缺乏訓練；同時，專業人員對殘障孩子給其家人所帶來的影響也常缺乏了解，以致他們對家長的需求會顯得格外的敏感。

由此可見，對專業人員與家長的關係會有影響的，除了一如前述專業人員對殘障問題的認知外，專業人員的服務態度與溝通技巧也常是關鍵所在。如以特殊教育專業人員為例，所謂的服務態度與溝通技巧可能就顯現在下列的人員特質上面：

1. 對人的真誠、接納、溫暖與同理心。
2. 視他人是有價值而非無價值的。
3. 表現信心與尊重的能力。
4. 能體會別人的善意而非是具有威脅性的。
5. 視人為重要的滿足而非挫折與猜疑的來源。
6. 是個好的聆聽者。
7. 顯示對人的照顧與關心。
8. 客觀且具見識。
9. 能提供清楚且正確的資訊與回應。
10. 敏銳且具有彈性。
11. 能在處於壓力下與人交談。
12. 能將本身的協助角色包括專業的任務、限制、個人的工作風格等清楚地傳達給家長知道。

除此之外，專業人員能表現願與家長協商（*negotiation*）的態度；對雙方夥伴關係的發展似極有幫助。這種協商有時也需要作某種退讓與角色的調整；例如，為維持專業人員與家長間權力的均衡，專業人員可能須扮演學習者而非教師、聆聽者而非演講者、初學者而非專家、追隨者而非指導者、問題提出者而非問題解決者之角色。當專業人員有時去扮演原本家長所扮演之角色時，正可表現其同理心及平等對待家長的態度。若有專業人員更進而願扮演殘障者及其家庭的護持角色（*advocacy role*）時，專業人員與家長間的密切合作關係就不言而喻了。

諸如前述的專業知能、服務態度與溝通技巧，若透過教育與訓練的過程加以強化，一般咸信將有利於專業助人環境與氣氛的改善，從而有助於專業人員與家長合作關係的發展。

㈤家長應積極參與

最近幾年消費者保護主義的興起，的確對社會產生極大的衝擊，各種弱勢族羣紛紛起而力爭他們應有的權益。殘障兒童的家長為其子女的教育、復健等福利服務，也比以往更為積極主動的奔走爭取。家長對其子女權益在爭取時的振振有詞，也多少與受到教育、福利法令的增修與專業及家長團體的鼓舞有關。家長對殘障子女的關心，並不僅止於權益的爭取而已，最近家長修讀特殊教育課程、與學前特殊幼兒到校陪讀、擔任特教志工等已漸蔚成風氣。這種積極參與的家長行動主義（*parental activism*），應該有助於家長與專業人員合作的工作關係之建立。因為家長的積極參與，有時固難免會與專業人員發生衝突，但至少參與就表示家長與專業人員是有某些關心的交集，參與就有機會相互了解，也才有機會去真正化解歧見。因此「家長應積極參與」的理念，對家長與專業人員關係的發展絕對是具有正面的意義，而應加以鼓勵的。

二、促進家長與專業人員有效溝通之策略

若干有助於發展家長與專業人員合作關係之理念，已在前面作過介紹。然而，吾人如欲使專業人員與家長的良好互動關係能逐漸建立

起來，則有賴藉實質的溝通以為催化與佐助。瓦克與辛格（*Walker & Singer, 1993*）認為專業人員與家長的溝通會涉及到基礎層次（*meta-level*）、中介層次（*intermediate-level*）與具體層次（*micro-level*）三種互動關係。基礎層次的溝通是在建立專業人員與家長互動的根基，中介層次的溝通在營造雙方交流互動的環境，而具體層次的溝通則在呈現彼此意欲傳達的實際內涵，這三種層次可謂環環相扣，同為有效溝通所必需。茲將這三個層次的相關溝通策略分別說明於後。

(一)基礎層次的溝通

基礎層次的溝通所涉及的內涵多屬吾人藉言談或肢體語言（*body language*）所表露的信仰、態度、興趣、意向、價值觀等。專業人員與家長所表達的這些基本訊息（*metamessages*）對雙方關係的發展皆有立即與長遠的影響。基礎層次的溝通所欲實現的功能多與增進了解與建立互信有關。由於專業人員本身具有「助人專業」的背景，因此一般人也莫不期待彼等在與家長的互動溝通中，能扮演更為積極主動的角色。人際的交往關係本具對等與相互性，不過在家長與專業人員的溝通中，專業人員若有較主動積極的作為，也應是大家所樂見的。

在專業人員與家長的基礎溝通層次中，有助於增進自我與相互了解，並建立互信的策略有下列幾種作法：

1. 討論文化、階層與人格的差異——

家長與專業人員在文化、階層與人格背景方面會出現歧異應不足為奇。不過雙方能夠存異求同，對彼此互動關係的發展應格外重要。一般而言，家長對與專業人員在背景上的差異，多會特別的敏感或謹慎遲疑。此時，專業人員若能坦然承認這些差異的存在，並努力營造一種令家長覺得安全與自在的氣氛，則對彼此關係的發展是有助益的。因此，專業人員與家長討論到彼此在文化、階層、人格、價值觀等方面的差異時，除了須注意應在輕鬆的氣氛下進行外，也應該顯露其坦誠、接納與尊重的態度，方能有助於雙方互信關係的建立。

2. 討論雙方關係的目的——

在殘障者的服務工作體系中，家長與專業人員的關係之目的，乃是從某些基本的價值觀與社會目標所衍生出來的。這些價值觀與目標多正式形之於法令條文之中；其次經由政府官員政策性文件的制定與各領域專業領導人的教導，這些價值觀與目標即被進一步地傳播與解讀。專業人員與家長接觸後，即可能在有意無意間將這些價值觀與目標說明給家長知道。家長對專業人員的意向與態度的第一印象就可能這樣形成了。因此專業人員能讓家長適切地了解雙方關係的目的似有其重要性。專業人員在對家長說明雙方關係的目的時，對本身角色的限制應有自我的認知，並讓家長有所了解，免得家長因有不當的期待，而徒然造成彼此的誤會或關係的緊張。

3. 討論關係的發展進程——

家長與專業人員關係的培養，從認識與了解雙方的意向開始，再建立交往關係的模式，又可能歷經交往互動的考驗，最終也許會再修正原有的互動模式，這樣的過程可說是具有發展性的。專業人員對於這種關係的發展階段必須了然於心並知所掌握。專業人員若能適時地和家長討論彼此關係的發展進程，對於雙方共識互信的建立應該是有幫助的。

4. 討論專業人員與家長言談的差異——

專業人員與家長可能由於各自世界觀的不同，彼此對問題表達的重點與方式也就各異其趣。例如，教師在對家長談話時多是主題明確、直指目標或問題的核心，且是講求效率的；而家長在談到其孩子時，則總離不開家庭生活與個人感受之類的話題。又如醫師多會問一些封閉性的問題，且會忽視掉大部分患者所說的內容；而患者則習於去談其病史的來龍去脈，並說明其可能的感受。專業人員與家長各異其趣的談話模式，毫無疑問的皆有其意義，並能提供重要的訊息。不過問題就出在專業人員說話與互動的方式往往具有支配性，而使得家長的聲音充耳不聞。如果專業人員與家長都是這樣雞同鴨講、各說各話的話，要想建立合作共事的夥伴關係，就難免出現障礙了。比較穩當的作法，是專業人員應向家長坦承他們所持的專業觀點和家長看法的差異，以及也可能有思慮不周之處，並運用統整概觀的說法，使雙方的意見皆可兼顧，並逐漸引導家長接受專業的思考方式。換句話說，專業人員在與家長交談時應可輪流採用本身與家長的思考與溝通方式，藉此化解或縮短雙方在觀點上可能的差距，以營造良好的互動氣氛。

5. 討論靈活的夥伴關係——

在發展家長與專業人員的合作關係時，專業人員因應家長的角色偏好（*role preferences*）與能力以調整其角色之能力與意願，常成為重要的決定性因素。大凡能夠珍惜家長的意見與貢獻的專業人員，他們在處理與家長的關係時多半會比較靈活。這樣的專業人員也比較會想去了解家長對孩子的看法，並支持家長對孩子的發展與福祉所做的努力。專業人員若能向家長表達願為其孩子的發展與福祉共同思考與努力的意願，多半會獲得家長的認同，雙方在角色的扮演方面就可能更加靈活，而不致有自掃門前雪的現象。因此，只有本身及家長在各種角色的承擔皆容許有彈性並感到自在的專業人員，似較有可能與家長維持合作而不具競爭性的關係。

㈡中介層次的溝通

基礎層次的溝通所著眼的，乃是影響到家長與專業人員關係發展氣氛之觀點與態度。至於中介層次的溝通所涉及的，則是較為具體的發展關係之環境安排問題。在此一層次的溝通中，有助於營造家長與專業人員交流互動環境之策略如下；

1. 會商場合的安排——

為發展專業人員與家長雙方合作的夥伴關係，則彼此勢必有接觸與見面會商的時候。會商場合的諸多環境因素，如地點、時間、參與人員等的安排所營造出來的氣氛，皆可能對家長與專業人員關係的發展產生正面或負面的影響。為促進家長與專業人員的良性溝通與互動，在會商場合的安排方面下列的考慮或許有其價值：

⑴會商地點的安排應儘量讓家長與專業人員同樣感到方便。這種地點的方便性並不只是距離遠近或交通的問題而已，有時也須考慮到心理因素。例如，有些人到某些地點開會有特別敏感與排斥的情形，即是出自心理因素的影響。

⑵會商時間的訂定也應儘量讓家長與專業人員同感方便。這種考慮所隱含的意義是家長與專業人員是平等的，他們對殘障孩子的服務工作也可同樣具有貢獻。

⑶事先讓家長了解出席會議的專業人員之人選與角色、欲討論的事項等，將可讓彼等有與專業人員獲得公平對待的感覺。

⑷在諸如個別化教育方案會議的場合，由於專業人員的人數往往遠多於家長，使得家長難免感到壓力與緊張，因此如能安排特別會面的機會，由少數一、二位專業人員與家長討論孩子的問題與解決之道，或許可減低家長對類似會議的焦慮與不自在。

⑸應該讓家長有機會自行邀請支持或護持的人士一起參加會議，

且亦允許他們記錄會議過程；如此他們與會的情況將和專業人員有記錄與佐理人員的協助相當，而有助於他們參與會商的意願。

2. 扮演合作的專業人員之角色——

為建立專業人員與家長的合作關係，專業人員似不妨主動向家長表達合作的意願，並儘早與家長有所接觸且作出積極的回應。因為家長為了孩子的問題而需與專業人員接觸時，開始的時候難免充滿焦慮，專業人員若主動及早伸出援手，不只有助於家長焦慮的紓解，同時對雙方關係的發展，也算是一個具有正面期待的開端。此外，專業人員也可以提供家長正規、繼續性的溝通管道，讓家長有正式和他們接觸的機會，以減少雙方溝通中斷的可能。正規溝通管道建立了之後，也有助於避免雙方對彼此在對孩子之想法、感受與作法上的誤解。在專業人員與家長接觸之後，專業人員若能適時明確傳達繼續與家長合作的訊息，將有助於使已有的夥伴關係持續地發展。

㈢具體層次的溝通

在具體層次的溝通中，專業人員往往會運用一些人際溝通的技巧，去了解家長的想法與意向，並藉語言的交流以使家長能夠因此受益。因而人際溝通技巧的有效運用對於家長與專業人員需求的滿足，與雙方友好關係的增進，都是十分重要的。專業人員與家長的溝通可能運用到的技巧主要可分成接收或傾聽技巧（*listening skill*）與傳達或影響技巧（*influencing skills*）兩大類，茲分別說明於後。

1. 傾聽技巧——

在專業人員與家長的溝通互動中如能善用傾聽技巧，應有助於提供一個支持性的情境，以激發家長表達的意願。此外，傾聽技巧的運用亦可能發揮下列的功能：(1)家長可表達與澄清其思想與感受；(2)專業人員對家長的想法與感受能獲得正確與深入的了解；(3)家長與專業人員能自在地去建立信賴與友好的互動關係。傾聽行為若按其性質加以區別，可再分成傳達開放的訊息（*signaling openness*）、反映（*reflecting*）與有意的詢問（*intentional inquiry*）三種類型的傾聽技巧，玆分別說明於下。

(1)傳達開放的訊息：專業人員在運用此一傾聽技巧時，係藉充分的專注以傳達聆聽家長說話的意願。專業人員利用「傳達開放的訊息」這一技巧，將可顯示對家長談話的接納與興趣，並讓家長可以主導談話的主題。在傳達開放的訊息時，可能表現的相關行為如：

①友善、專注且放鬆的面部表情。

②開放、放鬆的身體姿勢，身體略傾向說話者，但避免握拳、兩臂或雙腿交叉。

③保持自然的目光接觸。

④偶爾運用視覺（如點頭）與言語（如「嗯」、「我了解」等）的鼓勵方式。

⑤一貫友善的舉止態度與聲調。

(2)反映：所謂反映是指專業人員為向家長顯示他是聽到了家長所表達的內容，所採取的一種較主動的傾聽行為。換句話說，反映是專業人員對家長所敘述的事情、想法或感受所作的反射性的回應。這種反映性的聆聽又可分為下列幾種方式：

①直截反映（*mirroring*）：它是一種最簡單的反映性陳述，其內容只是單純地重複對方所說的話語。在家長說話急促、表達不清及專業人員也不太了解家長所說的內容和來龍去脈時，特別適合以直截反映來表示對家長言談的關注。

②擬情的回應（*empathic statements*）：這是將家長所敘述的內容中的感受成分加以反映出來的傾聽技巧。通常人類的感受與情緒更容易由其非語言行為中流露出來，因此吾人的傾聽不只要察言更需要觀色，才能掌握對方言談中的情感意涵。擬情

的傾聽（*empathic listening*）如運用得當，對專業人員與家長友好關係的增進似極有助益；然如運用不當，則可能會令家長覺得受到冒犯或產生自我保護的反應。

③換句話說（*paraphrasing*）：這是指將家長所作的冗長敘述以更簡明、扼要的方式再說一次的傾聽行為。這種技巧的運用不只可傳達專業人員對家長敘述重點的了解，也可讓家長有機會去糾正專業人員所了解到的錯誤之處。此一技巧多在家長的敘述告一段落而欲轉移話題之前加以運用。

④摘要（*summarizing*）：這是指在談話告一段落後，專業人員對家長所敘說的重點再回過頭作扼要的陳述。

⑶有意的詢問：詢問問題可說是最積極主動的傾聽行為。當專業人員對家長所敘述的內容感到困惑時，即可運用「有意的詢問」去獲取額外的資訊。有意的詢問之運用，大致上可有下列三種方式：

①直接的詢問：在直接的詢問之中，事實上也有封閉式（*closed-ended*）與開放式（*open-ended*）之別。封閉式的詢問所要尋求的乃是十分具體的資訊，它固可快速提供專業人員所要的訊息，但如運用不當則可能令家長覺得專業人員是在主導談話的過程。比較妥適的作法，是專業人員對封閉式問題的探詢也許不要太過急躁，如果在家長作過完整敘述後的停頓時間，再以封閉式問題相詢以補充不足的資訊，應該可以減少可能的負面影響。至於開放式的詢問則多係以「什麼」或「如何」作為起頭，讓家長可以有較長的時間去詳述某些事情的細節。開放式的詢問如果運用得法，似有助於引導家長自行發現解決問題的途徑。

②間接的詢問：如果家長對直接的詢問出現防衛性反應時，間接的詢問應該是比較緩和而有用的。間接的詢問之特質是詢問者往往表示對事情不太清楚或不敢確定，而有請求對方多告訴一點之意。

③知覺檢核的詢問（*perception-checking questions*）：在專業人員覺得家長所敘說的內容過於複雜而令自己感覺迷惑時，若運用知覺檢核的詢問，則有助於迅速確定他們對家長敘說的事情所了解的正確性。通常專業人員在運用到前述的「擬情的回應」之前，似可先用「知覺檢核的詢問」對自己所了解的狀況加以確認，以免作了不當的「擬情的回應」。因此知覺檢核的詢問將可讓家長有機會去確認或糾正專業人員從家長談話中所獲得的知覺。

2. 影響技巧——

傾聽技巧的運用可以讓專業人員對家長的觀點有正確的認識，同時也可顯示其和家長溝通的興趣，不過光靠傾聽，似尚無法達到專業人員與家長間充分雙向溝通的目的。在專業人員與家長相互溝通的場合，專業人員應有責任說出自己的觀點，並適時提供家長必要的協助，而事實上家長也多對他們有這樣的期待。在這種狀況下，專業人員怎樣表達自己的觀點並發揮其協助性的影響，似與家長對專業人員的協助能力之知覺大有關係。專業人員所表達出欲影響家長的訊息，有些固然顯而易解，但也有的可能就十分含蓄。專業人員在影響技巧的運用上，可能會因其角色及其和家長互動關係的目標不同而異。不過影響技巧的有效運用，應能讓專業人員適當地表達其觀點，同時也使家長受到鼓舞，並增強雙方合作的互動關係。專業人員常用到的這些影響技巧計可分成提供資訊（*providing information*）、提供支持（*providing support*）、集中關照的注意力（*focusing attention*）與提供協助（*offering help*）四大類，茲分別說明於後。

(1)提供資訊：通常專業人員在與家長溝通時，他們能夠給予家長最具價值的莫過於他們所擁有的專門知識。為使家長能真正受益並感到自在，專業人員在提供專業資訊時應注意下列事項：

①資訊的提供應求客觀，所用的詞彙須能為家長所了解。

②應以簡單、明白且不帶偏見的方式，讓家長了解專業人員的觀點。

③提供資訊時切忌匆忙急躁，應讓家長在抉擇之前，有足夠的時間去思慮其所獲得的資訊。

④應向家長表達願與之分享資訊而非企圖去說服或控制的意向，如此將可使家長覺得自在並獲得鼓舞。

⑵提供支持：專業人員在與家長溝通時，若能運用一些激勵性的話語來認可家長的努力與貢獻時，即具有對家長提供支持的意義。家長參與孩子的特殊教育工作，如能不時獲得專業人員的稱許與鼓勵，也有助於增強彼等和專業人員合作共事的意願。不過專業人員在表達這種支持性的陳述時，務必具體明確而有針對性，否則容易被認為是虛應故事，或被誤解為是在說別人的貢獻，而使他們提供家長支持的原意盡失。

⑶集中關照的注意力：為使與家長的溝通具有方向性，專業人員往往會運用某些陳述或問題將雙方的注意力集中到其感興趣的話題。專業人員在運用「集中關照的注意力」之技巧時，可多引述家長已說過的話或提出相關的問題，而藉機轉移話題。當然專業人員也可運用有意的陳述將家長的注意力導引至他們先前提過的話題上；專業人員在提這些話題時如能利用雙方談話停頓的空檔，或在徵得家長同意後再行提出，應該是比較適當的。此外，專業人員為「集中關照的注意力」而提出的陳述，應清楚引述個人的想法與感受，並指出其觀點與目的是如何產生的。這種作法主要是在向家長表明，專業人員所重視的是意見的探討而非想去支配雙方之間的會談。因為儘管專業人員對雙方的話題或許別有屬意，但注意對家長的尊重與維持雙方關係中的權力均衡，仍然是必要的。

⑷提供協助：在與家長的交往互動中，專業人員對家長所能產生的影響，全視其如何提供協助而定。不過由於專業人員具有專業支配之優勢，他們也多習慣以控制、說服、援救、權威的心態去提供服

務，這使得許多家長往往覺得卑微或不被理睬。專業人員與家長之間如果存在這種不平衡的關係時，若欲求彼此能衷心合作則恐非易事。專業人員的協助如欲迎得家長的悅納，其在表達「提供協助」的方式或態度上，也許是需要多加斟酌的。一般而言，專業人員若能傳達願配合殘障者家庭的需求與目標，而與家長共同努力以提供協助的心意，並給予家長選擇的自由，而非提供指示或預先安排好的計畫時，似較可能被視為在給予真誠的幫助。一個習慣於以說服、支配或自認屈尊提供勸告或指示的專業人員，若能改口向家長說道：「我怎麼做才是對你們最有幫助的呢？」則家長對此一專業人員的看法可能為之改觀。由此可見，專業人員在提供協助時，所需要的不只是其能力，更重要的是他們仍需要具備表達提供協助的技巧或藝術，方能促進其與家長的良性互動關係，並發揮彼等最大的協助功能。

第九章

家長的權利與責任

第一節 美國特殊兒童家長之權利與責任

一、美國特殊兒童家長之權利

美國對於特殊兒童教育的實施皆有明確的立法作為依據。這些立法固在對特殊教育的過程提供明確的規範，但更重要的是，它們也指出特殊兒童及其家長可以享受的權利。在所有特殊教育相關的立法中，94－142 公法（*Public Law 94-142*）算是一個總其成、最具代表性，且影響最為深遠的一個法案。此一法案對美國殘障兒童及其家長的權利，有相當清楚的界定。其中家長具有參與教育決策過程的權利，可說是這項法案十分重要的主張。因此，若以特殊兒童家長最關心的特殊教育過程而言，他們所擁有的權利大致包括下列這幾方面（*Council for Exceptional Children, 1989*）：

1. 提供孩子免費、適當的公共教育。所謂免費是指家長不需負擔費用，而適當則是指需能滿足孩子的獨特教育需求。

2. 每當學校想評量孩子、改變孩子的教育安置環境，或拒絕家長對評量或改變安置之請求時，皆須通知家長。

3. 如家長認為孩子需要特殊教育或相關服務，可要求對孩子進行評量工作。

4. 行使同意權。此乃指家長了解並以書面表示同意對孩子評量與教育方案的決定，家長的同意權之行使是自願的，並可隨時撤回。

5. 如家長不同意學校對孩子所作評量的結果，可再進行獨立的評量（*independent evaluation*）。

6. 如家長懷疑孩子目前的教育安置已不再適切，可要求重新評量。學校必須最少每三年再對孩子作評量，但孩子的教育方案每年至少須檢討一次。

7. 讓孩子以他最了解的語言接受測驗。例如，孩子原來的語言是西班牙語的話，這就是他接受測驗所應該用的語文。同時，學生要是耳聾的話，也有權要求在測驗時有翻譯人員陪同。

8. 家長有權檢視孩子所有的紀錄。家長可獲得這些紀錄的影本，但學校為影印這些資料，可向家長收取合理的費用。只有當家長的，以及那些直接介入孩子教育工作的人，才被允許接觸這些個人資料。如家長覺得孩子的紀錄中，有任何資料是不正確或有誤導的情形，或干犯隱私權或孩子的其他權益，家長可以要求改正這種資料。如學校拒絕家長的要求，則家長有權請求辦公聽會以挑戰在孩子的紀錄中有疑問的資料。

9. 學校應充分告知依據法令所提供給家長的所有權利。

10. 參與孩子個別化教育方案的研擬。學校應盡一切可能的努力通知家長個別化教育方案會議的事，然後就家長方便的時間與地點以安排此項會議。孩子的個別化教育方案未經家長書面同意，是不得執行的。

11. 讓孩子在可能的最少限制之學校環境接受教育。學校應盡一切努力發展可提供與非殘障兒童最大程度的接觸之教育方案。

12. 家長有權要求舉辦適當過程（*due process*）的聽證會，以處理和學校之間無法用非正式途徑解決的歧異。

由上述美國特殊兒童家長在其子女教育過程中所具有的權利觀之，吾人似可發現這些權利除在確保特殊教育的免費與適當性外，同時也在使家長有參與其子女評量、安置與教育方案決策的機會。換句話說，家長參與子女的特殊教育之機會是受到法令保障的。其立法精神似在顯示惟有家長有充分參與特殊子女教育過程的機會，所謂「適當的」教育方有落實的可能。

二、美國特殊兒童家長之責任

美國特殊兒童家長為讓其子女能接受適當的教育而有參與教育決策過程的權利，雖多半會在其教育立法上特別強調，而成為政府與學校當局需要加以尊重的規範外，事實上，為確保特殊兒童之適當教育的落實，家長也應配合承擔某些責任。這些責任雖未必形之於法令條文，但卻成為特殊教育界的共識。家長在子女特殊教育過程中應承擔的責任較常被提及的，大致有下列幾方面（*Council for Exceptional Children, 1989*）：

1. 家長應該培養與學校或機構之間的夥伴關係。家長應該是這個團隊的重要成員，他們應與學校或機構人員分享孩子在教育與發展方面的相關資訊。家長的觀察與建議對幫助孩子的進步應是有價值的資源。

2. 家長如對教育或相關的服務方案有不清楚的地方，應要求加以釐清。教育與醫療的詞彙可能令人混淆，所以不要猶疑，應去請教。

3. 家長對個別化教育方案上所明訂的教育或相關服務內容，在同意或簽署之前，應確定自己已充分了解。家長應問自己，是否已規劃的教育或相關服務方案和本身對孩子的需求之了解能相呼應。

4. 家長應確定孩子被融入普通學校的活動之中，不要遺漏了諸如午餐、休息，及其他像美勞、音樂與體育之類的非學術領域（*nonacademic areas*）。

5. 家長應儘可能多了解自己以及孩子的權益。在家長同意孩子的某一特殊教育方案之前，應要求學校解說這些權益，以及在所屬的學區與州所實行的政策與法規。

6. 家長應檢視孩子的進步情形。如孩子沒有進步，可與教師商討，並決定是否需要修改教育方案，家長應可提出改變孩子的教育方案之意見。

7. 家長應與學校或機構商討在孩子的評量、安置或教育方案可能發生的任何問題。他們最好直接與機構、學校或學區合作，試著去解決這些問題。有時，家長可能不確定應採取何種方式去解決問題，關於此，美國大部分的州均有保護與護持單位（*protection and advocacy agencies*）可以提供家長所需要的輔導，以幫助他們處理這些情況。

8. 家長應注意紀錄的保管。關於孩子，家長可能有許多問題與意見想討論，以及會議與電話交談的內容家長也想要儘量記下來。家長如果不寫下來，對孩子的發展與教育的許多有用的資料是很容易忘掉的。

9. 家長應加入家長團體。除了提供可分享知識、經驗與支援的機會外，家長團體可以說是代表孩子的一股有效的力量。很多時候，家長會發現家長團體有力量可產生所需要的改變，以強化並擴充特殊教育服務的內涵。

除了前述在特殊教育中的責任外，家長在作為特殊教育主軸的個別化教育方案的過程中，似亦可發揮下列的功能：

1. 在出席個別化教育方案會議之前，先列出一份家長要孩子學習的事項之清單。家長所列者與學校或機構所列者如有出入則提出討論，對孩子會干擾到學習過程的行為須加記錄，並把家長發現可以有效處理這些行為的方法提出說明。

2. 家長應把學校或機構不見得已經有的資料，帶到個別化教育方案會議上。這些資料如醫療紀錄、過去學校紀錄，或測驗、評量結果的影印本，家長須記得這些報告並不見得可對孩子的情形充分加以描述。因此，他們可以多提供一些真實生活的例子，以顯現孩子在某些方面的能力。

3. 家長應了解孩子正接受什麼樣的相關服務。除了孩子的教師外，還有許多其他的專業人士透過相關服務的提供，可能會與孩子也有所接觸。家長應請每一專業人士說明他將提供的服務之種類，以及在提供這些服務後，家長會看到孩子有怎樣的成長。

4. 家長應請教學校他們在家中能做什麼，以對教育方案提供必要的支持。孩子在學校所學得的許多技能，也可在家裡加以應用。當孩子正學習某一項可以在家中練習的新技能時，家長應請求和教師有見面研商的機會。

5. 家長應確定在個別化教育方案上所列的長短期目標是具體且明確的。這樣才可確保每一位教導孩子的人皆朝向相同的目標去努力。在簽署個別化教育方案之前，家長為確定了解並同意上面所列的每一目標，對不清楚的問題應主動提出請教。

6. 家長對於孩子的進步情形，可要求定期提供報告。在個別化教育方案會議結束之後，作為家長的，他們的工作並未結束，家長應整年追蹤孩子的進步情形。

7. 家長應將孩子的教育視為一項合作性的努力。對於孩子的教育與發展需求，家長和學校如有任何方面無法獲致共識，可要求另外再舉行會議，這可以讓家長和學校或機構有較多的時間去蒐集更多的資料。如在第二次會議之後，對於孩子的教育方案仍存有不同的看法，家長應可請求州設的仲裁人（*a state mediator*）協助仲裁，或舉行適當過程的聽證會（*a due process hearing*），以處理雙方的歧見。

第二節 我國家長之權利與責任

一、我國家長之權利

我國的教育與福利相關的法令中，特別針對特殊教育中家長的權利與責任之規定相當有限；不過對於身為兒童或青少年的家長，我國現行的法令對彼等可享有的權利及應承擔的責任也有一些規定。就我國家長的權利而言，筆者綜觀目前的教育及兒童、青少年福利法令，發現我國家長的權利似離不開「請求變更教育方式」、「請求輔導或安置」及「鑑定與安置同意權之行使」這三方面。茲分敘說明於後。

㈠請求變更教育方式

家長請求變更其子女教育方式的權利，可見諸下列強迫入學條例及其施行細則之規定：

1.身心障礙之適齡國民，應經直轄市及縣（市）主管教育行政機關特殊教育學生鑑定及就學輔導委員會鑑定後，安置入學實施特殊教育。但經鑑定確有暫緩入學之必要者，得予核定暫緩入學，最長以一年為限（強迫入學條例第十三條，民92）。

2.適齡國民經公立醫療機構鑑定證明，確屬重度智能不足者，由其父母或監護人向鄉（鎮）（市）（區）強迫入學委員會申請准免強迫入學（強迫入學條例施行細則第十三條，民78）。

上述家長可請求變更子女教育方式之權，是有其條件限制的，亦即孩子除須屬學齡階段外，尚須符合身心障礙之規定。

㈡請求輔導或安置

在我國的強迫入學條例施行細則、兒童福利法及少年福利法中，皆列明家長有請求輔導或安置其子女之權利，茲舉列如下：

1. 父母或監護人向當地鄉（鎮）（市）（區）強迫入學委員會申請同意送請特殊教育機構施教者，當地強迫入學委員會應追踪其入學情形。父母或監護人向當地鄉（鎮）（市）（區）強迫入學委員會申請同意在家自行教育者，由該學區內之學校派員輔導，必要時聯絡鄰近學校特殊教育教師協助輔導。（強迫入學條例施行細則第十五條，民78）

2. 兒童及少年有下列情事之一，宜由相關機構協助、輔導者，直轄市、縣（市）主管機關得依其父母、監護人或其他實際照顧兒童及少年之人之申請或經其同意，協調適當之機構協助、輔導或安置之：

⑴違反從事禁止從事之工作，經其父母、監護人或其他實際照顧兒童及少年之人盡力禁止而無效果。

⑵有品行不端、暴力等偏差行為，情形嚴重，經其父母、監護人或其他實際照顧兒童及少年之人盡力矯正而無效果（兒童及少年福利法第三十三條，民92）。

3. 兒童及少年因家庭發生重大變故，致無法正常生活於其家庭者，其父母、監護人、利害關係人或兒童及少年福利機構，得申請直轄市、縣（市）主管機關安置或輔助（兒童及少年福利法第四十一條，民92）。

前述家長可請求輔導或安置的，除特殊教育方面的輔導或安置者外，亦涵蓋生活與行為方面的安置或輔導。惟這些安置或輔導措施的提供，仍各有其適用對象與條件，而非漫無限制的。

㈢鑑定與安置同意或申訴權之行使

我國家長對其特殊子女之鑑定與安置同意或申訴權之行使，在法令上有如下之規定：

1.各級學校應對每位身心障礙學生擬定個別化教育計畫，並應邀請身心障礙學生家長參與其擬定與教育安置（特殊教育法第二十七條，民90）。

2.職業輔導評量計畫，應徵得案主或其監護人之書面同意後執行之。案主及其法定代理人對於不合理之評量程序、工具之使用及評量之解釋與運用，得向身心障礙者保護委員會申訴（身心障礙者職業輔導評量辦法第十條，民87）。

由上述我國家長對其子女鑑定與安置同意或申訴權行使之法令規定觀之，可知我國特殊兒童家長在子女的鑑定與安置方面雖受到起碼的尊重，惟這些規定仍失之簡略，難稱周延。吾人如欲確保特殊兒童鑑定與安置過程的適當性，則在有關法令中進一步充實家長參與鑑定與安置決策過程的權利之規定，應該是十分必要的。

二、我國家長之責任

吾人從我國目前的教育及兒童、青少年福利法令，固可發現對家長的權利之規定，同樣的這些法令對家長應履行的責任也作了具體的規範。我國家長之責任如依這些法令的規定加以整理歸納，主要涵蓋「督促就學」、「保育子女」、「配合福利行政」與「接受親職輔導」這四方面，茲分別敘明於後。

(一)督促就學

對於家長督促子女就學的責任主要規定於強迫入學條例及其施行細則上面，其重要內容如下：

1.適齡國民之父母或監護人有督促子女或受監護人入學之義務，並配合學校實施家庭教育；收容或受託監護適齡國民之機構或個人，亦同（強迫入學條例第六條，民92）。

2.適齡國民之父母或監護人應辦理下列事項：

(1)接到入學通知時，應於規定期限內，帶領子女或受監護人前往指定之學校入學。

(2)隨時督促已入學之子女或受監護人正常上學，並密切聯繫配合學校實施生活、倫理與道德教育。（強迫入學條例施行細則第六條，民78）

3.應入國民小學之適齡國民，漏列於入學名冊者，父母或監護人應申請戶政機關補列並送主管教育行政機關按學區分發。國民小學畢業應入國民中學之適齡國民，漏列於入學名冊者，父母或監護人應申請主管教育行政機關分發入學。（強迫入學條例施行細則第七條，民78）

就上述強迫入學條例及其施行細則對父母督促子女入學的責任規定，吾人可知為人父母者不只須確實將子女送入國民中小學就讀，入學後更須配合學校實施以生活、倫理與道德為重點的家庭教育，以發揮對子女的教育功能。

(二)保育子女

我國的兒童及少年福利法（民92）規定父母負有保育子女的責任。

其重要內容如下：

1.父母或監護人對兒童及少年應負保護、教養之責任（兒童及少年福利法第三條，民92）。

2.疑似發展遲緩兒童或身心障礙兒童及少年之父母或監護人，得申請警政主管機關建立疑似發展遲緩兒童或身心障礙兒童及少年之指紋資料（兒童及少年福利法第二十一條，民92）。

3.兒童及少年不得出入酒家、特種咖啡茶室、限制級電子遊戲場及其他涉及賭博、色情、暴力等經主管機關認定足以危害其身心健康之場所。父母、監護人或其他實際照顧兒童及少年之人，應禁止兒童及少年出入前項場所（兒童及少年福利法第二十八條，民92）。

4.父母、監護人或其他實際照顧兒童及少年之人，應禁止兒童及少年充當酒家、特種咖啡茶室、限制級電子遊戲場及其他涉及賭博、色情、暴力等經主管機關認定足以危害其身心健康場所之侍應或從事危險、不正當或其他足以危害或影響其身心發展之工作（兒童及少年福利法第二十九條，民92）。

5.父母、監護人或其他實際照顧兒童之人不得使兒童獨處於易發生危險或傷害之環境；對於六歲以下兒童或需要特別看護之兒童及少年，不得使其獨處或由不適當之人代為照顧（兒童及少年福利法第三十二條，民92）。

6.兒童及少年罹患性病或有酒癮、藥物濫用情形者，其父母、監護人或其他實際照顧兒童及少年之人應協助就醫（兒童及少年福利法第三十五條，民92）。

兒童及少年福利法對家長課以保育子女之責任，似多從禁制的觀念，要求家長避免讓子女接觸有害身心健康與安全之環境或從事影響身心發展之行為。這些禁制規定用意甚佳，但其效力則視主管機關執行貫徹的程度而定。

㈢配合福利行政

在兒童及少年福利法中，對要求家長配合福利行政措施有下列之規定：

1.父母或監護人對於主管機關、目的事業主管機關或兒童及少年福利機構依本法所為之各項措施，應配合及協助（兒童及少年福利法第三條，民92）。

2.父母、監護人或其他實際照顧兒童之人，應配合政府對發展遲緩兒童所提供之各項特殊照顧（兒童及少年福利法第二十三條，民92）。

3.直轄市、縣（市）主管機關或受其委託之機構或團體進行訪視、調查及處遇時，兒童及少年之父母、監護人、實際照顧兒童及少年之人、師長、雇主、醫事人員及其他有關之人應予配合並提供相關資料（兒童及少年福利法第四十七條，民92）。

上述法令對家長配合福利行政之要求，是政府落實兒童及少年福利工作所必需，亦是為人家長者為其子女的福祉應積極負起的責任。

㈣接受親職輔導

我國的兒童及少年福利法對違反該法規定事項之家長，亦有下列須接受親職輔導之要求：

父母、監護人或其他實際照顧兒童及少年之人有違反兒童及少年福利法相關規定者，直轄市、縣（市）主管機關得令其接受八小時以上五十小時以下之親職教育輔導（兒童及少年福利法第六十五條，民92）。

前述兒童及少年福利法對須接受親職教育輔導之家長，彼等若不接受親職教育輔導或時數不足者，亦另有處罰之規定。這些積極性的輔導措施與消極性的處分規定，如能相互配合並予落實，對消弭兒童及青少年問題，以及增進未來主人翁之福祉，應該是有相當助益的。

第十章

親職教育活動之規劃

第一節
我國學校親職教育之發展方向

一、家長接受親職基礎教育

民國八十三年六月，我國為針對未來社會發展可能帶來的新情勢，以迎接新世紀的來臨，乃有第七次全國教育會議之召開。這次會議主題是「推動多元教育、提昇教育品質」，希望藉此以開創美好的教育遠景（教育部，民 83）。在此次全國教育會議之後，教育部（民 84a）接著又發表《中華民國教育報告書》。在第七次全國教育會議中，不祇有「學校應加強親職教育，並提供學生家長輔導子女之研習機會，以強化家庭教育之功能，使與學校教育密切配合」之結論（教育部，民 83，237 頁），在教育部（民 84a）發表的《中華民國教育報告書》更有國民中小學學生父母應普遍接受親職基礎教育之政策性宣示。

在教育部的教育報告書中指出，我國目前中小學雖採用諸如教學參觀日、親師座談、親師專題講座、父母成長團體等多元的方法以實施親職教育，惟就其整體成果觀之，仍存在下列的困難：

1. 實際參與親職教育之家長的比例約僅有三分之一。最需要參與親職教育活動之家長多數未能參與，而學校所提供的親職教育活動資源，僅為少數關心子女教育之中上階層父母所用，並未完全普及。

2. 學校所提供之親職教育活動多較零散，而欠缺整體規劃，且各校親職教育內容差異甚大。

3. 各級教育行政機關對各級學校親職教育之實施，尚有待進一步策劃督導，以確實發揮親職教育的績效。

針對前述的問題，教育部為落實親職教育的實施，即有推動國民中小學學生父母親職基礎教育之政策。此一親職教育之作法，係運用國小、國中新生報到當天就開始實施，再輔以必要的配合措施，期能逐步落實推廣，而於西元二千年達成「國民中小學學生父母普遍接受親職基礎教育」之指標。教育部指出此一親職教育實施模式之概要如下：

1. 國民中小學新生報到之日期，應訂在家長最有可能親自帶子女報到之時日。

2. 新生報到當天在辦妥報到後，將學生與父母分開。學生接受二至三小時之始業輔導，父母則接受兩小時之親職基礎教育。

3. 由教育部編印《親職基礎教育手冊》，以作為親職基礎教育實施之依據。此外，並發給家長教育子女之手冊，以供教養子女之參考。

4. 新生報到日未能完成「親職基礎教育」之父母，由學校安排在開學日前提供一至二次的機會，以補足「親職基礎教育」之程序。

5.「親職基礎教育」實施時，由學校教師引導學生父母，承諾繼續接受「親職教育」之約定，鼓勵家長貫徹執行，以善盡其教養子女之權責。

6. 教育部將長期編印親職教育期刊、輔導手冊，及必要之補充教材、資料，以提供學校參考運用，而確保各校親職教育之持續落實執行。

二、鼓勵家長參與特殊子女教育

在第七次全國教育會議之後，教育部於民國八十四年五月三十日至六月一日，又有全國身心障礙教育會議之召開。在會議主題「充分就學、適性發展、開創特殊教育新紀元」之下，「身心障礙學生家長參與」也被列為會議議題之一，並在會議中獲致許多有價值的結論（教育部，民 84b）。這些結論似又適時反應於教育部（民 84）所發表的《中華民國身心障礙教育報告書》上。在此一《身心障礙教育報告書》中，教育部又作了鼓勵家長參與特殊子女教育之政策性宣示。

在鼓勵家長參與特殊子女教育之政策下，教育部也在《身心障礙教育報告書》中指出應從立法保障、參與制度及需求評量三方面的措施去落實家長參與特殊子女教育的政策。茲將這三方面的措施分別介紹說明於後。

㈠研訂法令以建立家長參與之法定地位

家長有參與特殊兒童教育的權利與義務之概念，目前已在學者專家、教師、家長、教育行政人員及其他關心特殊教育的人士之間建立共識。惟是項家長參與的權利與義務，目前似欠缺有力與完整的法令依據；因而家長的參與不是徒托空言，就是流於一時的善意，很難落實為有系統的參與行動。職是之故，透過相關法令的研訂，使特殊兒童家長參與的權利與義務能獲得法令的保障，從而在參與的範圍與程度上，皆有規範可資依循，則家長的參與意願就比較容易落實為具體的行動了。在建立家長參與的法定地位時，下列的作法一般認為是值得加以考慮的：

1. 明訂家長在學童鑑定、安置、教學、輔導、評量等方面的權利與責任。

2. 各縣市強迫入學委員會和特殊教育學生鑑定及就學輔導委員會，應有固定比例的特殊學生家長代表參加。

3. 訂定特殊教育學生家長輔導及參與校務管理辦法。

4. 明定家長無法親自參與特殊教育相關事宜時，得檢據說明理由並委託家長代表或學者專家代行職權。

5. 學校應主動邀請家長參與擬定學生個別化教育計畫。

6. 鼓勵家長主動協助校務推展，如以志工方式提供人力支援。

㈡強化家長會組織並建立家長參與制度

為建立家長參與的管道，目前中小學已有的家長會組織似可善加運用。惟特殊學生家長透過家長會組織以參與子女教育的經驗似乎不多，因而如何強化家長會組織，並提供家長相關的參與途徑，應是增進家長參與機會的可行作法。教育部即朝此一方向，宣示將採取下列具體的措施：

1. 強化家長會組織——

⑴法令明訂設有特殊班的學校，應成立常設性的特殊班級學生家長會，並由學校主動協助家長會運作。

⑵法令明訂家長應有權利與責任參與子女個別化教育計畫之擬定。

⑶輔導成立個案數較少的家長團體跨校性組織。

⑷學校家長會應有相當比例的特殊學生家長代表名額。

⑸各校特殊學生家長會，應邀請已畢業校友家長參與，使經驗得以傳承。

2. 加強學校與家長的溝通與了解——

⑴特殊班級學生家長委員會應定期開會，實際參與協助學校相關活動，以建立良性溝通關係與管道。

⑵各校特殊學生家長委員會應協助學校共同辦理親職教育講座及親師活動。

⑶學校（或教師）與家長的溝通，亟待建立暢通管道與架構，同時賦予家長參與的權利與義務。

(4)邀請學校特殊學生家長代表出席學校家長會，加強一般學生家長與特殊學生家長彼此的互動與溝通。

(5)甄選家長修習特殊教育學分，以結合理論與實務，從而能擔任教師助理或生活輔導員。

(6)學校行政人員與一般教師應接受特教知能研習；學校並應藉相關研習及活動的辦理，以培養普通班師生對特殊學生的正確觀念與態度，從而營造有利於特殊學生學習的校園環境。

3. 建立申訴管道——

(1)鼓勵學校定期辦理親師懇談會，以提供家長與教師良性的互動與溝通管道。

(2)整合各類殘障團體，提昇特教諮詢中心功能；利用各縣市特教中心諮詢專線發揮溝通與協調角色，以處理爭議性問題。

(3)建立校內體系及主管教育行政機關體系的申訴管道，明訂其人員組織、權責、申訴程序等相關事宜，以利進行公正仲裁。

(4)加強家長申訴管道及其服務功能的宣導。

(5)配合家長申訴管道之建立，明訂特殊學生遭受不當對待之救濟辦法。

4. 擴大諮詢服務——

(1)加強親職教育研習，充實家長教養知能，以利配合學校對學生實施個別化教育。

(2)編訂特殊學生家長手冊並分發家長使用，以提供彼等所需資訊。

(3)各級政府應成立特殊教育委員會，並定期召開會議，以發揮諮詢與策劃功能。

㈢評估家長需求以發揮參與功能

家長之參與特殊子女的教育，其本身既是過程，也有可發揮的功能。因此，吾人確應透過需求評估以了解家長的需要與期望所在，方可提供符合其參與意願及滿足其參與需求的參與途徑，以發揮預期的參與功能。

第二節 親職教育活動之規劃過程

一、親職教育活動之規劃原則

在本章第一節已敘及我國學校親職教育的重要發展方向。教育部推動家長接受親職基礎教育及鼓勵家長參與特殊子女教育之措施，將逐漸營造有助於學校實施親職教育的大環境。惟學校對親職教育的實施，仍須進一步作具體的規劃，方可將親職教育由理念落實為行動。吾人在進入實際的親職教育活動規劃程序之前，筆者以為下列的規劃原則或有先行參考斟酌的價值：

㈠理論與實務並重

親職教育的實施固有其理論基礎，但亦不應與實際狀況脫節，以免令接受親職教育的家長有覺得抽象空洞之憾。因此，比較理想的作法，是在傳授家長有關子女的教養知能時，不祇應讓他們了解相關的學理依據，更應讓他們有實際應用所學的機會。換句話說，家長不祇應從聽講與討論去獲取教養子女的知能，也許更需要有作業練習與經驗分享的機會，以驗證相關的教養學理。祇有兼顧理論與實務的親職教育活動，才能讓家長學而有用，並獲得真正的成長。

㈡預防重於治療

兒童在成長的過程中偶或有暫時性的不適應情況產生，應是相當平常的。至於出現行為偏差而需加以矯治者，則應屬少數。因此，對於大多數家長而言，他們所需要的乃是有關子女行為發展與預防性的知識，對於治療概念的認知需求還是比較低的。在此所言預防重於治療，乃是比重的問題，並非只有預防而沒有治療。換句話說，在多數屬於預防性的親職教育課程之外，若家長有接受治療性課程的需求，學校在作課程規劃時仍應給予尊重與滿足。

㈢系統性的整體規劃

學校在安排親職教育活動時，宜有系統性的整體規劃。這種系統性整體規劃的作法，不祇應考慮家長所存在親職教育需求的差異性，同時在活動或課程的安排上，也須注意長短程的循序漸進性。以系統性整體規劃所發展出來的親職教育活動，絕非是偶發與零散的，而是組織良好，且能滿足家長親職教育需求的。

㈣兼顧最大參與及特殊需要

學校所規劃的親職教育活動，應讓最大多數的家長有參與的可能性，但對具有特殊親職教育需求的家長，亦應儘可能給予照顧。換句話說，吾人在規劃親職教育活動時，應有將每一位家長看成同等重要的觀念。有了「家長之所欲，常在我心」的態度，則規劃出來的親職教育活動，也就比較可能滿足家長的需求。

㈤內容宜淺顯易解

由於參與親職教育活動的家長，可能在經驗背景與教育程度上有極大的歧異性，因此吾人提供給他們的親職教育活動內容宜深入淺出、清楚易解，方有可能使最大多數的家長受益。正如心理學家布魯納（*Bruner, 1966*）所言，任何知識或概念，只要我們教學得法，照樣可以教給年幼的兒童一樣，我們要將親職教育活動的內容，讓所有家長皆能了解，應該也是可能的。

二、親職教育活動之規劃程序

確立親職教育活動之規劃原則後，接著便可進行實際的規劃過程。在親職教育活動的規劃過程中，筆者以為大致可遵循下列的程序：

㈠進行親職教育需求評估

學校實施親職教育其本質乃是對家長的一種服務，其目的乃在協助學生家長能善盡為人父母之道。不過學生家長由於教育程度、經驗背景的差異，其所需要的親職教育內容可能不盡相同。因此，學校在實施親職教育之前，確有必要對家長進行需求評估，以確實了解他們在親職教育的真正需要所在，方有可能提供彼等適切的幫助。親職教育需求評估的對象固以學生家長為主體，但亦可將教師及專家學者納入，以求評估結果的周延。因為從教師及專家學者的角度出發所提供的另類思考和意見反應，未必是家長思慮所及，但卻可能亦是彼等親職教育的需求所在。至於親職教育需求評估的方式，較常見的似有問卷調查、個別訪談、親職教育問題座談等三種途徑，茲分敘說明如下：

1. 問卷調查——

透過問卷調查的方式將可於短時間內蒐集到家長對親職教育需求的反應資料，而有助於讓學校了解他們在需求方面的大致趨勢。問卷調查的採用最需要注意的，是問卷中的文字應儘量淺顯，讓不同教育程度的家長皆能了解；同時問卷的內容亦應避免過分冗長，以致降低家長回覆的意願。

2. 個別訪談——

個別訪談的採用，一般而言是比較費時費力的方式，不過它卻可獲得問卷調查所難以蒐集到的一些較具深度的個人性資料。以個別訪談而做的需求評估，可利用教師做家庭訪問或家長到校與教師會談時俟機進行。個別訪談的運用雖不一定要將向家長徵詢的問題鉅細靡遺的列出，但若能預先準備訪談大綱，應可避免流於毫無邊際的漫談，而有助於掌握訪談的方向與主題。以個別訪談來蒐集家長的親職教育需求資料時，負責訪談的人員（如教師）在訪談過每一受訪對象後應作摘要紀錄；同時在訪談過所有受訪對象後，更須將訪談結果集合整理。如果學校實施訪談的人員在一人以上時，則只有在全部訪談結果的彙整分析後，方可真正了解全校家長的親職教育需求狀況。

3. 親職教育問題座談——

通常親職教育問題座談的運用除學校刻意安排外，常可藉舉辦家長會、家長研習會、教學參觀日等機會附帶實施。利用親職教育問題座談的機會以蒐集親職教育需求的資料時，其方便之處是家長所談論的問題，即具有反應其親職教育需求的性質。另外主持座談者如引導得法，也有可能使參加座談的家長產生良好的交流互動，除各自充分表達其需求與願望外，更可能在座談中形成某些對實施親職教育的共識，以提供學校規劃親職教育時參考。

㈡確定親職教育方向或目標

在完成前述親職教育需求評估之後，吾人將可望獲致一系列有關家長的親職教育需求或問題的敘述。這些敘述即可進一步按下列步驟將之轉化成親職教育實施的方向或目標：

1. 將需求或問題敘述逐一改寫成具體的親職教育目標。

2. 將具體的親職教育目標按其相關性區分並組合成「目標類羣」，如兒童發展知識、行為管理、親子互動關係等目標類羣。

3. 斟酌親職教育資源取得的可能性及家長需求的急迫程度，將目標類羣按其實施的優先順序加以排列。

4. 按優先順序排列的目標類羣即可用作規劃親職教育的方向或目標。

㈢了解並掌握可資運用的資源

親職教育的實施必定涉及諸多資源的動用。這些資源如人員、時間、場所、經費、設備，及相關社會資源與支持系統的投入，皆是實施親職教育所不可或缺的。親職教育所需要的資源，有的是既成的，也有可能是需要爭取而來的。對於現成的資源只要善加掌握與運用即可；對於不足的資源，學校行政與親職教育人員，也可透過適當的行政與社會網絡積極爭取內外在的支持。往往學校行政與親職教育人員爭取各種內外在支援的技巧，正可顯示其實施親職教育的能耐。常常有人覺得有錢有人好辦事，但無錢無人也照樣可辦好事，因為親職教育資源可以從無到有，往往是爭取得來的。

㈣選擇親職教育的型態

親職教育實施型態的具有多樣性，已在本書第五章作過說明與討論。親職教育實施的型態不管是團體或個別性、家庭或機構本位、開放或結構性的親職教育，其中仍可再衍生出諸多不同的設計。親職教育型態的選擇應有的考慮，筆者已在第五章討論過，在此不贅。然而，無論吾人在選擇親職教育型態所依據的考量為何，所選用的親職教育型態旨在達成親職教育的目標及滿足家長的需求，應是毋庸置疑的。

㈤研擬親職教育活動計畫

在確定親職教育目標、掌握了可資運用的資源及選擇了親職教育的實施型態後，即可著手研擬親職教育活動的實施計畫。在此一活動實施計畫中，至少應涵蓋下列的項目——

1. 教育活動計畫名稱：教育活動計畫名稱乃在彰顯某一親職教育活動的主題。此一主題名稱所反應的可能是某一「目標類彙」的內容，其名稱之用語應不限於使用專業名詞，若採用一些通俗易懂的主題名稱應該是相當討好的。常見的計畫名稱如「父母成長團體」、「親職教育座談」、「特殊教育法令簡介」、「殘障兒生涯規劃」等。

2. 教育活動目標：教育活動目標之列舉固與前述的活動主題息息相關，事實上它們也正是家長親職教育需求的反映。教育活動目標是整個活動計畫的核心，所有活動內容的設計不祇須與這些目標緊密結合，活動之後的成效評鑑，也應以這些目標作為參照的準據。因此，教育活動目標的舉列不僅應該周延，同時也必須具體清楚。

3. 參加對象：所有親職教育活動的舉辦，由於辦理目的與各種客觀條件的限制，並不見得會以全校家長為對象。家長可能是按年級、班級或某種組別分批參與，或全校家長一起參加，或參與的對象有特別的限制，皆須在活動計畫中載明，以作為和家長聯繫的依據。

4. 教育人員：參與親職教育活動的教育人員不管是主持人、引言人、授課者，或其他行政、助理人員等，皆應一一列出，並指明各自的任務為何，以作為活動辦理過程之聯繫與追踪之用。

5. 活動內容與程序：活動內容之設計主要是配合前述的「教育活動目標」而來。活動內容的安排貴在有效達成預定的教育活動目標，至於活動程序所考量的除了活動內容的邏輯性外，活動過程的效率性也是須加注意的。

6. 日期、時間與地點：親職教育活動舉辦的日期、時間與地點，一般而言應與前述的活動程序緊密結合。不過日期、時間與地點的決定，尚須考量家長的願望、主辦單位的條件，甚至教育人員的因素。因此，它們看似無足輕重，事實上卻可能會牽一髮而動全身。

7. 所需資源：辦理親職教育活動所需用到的資源，如經費、人力、場所、設備等皆應在活動計畫中，一一列明，以便能預先籌措準備。

8. 教育成效評鑑方式：親職教育活動辦理的成效如何，應藉適當的評鑑方能加以判斷。有關「親職教育活動之評鑑」，在本書第十二章將另作討論。教育成效的評鑑欲採取何種方式，須在活動計畫中敘明，以便能對有關的評鑑工具先作準備。一般而言，用問卷的方式以蒐集家長對親職教育成效的反應，似乎是比較常見的作法。惟不管採用的評鑑方式為何，評鑑的內容仍應和「教育活動目標」密切聯繫。

㈥實施親職教育活動

親職教育的實施如有周密的計畫，則按計畫循序推動辦理應可順利進行。惟為避免從計畫到行動階段可能存在的落差，以及實施過程可能出現某些「意外」狀況，因此親職教育辦理單位似應有專人負責活動計畫執行的考核、管制與應變處理工作，使親職教育能按計畫確實而有效的辦理。

㈦檢討親職教育活動成效並提出改進建議

在某一親職教育活動計畫辦理完畢，或年度所有親職教育活動結束後，學校皆應對親職教育活動的辦理成效有所檢討，並提出對未來活動的改進建議。可作為檢討親職教育活動成效之依據的，有下列的參考資料：

1. 家長對親職教育成效的反應。
2. 活動實施過程的觀察與評鑑資料。
3. 活動結束後親職教育辦理單位本身的自我檢討意見。

親職教育活動成效經過檢討後，可能會發現優點，亦難免會出現缺失。不管是優點或缺點，皆是具有價值的啓示，同時也可作為未來辦理親職教育活動的建議。

第十一章

親職教育需求與輔導

第一節 資優兒童親職教育需求與輔導

一、資優兒童親職教育需求

家有資優兒童固然給家人帶來喜悅，但也可能對某些家長造成壓力。孩子的資賦優異雖表示具有良好的發展潛能，不過也需要後天的環境去栽培，才可望成才成器。在後天的環境中，學校的教育過程對資優兒童的發展固有其影響力，但家庭所提供的成長環境、父母的教養態度，以及親子的互動關係，也莫不與資優兒童的發展息息相關。換句話說，由家長所主導的家庭環境對資優兒童的影響力，並非絕對是正面的；父母對資優兒童如有不正確的認知，相應而生的不當教養態度，以及因之而提供的成長環境，即可能對資優兒童的發展產生負面的影響。站在資優兒童親職教育的立場，了解資優兒童家長的親職問題或需求，似為對其實施適當的親職教育所必需。

艾雷、柯諾利與羅森梭（*Ehly, Conoley, & Rosenthal, 1985*）曾指出家有資優兒童的家庭經常出現的問題有下列幾方面：

1. 通常家長的育兒行為多沿襲正常兒童之教養模式，可是當資優兒童的發展有別於普通兒童時，家長即感手足無措。

2. 資優兒童可能會使得家長有不適切感。常見的是家長覺得未能提供孩子必要的情緒支持，或家長覺得未能提供孩子發展其獨特能力所需的教育資源或智能上的刺激。有時家長也會覺得孩子的能力對他們具有威脅性，以致很容易忽略或拒斥孩子的獨特性。

3. 有的家長也會因孩子資優而覺得在社經地位有所提昇，因此感到振奮。然而，如果家長對孩子的成就有不當的期待，則可能會產生問題。

4. 羅斯（*Ross, 1964*）指出資優兒童與其他家人在智力上的差異，將關係到孩子與家長發生問題的程度。另外，資優兒童在智力與社會及情緒發展上的差異，常讓孩子與家長同感壓力。

5. 資優兒童的特殊身分可能會干擾同胞手足之間的關係。常見的問題諸如家長如何給予資優孩子必要的關注，而不致引發同胞兄弟姊妹的怨憎與嫉妒；怎樣讓較年長的普通孩子不會因有年幼而成就超越兄姊的資優兒童而感到挫折與自卑；如何在家中給予所有的家人同等的關注等。

6. 有時父母之間沒有就如何對資優孩子的期待有所溝通，即可能讓孩子無所適從，且亦可能使孩子發展出「分化與征服」（*divide and conquer*）這樣的操縱技巧（*manipulative techniques*），而令父母覺得資優孩子比其他孩子還令人頭痛。

7. 資優兒童之家長經常感到疑惑而會發問的問題有下列幾項：

⑴我怎麼知道孩子是否資優？

⑵被標記為資優是否會給孩子跟同學及教師帶來問題？

⑶讓孩子被鑑定出來並與其他資優學生編在一班，是否會導致高人一等的優越感（*elitism*）？

⑷讓孩子被鑑定為資優，將會怎樣地影響同胞手足之間的關係？

⑸加速制或跳級制是否會對我的孩子造成社會與情緒發展方面不利的影響？

⑹我的孩子會因接受特殊教育而受益嗎？或者用一般傳統的課程來教他會比較好？

杞塔諾與柯比（*Kitano & Kirby, 1986*）認為家有資優兒童的父母常有一些關心事項與獨特的需求。這些需求及資優兒童之父母所表達的問題，大致有下面幾種類別：

1. 轉介與評量：在轉介與評量方面，資優兒童家長常問到的問題如下——

(1)我該將孩子轉介給誰去做測驗，以了解孩子是否為資賦優異呢？

(2)孩子在轉介後過多久會接受測驗呢？

(3)如沒人願接受轉介，我該怎麼辦？

(4)孩子會接受何種測驗？

(5)我的孩子被認定為資優的標準何在？

(6)對少數族羣的兒童有不同的資賦優異標準嗎？

(7)我該如何解釋測驗的結果呢？

(8)假設並無轉介、評量或特殊教育服務存在，我該怎麼辦？

2. 安置：資優兒童家長可能問的問題如下——

(1)對我的資優孩子有何種安置措施可提供服務？

(2)對我的孩子而言，哪一種（如有的話）是最適當的安置方式？

(3)如我不同意學校對孩子的安置安排，我還有什麼選擇？

(4)誰才是孩子最好的教師？

(5)採加速制安置的資優孩子，他們的社會適應會怎樣？

(6)在社區中對資優兒童有何種服務存在？

3. 家庭的支持：資優兒童家長可能問的問題包括——

(1)在家中我如何幫助資優的孩子？

(2)為激勵孩子的動機與進步，我能做什麼事？

(3)我如何促進孩子的個人學習風格（*learning style*）？

(4)我如何處理資優少年的叛逆性？

(5)我應如何處理孩子手足間的競爭性？

(6)我該如何對孩子敏感性的提高給予指導？

(7)我的孩子需要專業的諮商嗎？

(8)我該關心孩子在閱讀與數學的表現所出現的差距嗎？

(9)我如何在對孩子提供支持的同時，又不會讓他有覺得特殊或高人一等的觀念？

4. 家長的貢獻：家長會問到的問題如——

(1)在孩子的教育方案中我能幫什麼忙？

(2)我怎樣參與孩子的教育方案呢？

蕭爾、柯奈爾、賴濱森與伍德（*Shore, Cornell, Robinson, & Ward, 1991*）曾從一百本與資優教育有關的書籍，提出一系列資優教育的實施之建議，其中對資優兒童家長建議的部分，似可看出這些家長可能的問題與需求所在。這些問題與需求值得注意的，似可歸納為下列幾方面：

1. 資優兒童的家長有可能在家庭關係與教育問題上備感壓力，同時對於要在孩子身上花費多少時間、金錢與其他資源也感到左右為難。

2. 有些資優兒童的家長常被有關資賦優異的刻板印象與錯誤觀念所困擾；這些刻板印象與錯誤觀念的存在，也使得資優學生深受其害，而成為教育上最受忽視的少數族羣。

3. 知道孩子是資優，對父母而言具有極深刻的意義，也可能引發其許多個人的感受與反應。有的父母會以孩子的資優為榮，親子間因而形成特別親密的依附關係；有的父母會因孩子的資優而深感焦慮，不知如何是好；有些家長也會因未能提供孩子所需的教育機會，或對資優孩子比其他孩子給予更多的關注，而深有罪感；甚至有少數家長對孩子的特殊能力，有嫉妒、怨恨或不知不覺的敵對反應。家長的各種不同的個人感受與反應，皆會影響其與資優孩子的互動關係。

4. 有些家長過分強調發展孩子的「資優性」，可能會帶來負面的結果。這類家長往往企圖承擔資優孩子所有的教育責任，他們可能會鉅細靡遺地安排孩子的教育活動，且全心投入。孩子在父母高度期待的壓力下，即可能產生諸如叛逆行為、表現焦慮、神經質的完美主義之類的情緒衝突與緊張的反應。

5. 家長過分強調資優孩子的智育表現，往往會造成孩子在情意與動作發展的失衡。因為認知能力的高度發展，並無法保證在情意方面也可能有並駕齊驅的表現（*Clark, 1992*）。其結果便是有些資優孩子的學業成就表現卓越，但在應對進退、社會判斷與成熟度方面，卻可能發生問題。

6. 資優兒童的家長應留意孩子同胞手足間可能的適應問題。由於孩子之間往往會有相互比較的情形，要是在家庭中有抬高某一個孩子地位的事情發生，即可能會激發其他手足有受到傷害的感受。因此，家長需要注意孩子手足間諸如沮喪、退縮、嫉妒、憤怒等反應所顯示的適應問題。

從前述資優兒童的家長所可能出現的問題綜合而觀，吾人似大略可歸納出下列的資優兒童親職教育需求：

1. 資優兒童的教養知能：

(1)教養態度。

(2)教養方式。

(3)對資優孩子的期望。

2. 處理家庭關係的知能：

(1)父母與資優兒童的互動關係。

(2)資優孩子與手足間的互動關係。

(3)父母間對資優孩子教育問題的溝通。

3. 資優概念的正確認識：

(1)資優的特質。

(2)資優孩子的發展需求。

4. 資優教育之認識：

(1)資優兒童的評量。

(2)資優兒童的教育安置。

(3)資優教育的資源。

(4)資優兒童的教學策略。

5. 參與資優教育的知能：

(1)家庭的支持。

(2)資優教育方案之參與。

(3)資優教育的護持。

二、資優兒童親職教育與輔導

了解資優兒童親職教育需求之大致方向後，接著吾人需要進一步考慮的應是如何透過親職教育與輔導的途徑，以滿足資優兒童家長可能的親職教育與輔導的需求。為期資優兒童親職教育與輔導的有效實施，筆者以為或可從凝聚親職教育與輔導人員對資優兒童的共識、確立親職教育與輔導的目標，以及提供家長適當的教養知能這幾方面去努力，玆分別敘明於後。

(一)凝聚親職教育與輔導人員對資優兒童的共識

親職教育與輔導人員對資優兒童的觀點如何，將可能影響其對家長的親職教育與輔導取向。為避免親職教育與輔導人員彼此之間在對資優兒童看法的南轅北轍，以致對家長的教育與輔導的各行其道，因此他們亟需形成下列的共識（*Laycock, 1956*）：

1. 資優兒童也一樣是兒童。他們在發展過程中跟其他孩子一樣也可能出現情緒、社會、生理等方面的問題，只不過他們在智力的成長或特殊才能方面比較特別而已。

2. 資優兒童是某一家庭、社區與文化中的一個獨特的個體。吾人對資優兒童不可抱有刻板印象。每一個資優兒童皆是獨特的，包括他們的特質及其與環境的互動情形在內。

3. 資優兒童跟所有兒童一樣也需要四類的教師：家庭教師、玩伴教師、學校教師與社區教師。資優兒童如要有較好的發展，這些不同類別的教師，特別是家庭、學校與社區教師之間，需要密切的合作。

㈡確立親職教育與輔導的目標

資優兒童親職教育與輔導的實施，固以協助家長善盡父母職分為目的，但如能先確立教育與輔導的目標，應對此一服務方案的提供具有指引的作用。資優兒童親職教育與輔導的目標，基本上應須充分反應家長的親職教育需求。除此之外，尚可將下列目標涵蓋進去：

1. 提供家長與教師公開溝通的機會。讓家長經由此一溝通管道能對資優的概念獲得正確的認知，且如本身遭遇教養的難題也可獲得適當的協助與支持。

2. 根據孩子的個別需要以確立學校與家長彼此皆能接受的教育長短期目標。

3. 提供家長資優教育的相關資訊，如資優的定義與鑑定、資優教育措施、家長的權利與責任、家長的角色等，藉此以增進家長對資優教育的認知，從而提高彼等對學校資優教育的配合度。

4. 鼓勵家長實際參與孩子的資優教育方案，以共同為資優兒童的發展而努力。

㈢提供家長適當的教養知能

一般而言，資優兒童親職教育的內涵，應以滿足家長的親職教育需求為主要的考慮。然在資優兒童家長的教育與輔導需求中，實以教養知能的獲取為其核心所在。由於父母對子女表現適當的教養態度將有助於資優兒童潛能的發展、健全人格的養成及適應能力的增進；偏差的教養態度，卻容易使兒童產生行為上的問題；而父母是否參與親職教育活動與其教養態度的改變有關（*Mathews, 1981*）。緣於家長教養態度對資優兒童發展的重要性，陳英豪、何華國與李芃娟（民

80）綜合資優教育有關文獻，指出在啓發資優兒童的智能方面，為人父母者應：

1. 提供豐富的資訊與文化刺激。

2. 技巧地處理兒童的發問問題。

3. 引導兒童培養與維持興趣。

4. 教導兒童如何做決定。

5. 教導兒童學習方法，並提供充分的學習工具。

6. 給予兒童彈性的自主空間及選擇的自由。

7. 提供兒童發揮想像力及創造力的機會。

而在培養資優兒童健全人格與社會適應方面，為人父母者則應：

1. 時常撥出時間陪伴孩子，並傾聽孩子的心聲。

2. 給予適當的讚美與鼓勵。

3. 公平對待每一子女，並鼓勵手足間的互愛與互敬。

4. 父母以身作則。

5. 尊重與信任孩子。

6. 培養孩子的責任感。

7. 鼓勵孩子參與各種活動。

8. 引導孩子對疾病、死亡、性、金錢等成人世界之問題有適當的認知。

9. 培養孩子的道德判斷力。

10. 培養孩子的愛心。

11. 教導孩子如何面對失敗。

此外，郭萬（Gowan, 1964）曾提出二十五項建議，供家長協助其資優子女之用。這二十五項原則，事實上，亦可作為親職教育與輔導人員在提供資優兒童家長教養知能之參考。茲將這二十五項原則分列如下：

1. 他們還只是孩子。他們需要愛，但也要節制；需要關注，但也要遵守紀律；需要家長的協助，但也要訓練他們能自立與負責。

2. 父母之間價值觀念的一致，對孩子的發展是重要的；彼此之間的看法不應差距太大。

3. 孩子還小時，父母即應協助孩子，能自己做的事、要學會自己做。

4. 孩子小的時候，即應由父母讀故事書給孩子聽，多鼓勵口語表達、閱讀，在孩子面前討論問題，並多運用詩歌與音樂之類的教材。

5. 維持家庭歡樂與健康的氣氛，避免因婚姻離異而造成家庭生活的破散，對資優與其他兒童的教養是十分重要的。

6. 資優的孩子常對成人在性、死亡、疾病、錢財、戰爭等方面的問題僅有一些朦朧的觀念，而本身又由於缺乏經驗，無力解決這些問題，因此他們很需要在這些方面得到幫助。

7. 孩子在六歲之後應有機會跟他一樣是資優的玩伴一起遊戲或工作，家長應注意到這種需要，並作適當的安排。

8. 優良的圖書、雜誌、收藏等對孩子在家中的學習十分重要。

9. 父母應帶孩子去參觀博物館、藝廊、教育機構或名勝古蹟，以增進孩子的學習廣度。

10. 父母不可挫折孩子的好問行為。回答孩子的問題不一定要很完全，但可伺機引導他們作更深入的思考。

11. 父母應避免催迫孩子讀書，或在別人面前對孩子過分顯揚；但父母卻可透過如閱讀、休閒、旅行、藝術活動等經驗去激勵與擴展孩子的心靈世界。

12. 資優兒童往往興趣廣泛，但卻無法對某一興趣領域長期專注。父母該鼓勵孩子對有興趣的事物之學習應持之以恆，並追求卓越的表現。

13. 父母應避免對孩子的幻想、不尋常的問題、獨創的看法等，有認為是不好、異常或不應加以鼓勵的態度表示。不要嘲笑孩子，應與孩子一起歡笑，並培養他的幽默感。

14. 父母應避免對孩子的生活作過分的限制，以致他沒有任何自由的時間。雖然他不該整天看電視或漫畫，但也不應被要求整天都在啃書。

15.尊重孩子以及他的知識。孩子的看法有時常比父母來得有見地。不要濫用父母的權威，除非是面臨危機。給孩子更多自由去處理不太重要的問題。只給孩子原則性的指導即可，有關做事的細節讓孩子自己去想辦法。

16.資優兒童有時會對傳統的慣例，如開車靠右邊走、禮節、習俗、對他人的問候等感到不耐。應與孩子坦誠溝通慣例的重要所在。

17.如孩子犯錯應隨時與他說清楚。他比起許多其他的孩子更能服從合理的論點，且也更具有責任感。

18.對孩子所擅長的能力給予特別的教導。讓他參加某些特別的研究社團、自己單獨旅行、訪友，或與某些他感興趣的權威人士交談。

19.努力改善孩子對大眾傳播、電視、廣播、電影、報紙、藝術、漫畫、閱讀等的欣賞品味；並與他討論這方面的欣賞問題，且給他有機會去接觸較新潮的前衛藝術。

20.留出時間與孩子相處，聽聽他想說的，並與他討論問題。

21.父母自己要做個好榜樣，並讓孩子知道包括兩性在內的其他有價值的成人典範。

22.支持學校對資優教育所做的努力，並與其他家長共同合作以促進資優教育的發展。

23.了解社會上為其他資優兒童而提供的特殊教育方案，並對這些教育方案提供必要的協助。

24.促進社會大眾了解、欣賞資優兒童在社會的角色，以及社會對資優教育方案規劃的重要性。

25.支持社區對資優兒童教育所採取的行動，如發行公債、教育捐等。並護持更多的資優特殊教育與輔導方案。

第二節 智能不足兒童親職教育需求與輔導

一、智能不足兒童親職教育需求

家有智能不足對其父母或其他家庭成員而言，皆是相當大的衝擊。智能不足兒童的父母更是首當其衝，而成為大部分壓力的承受者。吾人如欲從教育的立場以對智障者的父母提供協助，實有賴確切掌握彼等的親職教育需求。由於智能不足的問題對家庭的影響，往往是多面向且具延展性的，因此吾人亦亟需從家庭系統的觀點來了解智障對家庭的衝擊、父母的可能反應、智能不足者及其同胞手足的需要，以便對家長的親職教育需求能提供具體的線索。

就智能不足對家庭的影響而言，最常被提及者似有下列幾方面（*Gearheart & Litton, 1979; Robinson & Robinson, 1976*）：

1. 家庭統整功能（*family integration*）的弱化：對父母婚姻統整功能的影響中，來自男性智障的衝擊似又比女性智障者為多；而這種衝擊似以在較低社會階層的家庭最為常見。

2. 額外支出的負擔：智障者在教養、醫療等方面費用的需求，常是家庭極大的負擔。

3. 家庭活動的受限：智障孩子需要較多的照顧，或家長憚於正常的社會性接觸，皆可能使智障者家人的活動空間相對緊縮。

4. 經常需要照顧與監督：由於智能不足者本身自制力的不足，幾乎需要比正常孩子更多的照顧與監督，以避免意外狀況的發生。也正因為這樣，即可能令為人父母者心力交瘁。

5. 父母的過度保護：由於智障孩子自我照顧能力不足、父母缺乏耐性或本身因孩子的困惱而導致的自我防衛作用，往往使某些父母對智障孩子有過度保護的現象。

6. 對正常同胞手足的影響：目前已有的研究顯示，智障的出現對家中正常同胞手足的影響並不全然是負面的，且多半這些影響是父母對智障的態度與價值觀之反映。

就父母對出現智障孩子的反應來說，最典型的過程是父母在初起時，可能會「覺察」到孩子在成長與發展上似有某些問題，其次是「承認」基本的問題是智能不足，接著便是去「尋求」智能不足的原因，以及尋求「治療」的途徑，最後才終於「接納」孩子（*Rosen, 1955*）。在此一過程中，智障者的父母可能出現的反應，如否認、怪罪、恐懼、罪惡感、悲傷、退縮、排斥、接納等，可謂不一而足。智障者父母在面對智障孩子時的心路歷程，亦正是最需要獲得協助的調適過程。

另外，就智能不足者的需求而言，他們若與非智障的同儕相較，其相同者實遠比不同者為多。這些相同的需求最明顯的，厥為他們一樣有受到尊重、接納，以及從學習與成長中去獲得獨立、自我價值感的需要。除了與正常人共通的心理需要外，智障者由於其本身身心狀況的特殊，也許尚有其他獨特的醫療、教育、社會福利、職業輔導等方面的需求。智障者只有在其需求能獲致合理的滿足，他們方有可能得到適當的成長與發展。為滿足智障孩子的需求，對多數為人父母者而言，無疑是一種壓力，也有賴彼等極大的努力。

至於智能不足者的同胞手足之需求，也是為人父母者可能需要面對的。智障者的同胞手足除了具有一般人共通的心理需求外，事實上智障兄弟姊妹的出現對他們而言，也是相當大的衝擊；最明顯的莫若有些人也可能需要去承擔照顧智障手足的責任。如果智障者的同胞手足又得不到父母的關注，則出現怨憎、罪惡感、恐懼、羞怯、不安等的反應，似不足為奇。此外，智障者的同胞手足對「智障」的問題亦有知的需要；且與其同儕的交往互動，有可能因家有智障兄弟姊妹而備感困窘與壓力。凡此種種問題與需求，多少也會轉嫁到智障者的父母身上。

從前述智障對家庭的衝擊、父母的可能反應、智能不足者及其同胞手足的需求來看，吾人似可發現智障者可能會給其家庭系統帶來下列主觀與客觀的負擔（*Marsh, 1992*）：

㈠主觀的負擔（subjective burden）

這是因家有智障而產生的情緒反應，如拒絕、驚嚇、憤怒、悲傷、罪惡感、困窘、沮喪、退縮、情感矛盾、幻滅、恐懼等。而這些情緒反應可能具有發展性而與時俱變，其失落與悲傷是長期的，且有多方面的因素會影響到家人的經驗感受。

㈡客觀的負擔（objective burden）

此乃指與智障有關的問題包括功能與活動上之限制、健康問題、行為偏異、生育限制與求生問題。這些問題可能影響家庭關係、財務、社交與休閒生活，以及家庭功能。此外，客觀的負擔尚可包括：

1. 與智障相關的問題。
2. 家庭功能的分裂。
3. 受標記的創傷。
4. 安置的決定。
5. 提供服務支援的困難。

由家有智障對家庭系統所造成的衝擊與負擔來看，身為家庭功能掌舵者的父母，一方面固然面臨極大的調適壓力，另方面也可能須承受實際重建家庭功能的責任。從教育協助的立場綜合而觀，吾人可以發現智能不足兒童的父母所需要的親職教育，似大致顯現出下列的面向：

(一)資訊方面

1. 智能不足問題：

(1)智能不足的特質。

(2)智能不足的成因。

(3)智能不足的處遇。

(4)智能不足的預防。

2. 教養知能：

(1)教養態度。

(2)學習輔導。

(3)生活輔導。

(4)行為輔導。

3. 啓智教育服務：

(1)智能不足的鑑定與評量。

(2)智能不足者的安置選擇。

(3)個別化教育。

(4)相關服務措施。

4. 支援服務系統：

(1)財務支援。

(2)紓解性照顧（*respite care*）。

(3)專業團體。

(4)家長團體。

(5)社會服務團體。

5. 未來規劃：

(1)就業輔導。

(2)住宿安排。

(3)信託（*trust*）設立。

㈡溝通方面

1. 自我的了解：

(1)親子間的互動。

(2)父母間的互動。

2. 精神支持：

(1)對父母的支持。

(2)對同胞手足的支持。

3. 感受分享：

(1)親子間感受分享。

(2)手足間感受分享。

(3)父母間感受分享。

二、智能不足兒童親職教育與輔導

由於智能不足者的父母可能具有獨特的親職教育需求，吾人在對這些父母實施親職教育與輔導時，亦應針對其可能的需求，以提供必要的協助。智能不足兒童親職教育與輔導的實施，除了在教育與輔導內容應反應家長的需求外，尚須對教育與輔導的層次與方式上有所考量，方能真正達到對彼等協助的適當與有效性。玆將智能不足兒童親職教育與輔導的層次與方式分敘如後。

(一)親職教育與輔導的層次

一般而言，父母在面臨家有智障的情況下，可能會先後出現下列三種危機（*Wolfensberger, 1967; Menolascino, 1968*）：

1. 突然震憾的危機（*novelty shock crisis*）：因生出智障兒，使父母對孩子的期望為之破滅。

2. 個人價值的危機（*crisis of personal values*）：父母因智障者的身心特質不為其價值觀所接受而產生的反應。

3. 現實的危機（*reality crisis*）：因智障者每天的教養問題使其父母深感困惱。

處於不同危機階段的智障者的父母所需要的教育與輔導是不太一樣的。例如，在突然震撼的危機中的父母，需要的是足夠的資訊與支持；處於價值危機的父母，可能需要較多的諮商或心理治療；至於面臨現實危機的父母所需要的，乃是有關實際照顧智障孩子方面的幫助。換句話說，智障者的父母因其問題性質的不同，所需要的親職教育與輔導的層次亦可能有別。這種親職教育與輔導的層次，也可能從智能不足兒童的父母因所承受的主觀與客觀的負擔，以致在教育與輔導的對應策略上有所分野看得出來。玆將對智障者父母這兩類負擔的教育與輔導策略，分述如下。

1. 對主觀問題的教育與輔導：其可採行的策略如下。

(1)提供發抒感受的機會。

(2)表示同理心與提供支持。

(3)讓智障者父母知道彼等的感受，別的家庭也經驗過。

(4)提供別的家庭成功與滿意的經驗。

(5)如有必要可轉介至現有的支持性團體（如家長團體），以提供繼續的協助。

(6)對情緒過度悲傷或沮喪的個案，也可考慮轉介至心理治療的單位去接受幫助。

2. 對客觀問題的教育與輔導：可斟酌採用的策略如下。

(1)提供必要的資訊與支援。

(2)經由家庭成員需求的滿足，以協助強化家庭系統的功能。

(3)協助有效面對建設性的改變。

(4)經由有效的溝通以減少專業人員與家長之間的衝突與誤解。

(5)協助獲得個人獨立與家庭相依關係間的平衡。

(6)協助家長能以他們自己的努力去教養所有子女。

(7)協助處理與智障有關及其他諸如家庭功能弱化、標記的影響、安置的困難、服務資源的取得等問題。

(8)強調家有智障可能出現的利益與機會，並強調家庭的力量與價值，且鼓勵家長及其他家庭成員積極參與智障孩子的教育與服務工作。

(二)親職教育與輔導的方式

親職教育與輔導依據家長的問題與需求的不同，有些是可以採取團體方式，以進行資訊的傳播與經驗的分享的，不過有時因為家長的問題與需求的獨特性，就非得採取個別會談或諮商的方式不可。因此，吾人在安排智障者家長的親職教育與輔導活動時，對於實施的方式的確須要加以斟酌，並作準確的拿捏。大凡親職教育與輔導的內容越具有可公開性的，越適合以團體的方式加以實施；要是內容除了具有可公開性外，尚強調家長經驗的分享性的，則宜適度限制家長參與的人數，以方便家長間的互動與溝通。親職教育與輔導的團體活動，若越強調其成員的互動與溝通，則活動的主持者，越需要具備帶領團體與催化成員互動和分享的技巧。

如果親職教育與輔導的內容是具有個別或特殊性的，就應以個別的方式加以實施。個別的親職教育與輔導，最常見的厥為教師與家長間的會談（*conference*），以及輔導人員對家長所實施的諮商（*counseling*）。其中諮商在家長問題與需求的涉入程度上要比一般所謂的會談為高。因此從事智障者家長諮商的輔導人員特別需要具備下列的條件（*Wolfensberger, 1967*）：

1. 具備與智障有關之醫療、社會福利、教育、復健與行為發展等方面廣博的知識。

2. 了解與智障有關之機構、服務、閱讀資料、家庭管理等方面的資源。

3. 經由訓練而具有諮商的理論與技術之專長。

4. 具有智障領域的臨床工作經驗。

5. 對智障不會有刻板的印象。

6. 對智障、殘障者及其父母具有真誠而積極的態度。

7. 支持現行以社區為中心的處遇方式。

8. 對智障者家庭的現實需求具有敏銳的感受。

9. 即使犧牲了個人的方便，也願意以超乎傳統的作法來協助智障者的父母。

10. 具有高度的耐心。

輔導人員在對智障者家長提供諮商服務時所扮演的角色，大致有下列五方面（*Robinson & Robinson, 1976*）：

1. 重建父母對智障孩子的信心。

2. 教導父母適當的教養知能（如行爲改變技術即是）。

3. 指導家長利用適當的社區服務資源。

4. 鼓勵家長接觸有關的家長團體。

5. 安撫家長對智障孩子未來的諸多問題不必急著做決定。

至於輔導人員對智障者家長的諮商，不管其所根據的理論派別為何（如心理分析、行爲學派等），下列的原則似可通用於智障者家長的諮商（*Ehlers, Krishef, & Prothero, 1977*）：

1. 智障者父母應一起參與：為促進智障者父母間的溝通，以及避免對孩子的行為有不同的觀察角度，雙親一起參與諮商過程是必要的。

2. 提供支持與了解：父母在面對孩子的智障問題時，特別需要有人了解與支持。

3. 強調回應（*feedback*）的重要性：在諮商過程中應鼓勵家長發表感受並作回應。

4. 對所需要的社區服務提供必要的建議：即依據家長或其智障孩子的需求，以提供服務資源運用之建議。

5. 了解智障孩子的狀況：蒐集並研究智障孩子的鑑定與評量資料、學校的學習紀錄、醫療報告等對有效的諮商是重要的。

6. 對智障孩子未來的預斷（*prognosis*）應以正確的評量結果為依據：對孩子未來的預斷所根據的資料不僅應完全、有效與正確，且也應小心為之。除了陳述孩子的弱點外，也應強調其優勢所在。輔導人員須避免令家長有虛假的希望或期待；資訊的提供應以坦白與誠實為上。同時孩子年紀越小，吾人在作預斷時更需格外小心。

7. 提供家長能了解的書面回應資料：以書面的方式描述智障孩子的問題與狀況，將有助於減少輔導人員與家長間誤解的發生。在書面的回應資料中，籠統難解的字眼應該加以避免。

8. 保持客觀性：為維持輔導人員的觀點及其與家長關係的客觀性，應避免在個人的情感上有不當的涉入。

9. 維護諮商關係：對智障者家長的協助，應避免有同時多個機構提供諮商服務的情形，以免造成家長的混淆與挫折。

如果前述這九個原則能有效地遵循，則吾人對智障者家長諮商成功的機會將可大大的提高。

就目前國內智能不足兒童親職教育與輔導的方式而言，似以個別的親師會談以及團體的座談與演講方式居多。至於個別或團體的諮商似不多見。其原因可能與專業親職教育與輔導人員的缺乏有關。吾人如欲真正滿足智障者家長的親職教育需求，則應在親職教育與輔導的方式上，讓家長有變通選擇的機會。然而，親職教育與輔導方式的能有變通選擇，事實上又以這方面專業人力的充實為其前提。職是之故，我國今後啓智教育的發展，除了強化啓智教育教師的培訓外，如何又能兼顧啓智親職教育與輔導人力的養成，實為一值得思索的課題。

第三節 視覺障礙兒童親職教育需求與輔導

一、視覺障礙兒童親職教育需求

家庭中出現視覺障礙孩子對父母及其他家人而言，是一種刻骨銘心的衝擊。為人父母者對出現視障兒的反應，跟出現其他障礙狀況一樣，有著相似的心路歷程。這種歷程仍是從最初的難以置信到最終的坦然接納之一條漫漫煎熬與調適之路。視障兒對家庭的影響與其他殘障狀況有其類似之處，但由於視障的程度有盲與弱視之分，出現時間有先天與後天之別，且父母本身亦有是否為視障的差異，因此視障兒對家庭的衝擊也有可能因視障程度、出現時間，以及父母視力狀況的不同而有所出入。

一般而言，眼盲對兒童發展的影響要比弱視為大，先天視障又比後天視障對兒童的學習有更不利的影響。兒童的視障程度與出現時間的因素，不祇對兒童的發展有著直接的影響，它們也會間接對父母與其他家人造成不同的衝擊。至於父母因視力狀況的不同對出現視障兒反應的差異情形，似可由何世芸（民 82）下列的描述見其端倪：

1. 父母均是正常眼明者，有可能出現的情況如下：

(1)將視障孩子送到啓明學校後，即很少見其再探望孩子。此種父母的拒絕心態，致使孩子產生不安全感。

(2)父母表面看來十分重視孩子的生活起居，但相對地也對學校要求嚴苛。這類家長不過藉愛之名，行摒棄之實；藉苛求他人，以減輕自己承受的壓力；其心態仍處於拒絕階段。這類孩子長大後，會較自私，不肯輕易認錯。

(3)凡事不讓孩子參與，常以贖罪的心態去照顧孩子。父母的過度保護常使孩子心高氣傲，然卻又處處依賴他人。

(4)對視障兒若有一絲特別傑出的表現，即視為不得了的行徑，然對其他方面卻視而不見。這類父母的不當期待，會導致孩子失去平衡的學習與發展的機會；孩子不過成為父母手中的傀儡玩物而已，並無法把握住自己的定位與方向。

(5)接受孩子視障的殘酷事實。父母能接納孩子並教育他；且讓孩子儘量過正常的生活。由於父母的接納，孩子會更清楚自己的優缺點，也更能坦然去面對環境的挑戰。

2. 父母全盲（或弱視）者：這類孩子較易接受自己是視障的事實。不過由於父母也同是視障的緣故，因此盲動作與盲表情常會不知不覺表現出來。此外，父母所交往的對象可能以視障者為多，孩子的就業方向很容易受到傳統視障者就業職類（如按摩）的影響。

3. 父母一盲一眼明者：這類父母得知孩子是視障所受到的衝擊雖不若父母雙方均眼明者，但仍難掩抱憾之情。

父母因本身視力狀況的不同，或許在面對家有視障兒的衝擊時，可能會有形形色色的反應。這些反應所顯示的教養態度，對視障兒的成長與發展似會有不同程度的影響。父母在面對家有視障兒所表現的態度不管是拒絕、過度保護、不當期待、認命或接納，莫不反應彼等是有些待解的問題或需要存在。視障者父母的這些待解問題或需要，有些是出自心理壓力所產生的適應困難，但也有的是由於對孩子視障所衍生的問題之無知與無助所造成的。因此，吾人如欲以教育的手段對視障兒童的父母提供必要的幫助，則他們的這些問題與需要，也正可以轉化成彼等的親職教育需求。為人父母者面對家有視障的衝擊所可能引發的親職教育需求，就性質而言，大致可分成心理建設和視障教育與服務相關知能兩大類，玆分敘如後。

1. 心理建設需求：視障者父母的心理建設需求可能會涉及下列之內涵。

(1)獲得精神的支持。

(2)了解自我的教養態度。

(3)教養態度的改變。

(4)父母間對教養態度之溝通。

(5)促進親子間良性互動關係。

(6)促進手足間良性互動關係。

2. 視障教育與服務相關知能的需求：其重要內容如下。

(1)了解視障的特質與問題。

(2)了解視力保健要領。

(3)了解日常生活技能訓練要領。

(4)了解定向與行動指導要領。

(5)了解學習輔導的要領。

(6)了解視障輔助器具之使用。

(7)了解視障教育與服務資源。

(8)了解視障教育與職業安置機會。

(9)了解家長團體的參與及運用。

(10)了解相關支持性團體之性質與運用。

二、視覺障礙兒童親職教育與輔導

對於視障者父母的親職教育與輔導，基本上應以先了解彼等的確切需求為前提。此外，視障兒童在殘障人口中係屬少數羣體，因此吾人在親職教育與輔導的方式上，也有必要保持更大的彈性。以下將特別就視障兒童親職教育與輔導應注意的需求評量，及教育與輔導方式的運用再予闡明。

(一)親職教育與輔導需求評量

對視障兒童親職教育與輔導需求之評量最簡便的方法，厥為先儘量列舉家長可能的教育與輔導需求，再針對個別家長的情形逐一加以檢核，即可大致掌握準備作為教育與輔導對象的家長之需求狀況。然而，視障兒童親職教育與輔導雖係以家長為對象，不過其中所牽涉的問題或需求層面，並不以家長本身為限，其他家人在面對家有視障的調適狀況，也常是為人父母者同樣需要加以關注的；當然這種關注也可能轉化成其教育與輔導的需求。馬卡賓與飛格雷（*McCubbin & Figley, 1983*）曾指出對壓力適應良好的家庭，其有別於適應不良者，會表現出下列十一種特徵：

1. 坦然接受問題並欲加解決：換句話說，家庭成員不排斥問題，並認為有責任去解決問題。

2. 問題是以家庭為中心的：此即將問題視為對整個家庭的挑戰，並非單屬某一家庭成員的壓力。

3. 解決問題取向的處理方式：適應良好的家庭在察覺危機的根源後，會迅速動員有關的資源去解決面臨的問題。

4. 高度寬容：在某一成員遭遇危機時，其他家庭成員能表現友善、容忍、理解與合作的態度。

5. 明白與直接的表示承諾與關愛：此即家庭成員在面對壓力時，仍能彼此表示關心與互助的意願。

6. 公開與有效的溝通：適應良好的家庭成員不祇能在廣泛的話題上有效的溝通，且產生的互動效果也具有高品質。

7.高度的凝聚力：此即在家庭成員相聚時彼此會感到喜樂，可是有人不在時卻又感到思念。有高度凝聚力的家庭就不會有相互遺棄的情事發生。

8.家庭成員角色的靈活性：每一家庭成員所扮演的角色多少，並非是固定不變的。在適應良好的家庭中，成員角色是可以取替與分享的，因此當某一成員無法扮演某一角色時，其他成員即可迅速接替。

9.資源的有效率使用：此即適應良好的家庭能輕易地運用本身及外在的資源。

10.免於暴力：由於每一家庭成員皆可自由表達其需求與感受，因此適應良好的家庭，並不需要訴諸肢體暴力去解決紛爭。

11.罕見濫用藥物：在適應良好的家庭，其成員甚少有濫用藥物上癮的情形。

至於對壓力適應不良的家庭，則其情況就與前述者剛好相反，而可能常表現下列的特徵：

1.對壓力的拒絕與誤解。

2.問題是以某一成員為中心的。

3.將壓力怪罪到某一成員身上。

4.表現低度的容忍力。

5.缺乏或無法表達承諾。

6.溝通不良。

7.凝聚力差。

8.家庭成員角色的刻板性。

9.資源利用的效率差。

10.表現暴力行為。

11.濫用藥物。

視障者的家庭如表現前面所提的特徵屬於正面者越多，則面對壓力的適應能力越強；要是表現的負面特徵越多，則難題也越多。因此馬卡賓與飛格雷所提的這些特徵，不祇可用於預測視障者家庭在面對壓力的適應狀況，而且也可作為親職教育與輔導人員評量視障者家庭所需協助需求的參考。

(二)親職教育與輔導方式的運用

由於視障兒童的出現率較低，因此其親職教育與輔導的實施，除了學生採集中式的特殊學校（啓明學校）外，一般而言不易採取團體式的作法。目前國內盲生與眼明學生混合就讀的情形十分普遍，往往有盲生的學校其盲生人數可能只有少數一、兩位。在這樣的學校實施視障兒童親職教育與輔導，似以個別接觸或提供讀物參閱為宜。至於學生集中的啓明學校，可能只是學生集中就學，事實上家長的住處卻十分分散，因此要將家長集合以實施團體式的親職教育與輔導，的確需要付出相當的努力。在這種狀況下，學校若能以簡易通訊刊物的方式，經常與家長保持聯繫，倒不失為親職教育與輔導的另一種變通性的作法。

第四節 聽覺障礙兒童親職教育需求與輔導

一、聽覺障礙兒童親職教育需求

一般而言，為人父母者皆或多或少需要親職教育的協助。然而，聽覺障礙兒童的家長所需要的親職教育，若有異於一般兒童的家長者，或許可從聽障兒童對家庭的衝擊及其本身發展上的特殊需要去觀察。

就聽障兒童對家庭的衝擊而言，最明顯的表徵，要屬父母在最終能接納聽障孩子之前，所產生的種種悲傷反應，這些反應最常見的大致有下列幾方面（*Luterman, 1987*）：

1. 驚嚇與焦慮：通常這是父母在遭遇孩子被診斷為聽障後的初期反應。

2. 憤怒與沮喪：聽障兒童家長的憤怒常因對孩子期待之破滅而起。有許多父母不敢公開表示憤怒，久經壓抑後，則成沮喪。

3. 罪感與怨憎：有些家長知道孩子是聽障後，常有極力尋找聽障之原因的動機；家長的這種舉動多起自罪惡感，而想把聽障的原因推卸掉。同時，具有罪惡感的家長也可能會對令他們有罪惡感的聽障孩子，產生怨憎的反應。

4. 易受傷害與過度保護：孩子聽障之不幸既已發生，父母多有不願再有其他不幸發生的想法，過度保護與易受傷害即因之而起。

5. 迷惑與恐慌：家長的迷惑與恐慌常非來自所獲得的資訊太少，而是來自資訊太多、太早。家長是應該得到與孩子問題有關的資訊，但是要謹慎而慢慢地給予，以免造成家長的迷惑與恐慌。

6. 拒絕或否認：拒絕或否認係一種感覺不知所措的情形。它是一種懇求協助，且出現信心危機的現象。

前述面對家有聽障所產生的悲傷反應，尤以父母為耳聰者為最。對這些父母而言，聽障的問題並非僅是聽力喪失而已，它更是一種社會性的障礙狀況（*social-handicapping condition*），足以剝奪耳聰的家長為人父母的喜樂。一般而言，由於耳聰的父母與聾童間溝通的困難，雙方很不容易建立強固的情感聯繫。這些問題使得父母對聾童往往採取過度保護且事事控制的作法，以致限制了聽障孩子自主的發展，並導致其顯得無助或不成熟。不過值得注意的是，聾童的父母也是聽障的比率不低，許多父母也是聾人的聾童，並不見得會經驗到這些問題。由於耳聾的父母對聾與特殊專業人員的熟悉，他們即因此免於耳聽的父母必須面臨的適應失調的情況。其結果便是許多父母是聾人的聾童之心理社會的發展及家庭的互動關係，即跟許多父母是聽人的耳聽兒童之發展與家庭互動狀況相類似(*Paul & Jackson, 1993*)。由此可見，吾人在考慮聽障兒童的父母之問題與需求時，的確需要將其是否也為聽障這一因素列入。

除了對家庭的衝擊外，聽障兒童本身的障礙狀況也會衍生出許多與說話、語言發展等相關的教育與復健需求。這些需求只有在家長的鼎力支持下，方可能獲得充分的滿足。

前面曾經提及聽障兒童對家庭的衝擊，及其本身發展上的特殊需要，往往可能決定聽障兒童家長的親職教育需求。這樣的思考方向與現有的文獻或研究結果，似頗為吻合。例如，波列克(*Pollack, 1985*)曾列舉出聽覺障礙兒童親職教育之課程大綱如下：

1. 聽力損失與聽力測驗。
2. 聲音的放大。
3. 助聽器。
4. 聽力功能的發展。
5. 說話的發展。
6. 語言的發展。
7. 社會與情緒的發展。
8. 家庭與社區生活。
9. 聽障者的教育。
10. 法定權益。

柏恩史典與巴塔(*Bernstein & Barta, 1988*)也指出聽障兒童的父母所需要的親職教育，應涵蓋下列的項目：

1. 語言。
2. 溝通。
3. 說話。
4. 聽力學。

5. 助聽器。

6. 聽障教育。

7. 父母可運用的資源。

8. 聽覺障礙。

9. 聽障兒童的未來。

10. 兒童管理。

11. 正常兒童的發展。

12. 聽覺障礙對家庭的影響。

13. 聽覺障礙對兒童發展的影響。

此外，國內陳小娟（民 82）對不同就學階段聽障學生親職教育需求所作的研究，發現家長對十個親職教育項目之重視程度由高至低分別是：

1. 溝通。

2. 法律權益。

3. 常規與發展。

4. 管教與行為。

5. 語言。

6. 家庭。

7. 說話。

8. 聽力。

9. 聽障本質。

10. 社會資源。

從前述的研究文獻，吾人可以發現，目前對聽障兒童親職教育所重視的，似以和聽障兒童本身發展有關的特殊需求為主。由於這些需求基本上多屬於「認知」與「技能」的範疇，因此要滿足聽障兒童家長的這些需求，多可藉由適當資訊的提供而達成。不過為人父母者在面對家有聽障的衝擊時，他們所需要的應不祇是與聽障者的教育及復健相關的資訊而已，他們更需要獲得適當的精神支持，以積極扮演聽障子女發展的護持角色。精神支持者應屬親職教育的「情意」層面。因此，合理的聽障兒童親職教育實應兼顧家長在認知、情意與技能三個層面的需求，方能提供彼等確實有效的幫助。

二、聽覺障礙兒童親職教育與輔導

聽覺障礙兒童基本的困難所在應是他們的溝通問題。由於親子間或手足間溝通困難的存在，即可能又衍生出彼此間互動與聽障孩子的行為問題。因此如何幫助聽障孩子在溝通上的發展，就成了為人父母者的首要任務，也是彼等的親職教育最可著力之處。由於溝通技能的學得往往是日積月累、點點滴滴地發展的，因而家長的隨時激勵與支持就顯得十分重要。由此也正表示家長的積極參與聽障子女的教育，尤其早期（如學前與國小低年級）的教育活動，是非常必要的。家長參與聽障孩子的教育，事實上可視為吾人對彼等實施親職教育與輔導的一種途徑。這種親職教育與輔導的方式，乃是在共同參與及關心聽障孩子的教育過程中，經由專業人員與家長的自然交往和互動所達成的。例如，許多學前或國小低年級聽障學生的家長若能伴隨其子女就學，不祇可自然觀摩到指導聽障孩子語言發展、行為改變等方面的技巧，同時教師或其他專業人員與家長，也可針對聽障孩子的問題隨時交換意見，因此也同樣可以發揮親職教育與輔導的功能。除了這種臨床的親職教育與輔導外，一般傳統的親職教育與輔導方式如演講、研習、座談、諮商等，當然也可視需要而運用。

透過家長對聽障子女教育的參與，及一般傳統的親職教育與輔導方式，對提昇家長的教養知能或改變其教養態度應該會有助益。不過為使家長在其教養聽障兒童的辛苦過程中，也能獲得適當的精神支持與成長，親職教育與輔導人員在任何與家長溝通的場合，似應掌握下列的原則：

1. 耐心傾聽家長的問題並提供同理心（*empathy*）的回應十分重要。

2. 輕度聽障兒童之家長也跟重度者一樣需要獲得關心與接納，因他們把輕度聽障也同樣看成是很嚴重的問題。

3. 聽障兒童家長的痛苦與負面的情緒固然不應加以忽略，但他們因參與孩子的教育方案，而看到孩子發展所獲致的喜悅與激勵的經驗，也應與之分享並加以支持。

4. 教育與輔導之前，應先了解聽障兒童家長所關切與期待的是什麼，方能提供彼等適切的協助。

5. 給聽障兒童家長其他有類似問題之家長的聯絡資料，以便必要時可相互聯繫與支持是相當必要的。

6. 嘗試引發聽障兒童家長對某些問題的思考與決定，比唐突的去忠告他們要來得重要。

7. 教育與輔導的最終目標，是要讓聽障兒童家長能自己解決自個兒的問題；因此幫助家長釐清並重新整理其想法，以使他們獲致可資遵循的途徑是很重要的。

第五節　肢體障礙兒童親職教育需求與輔導

一、肢體障礙兒童親職教育需求

肢體障礙的類型甚多，國內過去以小兒痲痺所造成的肢障最受注意；近年來由於對小兒痲痺的有效預防，以小兒痲痺為病因的肢障已甚為少見，目前的肢體障礙兒童則似以腦痲痺為主。不管是小兒痲痺或腦痲痺患者，他們的共同特徵應是肢體動作的障礙，其中腦痲痺更可能附帶認知、說話、視、聽覺等方面的問題，而成為所謂的多重障礙。由此可見肢體障礙兒童的狀況並不見得是一樣的，因此他們所需要的教育與復健需求也會有差異。

兒童之出現肢障，對其家庭而言是一種殘酷的衝擊，然而肢障兒童的發展也深受其父母的期望與教養態度的影響。因為兒童的障礙狀況或許是一種客觀且無法改變的事實，但家長的主觀態度卻能左右孩子發展的命運。因此改變家長的觀念與態度，即有可能改變肢障孩子的命運。這或許是肢障兒童親職教育最重要的價值所在。

在面對家有肢障的衝擊時，為人父母者能在一陣驚愕後很快地坦然以對，並極力幫助孩子在缺陷條件下發展其最大的完美性的，究竟是極為少數。大部分的家長莫不或多或少會出現諸如否認、矛盾、拒絕、憤怒、不適切感、若有所失、罪惡感、羞恥感、沮喪等的反應。家長的這些反應與感受如未能適當地疏導，不只有害其個人的適應，同時也不利於肢障孩子的發展（*Kellner, 1982*）。因此肢障兒童家長首先產生的需要，應該是獲得適當的心理建設。這種心理建設不祇應消極地排解家長在面對家有肢障所產生的負面感受與反應，更應積極地重建其為人父母的信心，以接受孩子是肢障的事實，並努力去滿足肢障孩子可能的發展需求。

在肢障兒童家長屬於「情意」層次的心理建設需求獲得滿足後，接著他們即可能對孩子的教養與發展方面的知能有熱切的期待。這些屬於「認知」與「技能」層次的資訊提供，只要有心安排，要想滿足家長的需要並非難事。

肢障兒童家長對親職教育的需求應是具有發展性的。換句話說，為人父母者面對家有肢障所顯現的適應狀況不同，其對親職教育的需求也可能不一樣。然而，吾人若不考慮家長在不同適應階段所顯示的需要差異，而將可能的親職教育需求合併列舉，則大致應離不開下列的範疇：

1. 心理建設方面——

⑴面對肢障的感受與反應。

⑵自我了解與調適。

⑶教養態度對孩子的影響。

⑷有效的親子溝通。

⑸同胞手足的溝通。

⑹教養態度的改變。

2. 教育與復健資訊方面——

⑴肢障的性質與問題。

⑵肢障孩子的潛能與需要。

⑶早期教育的途徑。

⑷教育與職業安置機會。

⑸生活與學習輔導方法。

⑹無障礙環境。

⑺家長團體的參與。

⑻醫療復健資源。

⑼輔助器具之運用。

⑽社會服務資源。

二、肢體障礙兒童親職教育與輔導

針對肢障兒童家長可能的親職教育需求，吾人如欲提供其所需要的幫助，似應依其需求的性質而實施適當的教育與輔導。在所有可能的親職教育與輔導途徑中，提供家長諮商與鼓勵家長參與孩子的教育及復健方案，應是具體有效的作法。

提供家長諮商，不管是個別或團體的方式，主要是針對彼等心理建設的需要而來。由於父母面對家有肢障所產生的心理調適問題，彼此之間具有相當大的個別差異，很需要教育與輔導人員給予確切的回應與支持。因此只有透過諮商的過程，才較容易滿足他們這方面的心理需求。

至於鼓勵家長參與肢障子女的教育與復健方案，則具有在觀察中學習或從做中學（*learning by doing*）之親職教育與輔導的意義。透過對肢障子女教育與復健活動的參與，父母不祇可認識或學到與肢障相關的教育及復健的觀念或技能，同時藉著家長與專業人員，以及家長與家長間的溝通和互動，對肢障兒童的家長，也具有精神支持的效果。

第六節 行爲異常兒童親職教育需求與輔導

一、行爲異常兒童親職教育需求

兒童之出現異常行為，其原因往往並不相同。有出自生物物理因素，如遺傳基因、腦傷或生物化學失衡（*biochemical imbalances*）等問題；有來自環境因素，如家庭、學校或同儕團體的影響。出自生物物理因素的行為異常，所需要的乃是醫學方面的專業協助；來自環境因素影響的問題行為，或許尚可藉由學校與家庭的通力合作以圖謀改善。

事實上，大多數的教育人員皆認為積極與支持性的親子關係，對兒童正常的情緒發展是重要的。換句話說，好的父母與健全的家庭生活，將有助於兒童之健康人格的發展。但萬一孩子出現了行為問題，父母似也難辭其咎（*Reinert & Huang, 1987*）。瑞恩克（*Rank, 1949*）根據其對兒童異常行為發展之研究，指出在兒童早年生活中，下列的三個因素與問題行為有密切的關係：(1)在母子早年的關係有嚴重的困擾，(2)在父子早年的關係有嚴重的困擾，(3)影響兒童的創傷事件。這些因素似在顯示親子關係對兒童行為的發展是十分重要的。因此，兒童具有行為問題的徵候所反映的，乃是其家庭系統功能的失調（*Apter & Conoley, 1984*）；而怎樣改善父母的教養態度與方式，以重建家庭功能與親子間良性的互動關係，從而導引兒童從事適當的行為改變，也許正是行為異常兒童親職教育最可著力之處。

行為異常兒童的親職教育需求，除了適當的教養態度與方式之培養是一重點外，他如有效的行為改變與親子溝通知能的學得、專業協助資源的認識、家長團體的參與及運用等，也莫不可作為對行為異常兒童家長的教育內容。不過值得注意的是，無論吾人提供家長何種有效的教養知能，對孩子的行為發展影響最鉅的，實為家長對孩子的態度。只有為人父母者具有健康的教養態度，方可期待其子女的行為有健全發展的可能。

二、行爲異常兒童親職教育與輔導

對於行為異常兒童家長的親職教育與輔導，其可採行的方式除了常見的演講、座談、研習、家庭訪問等之外，其他如透過親師會談、諮商（個別或團體）、家長對子女教育活動的參與等途徑，也皆可滿足家長可能的親職教育需求。

單純地對家長提供所需的教養知能並非難事。由於兒童的問題行為背後可能存在著問題父母的現象，因此行為異常兒童家長之觀念與行為改變，就常成為對彼等的親職教育與輔導無可迴避的課題。派特森(*Patterson, 1982*；引自 *Morgan & Jenson, 1988; pp. 419～423*)曾指出七種問題家長的類型，這些家長與其子女有個共通的特性，即是極端抗拒他們同意去做的事。茲將這七類問題家長及其教育與輔導的策略分敘如下。

(一)具有父母身分的同胞手足（*The parent-sibling*）

這類家庭多屬單親家庭，特別是由母親承擔家計的單親家庭。為人母親者可能放棄惱人的照顧子女之角色，而想扮演成子女的同伴、朋友等平輩角色，以不給子女設定規範來獲取子女的愛。她可能是相當孤立，且與其他成人也甚少來往。由於家庭成員幾乎沒有規範或紀律可資遵循，因而往往養成許多反社會的行為。更糟的是，有些母親甚至可能認同子女犯法的價值觀，如認為偷竊與攻擊行為是可以允許的。

對這類家庭的處遇，常可協助家長尋求家庭之外滿意的人際接觸與關係入手。另外，也要讓為人父母者知道，想獲取子女無條件的愛，只不過徒然造成本身因受到操控而易受到傷害罷了。

(二)無所屬的家長（*The unattached parent*）

這類家長也不會在家中建立孩子的行為規範。他們並沒有被孩子「愛」的需求，他們並不依附於孩子，也無照顧孩子的使命感。這類家庭的孩子常出現偷竊的行為。

無所屬的家長之輔導誠非易事，他們常表現不願被打擾的態度。要他們去學校開會簡直不太可能，即使去開會，他們對改變孩子的行為也表現興趣缺缺。這類家庭出現虐待與冷落孩子的可能性亦很高。

㈢這孩子是特殊的（*This child is special*）

有這種心態的家長常有明知該做而卻不做的矛盾情結，以致沒有適當的去管教孩子。這類家庭也可能有其他行為正常的子女，不過在面對特殊子女時，則所有的規範可能就束之高閣。家長常被孩子突發的異常行為搞得迷惘與挫折。許多家長可能因而採取「冷卻器」（*refrigerator*）的姿態，以減少和孩子接觸的機會，並降低他們的挫折與受到的傷害。有些教育人員可能誤解了家長這種冷酷的外表，認為是對孩子缺乏興趣，因而導致孩子的不當行為。

這類家長的輔導須讓他們了解，將正常的規範施之於孩子的重要性。不過有些家長對孩子的特殊問題可能已相當用心，且亦不願失掉面子，因此輔導起來就不是容易的事。不管如何，家長如能學到改變孩子行為的技術，將有助於親子之間良好關係之增進。

㈣不知所措（*Overwhelmed*）

不知所措的家長可說整天忙於生計，他們多半知道教養子女之道，但卻不見得教子有方。這些家庭經常為貧窮所困，且家庭成員眾多，父母當中常有長期臥病的情形發生。子女多長期疏於管教，他們可能有偷竊或蓄意破壞的行為，且與其他疏於管教的同伴成羣結黨。

「不知所措」的家長之輔導比較有利的是他們是真的關心孩子，且情況許可時，也願與輔導人員合作。因此，為這些家庭爭取必要的服務資源，如放學後的安親班或托兒服務等，是相當重要的。

㈤施虐與受虐情結（*Sadomasochistic Arabesque*）

這類家庭中的父母雙方常出現相反的教養態度。可能一方是嚴刑峻罰，而另一方則是放縱、前後矛盾的。這兩種教養態度的相互為用，皆企圖在維持某一種平衡狀態。這類家庭常與攻擊、反社會與犯罪行為的出現有關。

這類家庭也可能出現離婚的危機，因此家庭並不穩定。如果子女從父母中某一方獲得支持，則不穩定性將提高。行為異常的孩子碰上喜歡以懲罰處理問題的家長，常會受到嚴酷的處置；而放縱的另一方（父或母）可能將嚴罰的一方所樹立的規範私下加以撤除以沖淡嚴厲的管教氣氛。因此，任何的輔導處遇皆至少會暫時背離父母中某一方的做法。很顯然的，父母雙方對管教孩子的作法形成共識是重要的，否則孩子可能利用父母的不和而予取予求。然而，可要注意，這類的家庭即使父母對管教孩子的作法有共識，仍會出現困難：嚴懲的一方可能會再回復採取嚴厲的作法，而放縱的另一方也可能又會與孩子私下妥協，以致破壞了原已同意的作法。

有施虐與受虐情結的家庭所出現的問題常會在教室中彰顯出來。如從嚴懲的家長所採取的嚴厲管教，即可能出現孩子有受虐待的情形。要是遇到家庭破碎（分居或離婚），而孩子又與放縱的家長同住，則出現反社會行為的可能性將增高。對這類家庭，外在的專業協助是十分必要的。

㈥完美的家長（*Perfect parents*）

這類家長對於如何教養子女可能見多識廣，他們所談的不是愛，即是責任，並以說理來影響孩子。他們很少設定明確的規範，不過卻常以說教來教導孩子適當的行為。這類家庭可能會對民主與公平感到困窘，也常從子女對公平的要求等特別容易受到傷害。

完美的家長是相當不易輔導的。雖然他們看似講理且見聞廣博，但對於行為改變方案的應用卻困難極大，這些家長寧可採取甜言說理的方式，以改變子女的行為。要是孩子看起來哀傷且注意聽話，或表示悔改（這是學到的操控技巧），這類家長常解讀為孩子已經改變的證明。在此，教師應格外小心，因孩子是可能把教師描寫成不理性的訓導人員的。類此狀況，吾人如遇到家長向校長抱怨教師要求不合理，且請求改變家庭作業時，也就不足為奇了。

(七)不當歸因型（*Misattribution*）

這類家庭常與施虐兒童有關。家長多有高於子女的年齡或能力的期待，子女所能表現的與家長高度期待之間的差距，常被這些家長視為是孩子心懷惡意的明證。家長對於子女的懷有負面特質之成見，即使是孩子的無心之過，也會被視為具有敵意。在對這類家庭作評量時，教師應要求家長列出孩子五種或十種正面的行為或特質。不過，這些家長往往是辦不到的。

在輔導時，採取強調符合年齡的增強與知識的提供而有良好督導的兒童行為改變方案，對這類家庭應是有益的。當孩子有其困難且出現行為異常時，有許多併發徵候可能會發生。要是有虐待兒童的情事發生時，則教師可能需尋求社會福利單位的協助。

第十二章

親職教育活動之評鑑

第一節
教育評鑑的基本概念

一、評鑑的意義

隨著教育事業的勃興，國內各種以教育活動為對象的評鑑（*evaluation*）工作，如大學評鑑、中小學評鑑、輔導評鑑、特殊教育評鑑、職訓機構評鑑等，亦日益頻繁。吾人對教育活動評鑑工作的重視，主要係出自對教育責任績效（*educational accountability*）的要求，希望透過評鑑工作以決定教育活動的成效。

評鑑與研究（*research*）皆是在教育領域出現十分頻繁的活動，兩者亦極易被混淆。因此，對這兩者概念的釐清，應有助於確切了解評鑑的意義。就目的言，「評鑑」欲了解的是某一教育方案是否達成預期的目標，它所尋求的乃是能立即運用的資料；「研究」則欲增加某種知識體系的內涵，並評量變數間的關係，它並不在意所獲得的資訊能否即刻運用。正如史塔佛賓（*D.I. Stufflebeam*）所言：「評鑑的目的是在求改善而非在作驗證。」（*The purpose of evaluation is to improve, not to prove*）評鑑與研究間的區別，吾人尚可從表 12−1 見其端倪。

從表 12−1 吾人可以發現評鑑與研究的確有極為明顯的差異。與研究相較，評鑑似呈現下列的優點與缺點（*Kaplan, 1980*），其中優點部分包括：

1. 能對教育方案作多面向的評量。

表 12–1 評鑑與研究之比較

特質	評鑑	研究
目的	任務的達成、成果的運用	新知識、真理
結果	具體的決策	可類推的結論
價值	判定價值與社會效用	解釋與預測力
原動力	需求與目標	好奇與無知
概念基礎	方法與目的之過程	因果關係
重要的工作	評量目標達到的程度	假設考驗
典型的方法	1. 系統法 輸入 → 處理 → 輸出 2. 目標法 目標 → 方法 → 結果施測	1. 實驗法 實驗組 前測 處理 後測 控制組 前測 後測 2. 相關法 r_{xy}
範疇	方案之規劃與管理	變項之控制與操縱
規準	預期與所獲得間之契合；可靠性	內在與外在效度
功能性類別	形成性與終結性 過程與成果	純粹與應用的 真正實驗的 準實驗的

（修正自 Isaac & Michael, 1983, p.3）

2. 能提供立即的回饋（*feedback*），以強化教育方案的效能。

3. 在參與者的選擇範圍方面較具彈性。

4. 可更確知參與者是否已達成預定的目標。

至於評鑑可能出現的缺點則有：

1. 無法充分確知參與者之能夠達成目標，是否出自教育方案本身的效果。

2. 較無法將教育方案的成效類推至其他的人士與場合。

二、教育評鑑的類型

在了解評鑑的意義之後，我們有必要進一步探討到底教育評鑑是怎麼做的，也就是說，教育評鑑的實施是採行怎樣的模式。一般而言，常見的完整教育評鑑多會出現如圖 12−1 之模式。在圖 12−1 中的需求評估（*needs assessment*）所謂的需求，是指「怎麼樣」（*what is*）與「應怎麼樣」（*what ought to be*）之間的差距。一旦需求被確定後，我們將按其優先順序加以排列，以作為設定教育方案目標的依據。在做方案規劃時，吾人須將教育方案目標再分析成具體、可測驗之目標，並研擬出包含達到這些具體目標的方法（如方案的程序、策略與活動）之計畫。執行評鑑（*implementation evaluation*）與進展評鑑（*progress evaluation*）兩部分可合稱為形成性（*formative*）或過程（*process*）評鑑。其中執行評鑑係在探尋計畫與現實間的差異，並使教育方案能符合其設計或作適當的修正；進展評鑑則在監控朝具體目標進展的指標，並在中途作適當的修正。至於結果評鑑（*outcome evaluation*）可說是終結性（*summative*）或成果（*product*）評鑑；它在決定是否具體目標已被達成。這一階段也常包含對教育方案優缺點的分析，並對未來的修正作適當的建議。

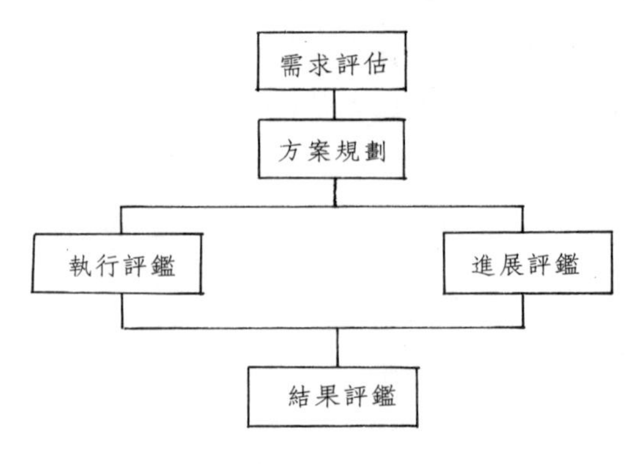

圖12−1　常見之教育評鑑模式（修正自*Isaac & Michael, 1983, p.5*）

除了前述常見之教育評鑑模式外，CIPP 模式在教育評鑑工作中亦極受重視。CIPP 模式乃是內涵評鑑（*context evaluation*）、輸入評鑑（*input evaluation*）、過程評鑑（*process evaluation*）及成果評鑑（*product evaluation*）的簡稱。其中內涵評鑑將可產生與需求有關的資訊，以作為制定教育方案目標的依據，因此內涵評鑑與前述的需求評估的意義是相通的。輸入評鑑在對完成教育目標所可能採取的策略與設計之優缺點作完善的判斷，以幫助決策者能對教育的策略與設計作最明智的選擇。過程評鑑係在監控被選定且付之實施的教育程序或策略的得失，使其優點可以加以保留，而缺點則加以排除。至於成果評鑑則在探討教育方案目標完成的程度，並決定用以達成這些目標所採取的策略、程序或方法，是否應予終結、修正或持續。因此CIPP模式的運用可回答下列四個問題：

1. 應設定何種教育目標？
2. 應採取何種教育策略或程序？
3. 這些教育策略或程序的效用為何？
4. 教育目標達成的效果為何？

吾人根據對上述這四個問題的回答情形，即可分別做出規劃決策（*planning decisions*）、結構決策（*structuring decisions*）、執行決策（*implementing decisions*）與維續決策（*recycling decisions*）的考量（*Isaac & Michael, 1983*）。

吾人若將前述常見之教育評鑑模式與 CIPP 模式綜合而觀，將可發現教育評鑑實離不開需求評鑑（*needs evaluation*，或稱需求評估）、輸入評鑑、過程評鑑與成果評鑑這四種類型。茲將這四種類型與階段的教育評鑑再進一步分別說明於後（*Kaplan, 1980*）。

㈠需求評鑑

需求評鑑多用於教育方案的規劃與發展階段，此一評鑑工作最主要的內涵在於：(1)指出以教育方案參與者為導向的目標所在；(2)在不考慮表現水準的情況下，將這些目標按其重要性加以排列；(3)評估教育方案參與者在每一目標的表現水準；與(4)基於重要性與表現水準的考慮以確立每一教育目標的優先順序（*Isaac & Michael, 1983*）。此外，需求評鑑也可能包括下列內容的評鑑：

1. 施教對象可能的價值觀，及其與教育方案規劃者在價值觀的歧異情形。

2. 對教育活動的結果所可能出現的利弊情形，教育活動的參與者應被告知的程度。

3. 對與處遇過程有關的法律與倫理問題的考慮，諸如活動本身如具有傷害性，則活動的正當性如何？資料的蒐集是否侵犯參與者的隱私？為保護所獲得的資料，是否應對可能接觸資料的人員加以限制？換言之，教育活動的規劃與評鑑者須仔細地考量教育活動參與者的價值觀、信念與權益。

4. 教育活動的目標其具體與精確的程度如何，目標的敘寫是否涵蓋行為動詞、發生的情境與可接受的表現水準。

㈡輸入評鑑

對教育或處遇方案的實際計畫所作的評量稱之為輸入評鑑。在此一階段所要決定的乃是預定的方案策略是否可能達成所想要的成果目標，評鑑者也尋求選擇或設計方案具體目標是否達成的評量方法。因此，計畫中的活動、演講與教材等皆須接受評鑑，看看它們是否有利於目標的達成。評量工具的設計似應與課程內容相契合，並於教育方案所屬的環境中實施評量。因而，輸入評鑑是教育活動方案之發展的一部分，而非發展過後所運用的過程。

㈢過程評鑑

過程評鑑涉及對參與者的學習之適當性有影響的教育策略與活動所作的監控。這種連續性的監控具有下列兩種目的：

1. 提供定期的回應訊息，以便對教育計畫與過程能作立即的改善。

2. 對嗣後成果資料的了解可提供必要的資訊。

在過程評鑑的階段中所須考慮的問題常見者如：

1. 參與者皆如預定的時程到達嗎？

2. 參與者是否接受教育方案的目標與方法？

3. 活動的領導者能如預定計畫加以執行，或對計畫有所更動嗎？

4. 在參與者中，有人際關係的問題嗎？

5. 在團體中，有機會分享到獨特與強烈的個人經驗嗎？

6. 教育方案的執行過程中，在社會上有對參與者可能造成影響的特殊事件發生嗎？

在過程評鑑中，若以親職教育活動為例，其可資參考的資料有：

1. 參與者對每次見面所學到的內容之陳述。

2. 參與者有關親子互動之日記內容。

3. 非參與者對家中親子互動情形的報導。

4. 非參與者對方案的過程與執行的觀察報導資料。

5. 每次活動結束時，對參與者所作的成就評量結果。

6. 每次活動中，參與者所學得之技能的評量結果。

7. 參與者對活動過程與內容的態度之評量結果。

除了教育方案的預期影響外，事實上仍有許多未預期的影響也會出現，因此吾人在作過程評鑑時，對評量工具的設計必須預留相當的開放空間，讓參與者有機會將未預期的結果表達出來，而非僅限於對預定學習知能之目標的評量而已。

㈣成果評鑑

成果評鑑所欲了解者乃是較大與更概括性的教育方案之目標是否已達成了。雖然前面各階段的評鑑所獲得的資料仍可用於成果評鑑，不過成果評鑑所探討者在下列幾方面皆顯示其特殊性：

1. 對教育方案的資料所作的評鑑之比率（它是作全盤性的檢視）。
2. 對資料的預期使用情形（可能包括供外在決策之用）。
3. 蒐集資料的場所（自然環境，如家庭，常比早先以教育方案爲主的場合爲佳）。

吾人在從事成果評鑑時，若以親職教育活動方案為例，所須考量者似有下列數端：

1. 是否要針對參與的家長與／或他們的子女來評量親職教育的效果？
2. 教育方案的理論架構（如行爲主義、人本主義等）如何反映到評量的內容、對象、方法與工具的選擇？
3. 教育方案對每一個人皆有相同的效果嗎？
4. 教育方案是否會產生長期的效果？
5. 對成果資料的意義之解釋最少需作一比較。在此一方面，前後測比較常有前測影響後測的情形，且差異分數也不可靠。此一缺憾之克服，或可將方案成果與那些類似教育方案的成果作比較來達成（Scriven, 1974）。

三、教育評鑑的過程

教育評鑑工作儘管會因決策目的或評鑑實施時機的不同，而有需要不同類型的評鑑之情形，不過最常見的教育評鑑仍是以評估某一教育方案的成效居多。就一般教育評鑑的過程而言，大致可分成下列八個主要的步驟（*Isaac & Michael, 1983*）：

1. 將直接與間接和評鑑工作有關的人員，如學校的教職員與學生、行政人員、家長與校友團體、學者專家、民意代表等，納入評鑑計畫之中。

2. 提出具有系統且按一般到具體排列的教育目標（所期待的行為改變）。在此一階段的分項步驟尚可包括：

(1)所設定的一般目標應反映所屬文化的理念、社會及機構的期待。

(2)以可操作性的詞彙來描述具體的目標，以便能對這些目標有關的行為改變作客觀的評量。

(3)發展下列的判斷規準（*judgmental criteria*）：

①界定相關及有意義的結果。

②確立社會需求、學生能力的準備度、促進與導引學習所需之師生回饋的機會，以及人力與物力資源之可利用性的實際優先順序。

3. 將具體的教育目標改寫成容易溝通與可用於促進在學校環境中的學習之形式。

4. 發展提供效標評量所需之評鑑工具。根據所設定的教育目標而作的效標評量中，將可提出有關教育方案成效的推論。

5. 運用能有效評量與教育目標有關的行為改變之測驗、量表等，以實施定期的評鑑。

6. 運用適當的統計方法以分析從行為改變的評量所獲得的資料。

7. 以某些有關良好的表現水準之判斷與價值標準去解釋經整理過的全部資料，從而獲致有關成長的方向、學生的進步，以及整個教育方案成效之結論。

8. 提出對教育方案進一步實施或改變，以及教育目標修正的建議。教育評鑑若欲有助於學校教育方案的改善，更須將其評鑑結果讓所有參與學校教育方案的人知道。一旦所有有關的人皆知道評鑑的結果後，教育評鑑的過程即可再重新來過。

在前述教育評鑑過程的所有步驟中，評鑑人員為使評鑑工作得以有效而順利的進行，常須對評鑑工作做某些調適性的決策，乃是相當自然的事。此外，評鑑人員也須了解評鑑的結果可能會顯示虛假的進步或退步的情形，這種狀況可能與下列因素有關：

1. 學校內外環境的經驗超乎具體的教育目標所預期的。

2. 教師與其他學校人員因素的影響，所存在的差異並未加以控制。

3. 在資料的蒐集、閱讀、分析、整理與報告方面所出現的訛誤。

4. 在評鑑設計與統計方法方面的錯誤。

在教育評鑑的過程中，某些不可預知或控制的因素之存在或許是難免的，但吾人如欲從評鑑所獲得的資料去提出實際、可靠且有意義的結論，則訓練有素的評鑑人員之智慧與具有經驗基礎的判斷，乃是特別有幫助與十分必要的。

四、影響教育評鑑過程之因素

一般的教育評鑑過程雖如前述，但教育評鑑工作的設計並非是固定不變的，有些因素似會對評鑑過程有所影響。這些足以左右評鑑過程的因素，比較重要的有下列三方面：

1. 評鑑的目的或用途：評鑑的目的或用途不同，所需要的評鑑設計也可能會有差異。評鑑的目的或用途常見者如改善教育方案的作法與程序、決定是否繼續某一教育方案、作為資源分配之參考等。不同的評鑑目的或用途將會影響吾人對評鑑的內容與方法的考慮，如資料選擇與分析方法將因之而異。

2. 技術、財力與人力資源可資利用的程度：教育評鑑過程有賴專業技術、人力、物力等資源的投入與支持。充足的技術、人力與財力資源的投入，當有助於使評鑑工作更加精緻化，且有效而順利地推動。否則要馬兒好，又要馬兒不吃草，似乎是不合情理的事。

3. 可資運用的評鑑時程：教育評鑑工作多涉及諸多資料蒐集的過程，如評鑑工具的設計、評量的實施、資料的分析與整理、報告的撰寫等，皆須按部就班逐步進行。因此，可資運用的評鑑時程長短之不同，即可能造成評鑑過程有周詳與簡約之別。

第二節 實施親職教育活動評鑑應有的考慮

一、評鑑目的的確立

評鑑目的會主導整個親職教育活動評鑑的方向。與評鑑目的息息相關的是將接受評鑑結果者為誰。對於評鑑結果感到關心的，不外行政人員、親職教育活動的工作人員、家長等。對於將接受評鑑結果之人員的了解，除有助於對採用的評鑑技術及報告撰寫的形式，作適當的斟酌，而滿足不同接受對象的需要外，最重要的應是這些人員對評鑑工作的期待為何，將可作為吾人訂定評鑑目的的參考。評鑑目的並不必然是由評鑑工作的主辦單位加以主觀認定的。為期評鑑目的具有周延性，似可將接受評鑑結果者的意見也一併加以考慮。親職教育活動之評鑑，其目的不管是為了解某一活動方案辦理的成效，發現可能的困難或問題，作為改善活動設計的依據，提供資源分配的參考，比較各種親職教育活動方案的優劣等，皆須先由有關評鑑與決策人員預擬所有可能的評鑑目的，然後再由他們共同選擇並確立可能的評鑑目的。

二、評鑑範圍的決定

親職教育活動評鑑的範圍實與其評鑑的目的有密切的關係。所謂評鑑範圍者，指的即是評鑑之內容而言。吾人在決定評鑑範圍時，所須考量的概有評鑑的對象（*objects*）、教育方案之要素與教育的過程，茲分述如下。

(一)評鑑的對象

鮑格與凱爾（*Borg & Gall, 1979*）認為可作為評鑑標的之教育現象（*educational phenomena*）有下列幾項：

1. 教學方法（如示範、講演、角色扮演法等）。
2. 課程教材（如教科書、幻燈片、多媒體之教具等）。
3. 教育計畫（如父母成長團體、親師座談等）。
4. 組織（如小學、中學、教養機構等）。
5. 教育人員（如親職教育人員、輔導人員、行政人員、義務工作者等）。
6. 學員（如資優、智障、聽障、肢障學生家長等）。

(二)教育方案之要素

評鑑人員對於所要評鑑的親職教育活動方案，須先詳盡描述該方案之重要特質，以免在作評鑑時對有關的要素有所忽略。在對教育方案做過描述的工作後，即可對方案的要素加以分析，以決定何者應列於正式的評鑑計畫中。而任何教育方案之要素，概可歸納為目標

(*goals*)、資源(*resource*)、程序(*procedures*)與管理(*management*)這幾類。

教育方案之目標往往是評鑑的重點所在。目標係指親職教育方案所欲達到的目的或效果，要是某一親職教育方案未立下教育目標，或雖有目標，但缺乏價值，則教育方案的其他部分就不值再論了。目標除了作為評鑑的準繩外，也是發展評鑑工具的重要依據。

資源與程序皆為達到親職教育方案目標的手段。所謂資源係指為推動某一親職教育計畫所需的人員、經費、設備、空間與其他成本等。在教育評鑑中對資源的研究所感興趣的，厥為探討其與教育成果的關係。而程序則是與資源運用的技術、策略及其他有關的過程。評量教育方案中所用的資源與程序，應有助於了解所產生的教育效果之高低。

多數的教育方案皆有其管理制度(*management system*)，以檢核資源與程序的運用情形，而確保教育目標的達成。評鑑人員除可就管理制度對資源與程序運用之影響加以研究外，也可就管理制度對教育目標的完成可能產生的功能加以探討。

㈢教育的過程

親職教育活動從家長親職教育需求的了解、親職教育目標的設定、親職教育活動計畫的研擬、親職教育活動的實施，到最後親職教育成效的評估等一系列的環節，皆攸關親職教育活動的績效與適當性。這一系列親職教育過程的全部或一部分，也皆可列入評鑑的範圍。

就上述評鑑的對象、教育方案的要素與教育的過程三方面而言，負責親職教育活動的評鑑人員，似應對欲評鑑的範圍或內容有所斟酌取捨，並在作成決定後將之列入評鑑計畫之中。

三、評鑑人員的選擇

一般人多容易誤認為評鑑工作係評鑑人員的專責。事實上，評鑑的責任應可包括：(1)自我評鑑；(2)內部評鑑；與(3)外來評鑑三方面。換句話說，除專任評鑑人員之外，推動親職教育活動的教師、行政人員，甚至參與親職教育活動的家長，皆可有參與評鑑工作的機會。評鑑人員與親職教育活動本身之間的關係不同，其評鑑結果所顯示的意義也可能不一樣。吾人如欲對親職教育活動的狀況與成效能有多方面的了解，當然由代表各種不同角度的人員參與評鑑工作，應該是值得加以考慮的。

四、評鑑資料的蒐集與分析

評鑑工作的重點即在蒐集與評量有關的資料，並對之作適當的分析，以顯示評鑑資料的意義。資料分析方法的選擇，須考慮資料本身的性質。所欲蒐集資料的種類與評鑑工具的設計，則視所要回答的評鑑問題而定。

資料蒐集與評量的方法很多，如標準化測驗、實地考察、訪問法、文件查閱法、問卷法、調查法、座談會等皆可用於親職教育活動的評鑑之中。這些評鑑方法又可因是否將評鑑資料加以量化而有別。量化的資料雖可得到比較客觀的數據，但臨床的方法（*clinical approach*），有時卻可得到量化的工具所評量不到的隱含性或質的資料。由此可見，評鑑資料採量化或質的分析似能顯示不同的意義層次。吾人在從事親職教育活動評鑑時，確應根據評鑑的問題選用適當的資料蒐集方法，並依所獲資料的性質採擇合宜的分析技術。由於評鑑工作方法的運用，並不侷限於某一種方式，為獲得正確、可靠與完整的資料，各種適當評鑑方法的相輔並用是有必要的。

五、評鑑結果的應用

評鑑工作完成後，主持評鑑者應就所蒐集的資料，進一步研究、整理與分析，最後再撰寫評鑑報告。報告書的內容通常至少包括：(1)評鑑緣起及目的；(2)評鑑的範圍、項目與方法；(3)評鑑的經過；(4)評鑑資料之分析；(5)結論與建議。在評鑑報告書出爐後，如何將評鑑結果妥善應用，實為親職教育活動評鑑真正的意義所在。吾人如欲發揮評鑑的功能，則評鑑結果的應用似應掌握下列的重點：

1. 讓所有參與評鑑工作的人員包括評鑑與被評鑑者皆有機會知道評鑑的結果。知道評鑑結果對評鑑者而言是一種回饋與鼓舞，而對被評鑑者來說則是一種尊重。

2. 對評鑑工作提供資源服務（人力、物力、空間、設備等）的單位或個人，應有機會知道評鑑結果。讓提供資源服務的單位或個人知道評鑑結果，旨在表達對彼等支持的謝意，也有助於日後支援的維續。

3. 應將評鑑結果的發現，不管是積極面或消極面，提供給有關的單位或個人參考。積極的評鑑結果具有鼓勵支持的作用，消極的評鑑結果則可作為嗣後改進親職教育活動的依據。

4. 對於評鑑工作本身所出現的缺失，主辦評鑑的單位應召集評鑑有關人員妥加檢討，以作為日後再實施親職教育活動評鑑之參考。

◇ 參考文獻 ◇

一、中文部分

王天苗（民 74）：智能不足兒童家庭動力與親師態度之探討。**特殊教育研究學刊**，1 期，115～140 頁。

王天苗（民 82）：心智發展障礙兒童家庭需要之研究。**特殊教育研究學刊**，9 期，73～90 頁。

李東白（民 70）：**諮商的理論與技術**。台中市：昇朝出版社。

宋湘玲、林幸台、鄭熙彥（民 74）：**學校輔導工作的理論與實施**。高雄市：復文圖書出版社。

吳武典、王天苗與 Retish, P.（民 76）：殘障兒童與家庭交互影響之研究。**特殊教育研究學刊**，3 期，1～28 頁。

吳武典與 Retish, P.M.（民 78）：中美智障兒童家庭環境之比較研究。**特殊教育研究學刊**，5 期，81～102 頁。

何世芸（民 82）：淺談視障兒父母的教養態度對視障者未來之影響。輯於省立台中啓明學校台中啓明叢書之九：**視障教育專輯**。

何華國（民 80）：**傷殘職業復建**。高雄市：復文圖書出版社。

何華國（民 82）：資深啓智教育教師生涯發展之研究。**特殊教育與復健學報**，3 期，153～178頁。

何華國（民 84）：在家自行教育學生之服務需求問題。**特殊教育與復健學報**，4 期，1～28頁。

林清江（民 75）：親職教育的功能與實施方法。**師友**，228 期，6～9

頁。
林寶貴（民81）：**世界各國特殊教育法規彙編**。教育部社會教育司。
教育部（民83）：**第七次全國教育會議實錄**。台北市：教育部。
教育部（民84）：**中華民國身心障礙教育報告書：充分就學、適性發展**。台北市：教育部。
教育部（民84a）：**中華民國教育報告書：邁向二十一世紀的教育遠景**。台北市：教育部。
教育部（民84b）：**全國身心障礙教育會議實錄**。台北市：教育部。
陳小娟（民82）：**不同階段聽障學生親職教育需求研究**。國立台南師範學院特殊教育系。
陳英豪、何華國與李芃娟（民80）：資賦優異班教師與家長之教育態度調查研究。**特殊教育與復健學報**，1期，51～78頁。
陳榮華（民65）：**行為改變技術：其理論與應用**。台北市：中國行爲科學社。
畢誠（民83）：**中國古代家庭教育**。台北市：台灣商務印書館。
黃迺毓（民77）：**家庭教育**。台北市：五南圖書出版公司。
許澤銘、毛連塭、張勝成、張世彗、許芸菁、葛竹婷、陳尚霖（民83）：**建立殘障者生涯訓練體系之研究**。台北市：行政院勞工委員會職業訓練局。
詹棟樑（民72）：親職教育理論探討。輯於中國教育學會主編：**親職教育研究**。台北市：華欣文化事業中心。
藍采風與廖榮利（民71）：**親職與家庭生活**。台北市：張老師月刊社。

二、英文部分

Alexander, R., & Tompkins-McGill, P. (1987). Notes to the experts from the parent of a handicapped child. *Social Work, 32*, pp. 361～362.

Apter, S.J. & Conoley, J.C. (1984). *Childhood behavior disorders and emotional disturbance: An introduction to teaching troubled children.* Englewood Cliffs, NJ: Prentice-Hall.

Babcock, D. E., & Keepers, T. D. (1976). *Raising kids OK.* New York: Grove Press.

Baker, B. L. (1976). Parent involvement in programming for developmentally disabled children. In L. L. Lloyd (Ed.), *Communication assessment and intervention strategies.* Baltimore: University Park Press.

Baker, B.L. (1984). Intervention with families with young, severely handicapped children. In J. Blacher (Ed.), *Severely handicapped young children and their families.* Orlando: Academic Press.

Barsch, R.H. (1969). *The teacher-parent partnership.* Arlington, VA: The Council for Exceptional Children.

Bartz, K.W. (1980). Parenting education for youth. In M.J. Fine (Ed.), *Handbook on parent education.* New York: Academic Press.

Becker, W.C. (1971). *Parents are teachers.* Champaign, Ill.: Research Press.

Beckman-Bell, P. (1980). *Characteristics of handicapped infants: A study of the relationship between child characteristics and stress as reported by mothers.* Unpublished doctoral dissertation, University of North Carolina-Chapel Hill.

Berne, E. (1961). *Transactional analysis in psychotherapy.* N.Y.: Grove.

Berne, E. (1964). *Games people play.* New York: Grove Press.

Bernstein, M.E., & Barta, L. (1988). What do parents want in parent education? *American Annals of the Deaf, 133*, pp. 235～246.

Bissell, N.E. (1976). Communicating with the parents of exceptional children. In E.J. Webster (Ed.), *Professional approaches with parents of handicapped children.* Springfield, IL: Thomas.

Borg, W.R., & Gall, M.D. (1979). *Educational research.* New York: Longman.

Bradshaw, J., & Lawton, D. (1978). *Tracing the causes of stress in families with handicapped children.* University of New York, Social Policy Research Unit.

Bronfenbrenner, U. (1979). *The ecology of human development.* Cambridge, MA: Harvard University Press.

Bruner, J. (1966). *Toward a theory of instruction.* Cambridge, Mass.: Belknap Press.

Caplan, G. (1976). The family as a support system. In G. Caplan & M. Killilia (Eds.). *Support system and mutual help: multidisciplinary explorations.* New York: Grune & Stratton.

Carberry, H. (1975). Parent-teacher conferences. *Today's Education, 65*, p. 67.

Christensen, O.C., & Thomas, C.R. (1980). Dreikurs and the search for equality. In M.J. Fine (Ed.), *Handbook on parent education.* New York: Academic Press.

Clark, B. (1992). *Growing up gifted: Developing the potential of children at home and at school.* New York: Macmillan.

Cochran, M.M., & Brassard, J.A. (1979). Child development and personal social networks. *Child Development, 50*, pp. 601～

616.

Council for Exceptional Children (1989). Rights and responsibilities of parents of children with handicaps. *ERIC Digest # 460*. Reston, VA: ERIC Clearinghouse on Handicapped and Gifted Children.

Crnic, K.A., Greenberg, M.T., Ragozin, A.S., Robinson, N.M., & Basham, R.B. (1983). Effects of stress and social support on mothers and premature and full-term infants. *Child Developments, 54*, pp. 209～217.

Crnic, K.A., & Leconte, J.M. (1986). Understanding sibling needs and influences. In R.R. Fewell and P.F. Vadasy (Eds.), *Families of handicapped children: Needs and supports across the life span*. Austin TX: PRO-ED.

Crocker, A.C. (1981). The involvement of siblings of children with handicaps. In A. Milunsky (Ed.)., *Coping with crisis and handicap*. New York: Plenum.

Darling, R.B. (1991). Parent-professional interaction: The roots of misunderstanding. In M. Seligman (Ed.), *The family with a handicapped child*. Boston: Allyn and Bacon.

Deluca, K.D., & Salerno, S.C. (1984). *Helping professionals connect with families with handicapped children*. Springfield, IL: Charles C. Thomas.

Dreikurs, R. (1955). Adlerian analysis of interaction. *Group Psychotherapy*, 8(4), pp. 298～307.

Dreikurs, R. (1967). *Adult-child relations: A workshop on group discussion with adolescents*. Chicago: Alfred Adler Institute.

Drew, C.J., Hardman, M.L., & Logan, D.R. (1996). *Mental retardation: A life cycle approach*. Englewood, Cliffs, NJ: Prentice-

Hall.

Dunst, C.J., & Trivette, C.M., (1987). Enabling and empowering families: Conceptual and intervention issues. *School Psychology Review, 16*, pp. 443～456.

Dunst, C.J., Trivette, C.M., & Cross, A.H. (1986). Roles and support networks of mothers of handicapped children. In R.R. Fewell and P.F. Vadasy (Eds.), *Families of handicapped children: Needs and supports across the life span.* Austin, TX: PRO-ED.

Dunn, D.J., Currie, L., Menz, F., Scheinkman, N., & Andrew, J. (1974). *Placement services in the vocational rehabilitation program.* Research and Training Center, The Stout Vocational Rehabilitation Institute, University of Wisconsin-Stout.

Ethly, S.W., Conoley, J.C., & Rosenthal, D. (1985). *Working with parents of exceptional children.* St. Louis: Times Mirror / Mosby College Publishing.

Ehlers, W.H., Krishef, C.H., & Prothero, J.C. (1977). *An introduction to mental retardation: a programmed text.* Columbus, OH: Charles E. Merrill.

Ellis, A. (1958). Rational Psychotherapy. *Journal of General Psychology, 59*, pp. 34～49.

Erikson, E.H. (1963). *Childhood and Society.* New York: W.W. Norton & Co.

Espinosa, L., & Shearer, M. (1986). Family support in public school programs. In R.R. Fewell and P.F. Vadasy (Eds.), *Families of handicapped children: Needs and supports across the life span.* Austin, TX: PRO-ED.

Farber, B. (1959). Effects of a severely mentally retarded child on family integration. *Monographs of the society for research in child development, 24*, (2, Serial No. 71).

Farber, B., & Lewis, M. (1975). The symbolic use of parents: A sociological critique of educational practice. *Journal of Research and Development in Education, 8*, pp. 34～43.

Farber, B., & Ryckman, D.B. (1965). Effects of severely mentally retarded children on family relationships. *Mental Retardation Abstracts, 2*, pp. 1～17.

Featherstone, H. (1980). *A difference in the family: Living with a disabled child.* New York: Penguin.

Fewell, R. (1986). A handicapped child in the family. In R.R. Fewell & P.F. Vadasy (Eds.), *Families of handicapped children.* Austin, TX: PRO-ED.

Fewell, R.R. (1986). Supports from religious organization and personal beliefs. In R.R. Fewell and P.F. Vadasy (Eds.), *Families of handicapped children: Needs and supports across the life span.* Austin, TX: PRO-ED.

Fine, M.J. (1982). The parent education movement: An introduction. In M.J. Fine (Ed.). *Handbook on parent education.* New York: Academic Press.

Ford, A.B. (1967). *The doctor's perspective: Physicians view their patients and practice.* Cleveland, OH: The Press of Case Western Reserve University.

Forer, L.K. (1969). *Birth order and life roles.* Springfield, IL: Thomas.

Francis, V., Korsch, B.M., Morris, M.J. (1968). Gaps in doctor-patient communication: Patients' response to medical advice. *New England Journal of Medicine, 280*, pp. 535～540.

Freed, A.M. (1971). *TA for kids.* Los Angeles: Jalmar Press.

Gabel, H., & Kotsch, L.S. (1981). Extended families and young handicapped children. *Topics in Early Childhood Special Education, 1,* pp. 29～35.

Gath, A. (1977). The impact of an abnormal child upon the parents. *British Journal of Psychiatry, 130,* pp. 405～410.

Gearheart, B.R., & Litton, F.W. (1979). *The trainable retarded: A foundations approach.* St. Louis: The C.V. Mosby.

Gearheart, B.R., Weishahn, M.W., and Gearheart, C.J. (1992). *The exceptional student in the regular classroom.* New York: Macmillan.

Gibbs, B. (1993). Providing support to sisters and brothers of children with disabilities. In G.H.S. Singer and L.E. Powers (Eds.), *Families, disability, and empowerment: Active coping skills and strategies for family interventions.* Baltimore: Paul H. Brookes.

Ginott, H.G. (1961). *Group psychotherapy with children.* New York: McGraw-Hill.

Gliedman, J., & Roth, W. (1980). *The unexpected minority: Handicapped children in America.* New York: Harcourt Brace Jovanovich.

Goldstein, A. (1973). Behavior therapy. In R. Corsini (Ed.), *Current psychotherapies.* Itasca, Illinois: F.E. Peacock Publishers.

Gordon, T. (1975). *P.E.T. parent effectiveness training: The tested new way to raise responsible children.* New York: New American Library.

Gordon, T. (1980). Parent effectiveness training: A preventive program and its effects on families. In M.J. Fine (Ed.), *Hand-*

book on parent education. New York: Academic Press.

Gordon, T., & Sands, J.G. (1976). *P.E.T. in action*. New York: G.P. Putnam's Sons.

Gourash, N. (1978). Help seeking: A review of the literature. *American Journal of Community Psychology, 6*, pp. 499～517.

Gowan, J.C. (1964). Twenty-five suggestions for parents of able children. *The Gifted Child Quarterly, 8*, pp. 192～193.

Graham-Baca, B. (1995). *Personal communication*. Industry, California.

Grossman, F.K., (1972). *Brothers and sisters of retarded children: An exploratory study*. Syracuse, NY: Syracuse University Press.

Hall, M.C., Grinstead, J., Collier, H., & Hall, R.V. (1980). Responsive parenting: A preventive program which incorporates parents training parents. *Education and Treatment of Children, 3*(3), pp. 239～259.

Harris, T.A. (1969). *I'm OK—You're OK*. New York: Harper & Row.

Harrison, S.P. (1977). Family in stress. *London: Royal College of Nursing*.

Hartman, A. (1978). Diagrammatic assessment of family relationships. *Social Casework*, Oct., pp. 465～476.

Hartman, R.C., Baker, B., & Harris, R. (1986). *Strategies for advising disabled students for postsecondary education*. U.S. Department of Education and the American Council on Education.

Hill, R. (1949). *Families under stress*. New York: Free Press.

Holland, G.A. (1973). Transactional analysis. In R. Corsini (Ed.), *Current psychotherapies*. Itasca, Illinois: F.E. Peacock Publishers.

Isaac, S., & Michael, W. B. (1983). *Handbook in research and evaluation.* San Diego, CA: EDITS.

James, M. (1974). *Transactional analysis for moms and dads.* Reading, Mass.: Addison Wesley.

James, M., & Jongeward, D. (1971). *Born to win. Reading,* Mass: Addison-Wesley.

Japan Association for Employment of the Disabled (undated). *The National Vocational Rehabilitation Center for the Disabled.*

Japanese Society for Rehabilitation of the Disabled (1988). *Rehabilitation in Asia and the Pacific.* Tokyo, Japan: Author.

Japanese Society for Rehabilitation of Disabled Persons (1992). *Rehabilitation in Japan.* Tokyo, Japan: Author.

Kantor, D., & Lehr, W. (1975). *Inside the family.* San Francisco: Jossey-Bass.

Kalpan, M.S. (1980). Evaluating parent education programs. In M.J. Fine (Ed.), *Handbook on parent education.* New York: Academic Press.

Karpman, S. (1968). Script drama analysis. *Transactional Analysis Bulletin, 7*(26), pp. 39～43.

Karpowitz, D.H. (1980). A conceptualization of the American family. In M.J. Fine. (Ed.). *Handbook on parent education.* New York: Academic Press.

Kalsow, F.W., & Cooper, B. (1978). Family therapy with the learning disabled child and his/her family. *Journal of Marriage and Family Counseling, 4,* 41.

Kazak, A.E., & Marvin, R.S. (1984). Differences, difficulties and adaptation: Stress and social networks in families with a handicapped child. *Family Relations, 33*, pp. 67～77.

Kazak, A.E., & Wilcox, B.L. (1984). The structure and function of social support networks in families with handicapped children. *American Journal of Community Psychology, 12*, pp. 645～661.

Kellner, J. (1982). Counseling parents. In E.E. Bleck and D.A. Nagel (Eds.), *Physically handicapped children: A Medical atlas for teachers.* New York: Grune & Stratton.

Kitano, M.K., & Kirby, D.F. (1986). *Gifted education: A comprehensive view.* Boston: Little, Brown and Company.

Kroth, R., & Otteni, H. (1983). Parent education programs that work: A model. *Focus on Exceptional Children, 15*(8), pp. 1～16.

Lavine, M.B. (1977). An exploratory study of the sibships of blind children. *Journal of Visual Impairment and Blindness, 71*(3), pp. 102～107.

Laycock, S. R. (1956). Counseling parents of gifted children. *Exceptional Children, 22*, pp. 108～109.

Lederer, W. J., & Jackson, D.D. (1968). *The mirages of marriage.* New York: W.W. Norton & Co.

Levin, P. (1974). *Becoming the way we are.* Berkeley, CA: Transactional Publications.

Lillie, D. L., & Trohanis, P. (1976). *Teaching parents to teach.* New York: Walker.

Lobato, D. J. (1983). Siblings of handicapped children: A review. *Journal of Autism and Developmental Disorders*, 13(4), pp. 347～364.

Lobato, D. J. (1990). *Brothers, sisters and special needs: Information and activities for helping young siblings of children with chro-*

nic illnesses and developmental disabilities. Baltimore: Paul H. Brookes.

Love, H. D. (1970). *Parental attitudes toward exceptional children.* Springfield, Ill: Thomas.

Lortie, D.C. (1975). *Schoolteacher: A sociological study.* Chicago: University of Chicago Press.

Lucyshyn, J.M., & Albin, R.W. (1993). Comprehensive support to families of children with disabilities and behavior problems: Keeping it "friendly". In G.H.S. Singer and L.E. Powers (Eds.). *Families, disability, and empowerment: Active coping skills and strategies for family interventions.* Baltimore: Paul H. Brookes.

Luterman, D.M. (1987). Counseling parents of hearing-impaired children. In F.N. Martin (Ed.), *Hearing disorders in children: Pediatric audiology.* Austin, TX: PRO-ED.

Lynch, E., & Stein, R. (1982). Perspectives on parent participation in special education. *Exceptional Education Quarterly, 3,* pp. 56～63.

Mallory, B.L. (1986). Interactions between community agencies and families over the life cycle. In R.R. Fewell & P.F. Vadasy (Eds.), *Families of handicapped children: Needs and Supports across the life span.* Austin, TX: PRO-ED.

Mandeville, K.A., & Brabham, R. (1992). The state-federal vocational rehabilitation program. In R.M. Parker and E.M. Szymanski (eds.). *Rehabilitation counseling: Basics and beyond.* Austin, Texas: Pro-ed.

Marsh, D.T. (1992). *Families and mental retardation: New Directions in professional practice.* New York: Praeger.

Masterpasqua, F. (1989). A competence paradigm for psychological practice. *American Psychologist, 44*, 1, pp. 366～1, p. 371.

Mathews, F.N. (1981). Influencing parents' attitudes. *Exceptional Children, 48* (2), pp. 140～142.

Mau, J.P. (1995). *Personal communication.* Pasadena, California.

Mawardi, B.H. (1965). A career study of physicians. *Journal of Medical Education, 40*, pp. 658～666.

McCubbin, H.I., & Figley, C.R. (1983). *Stress and the family: Vol. 1 Coping with normative transitions.* New York: Brunner/Mazel.

McCubbin, H.I., & Patterson, J.M. (1981). *Systematic assessment of family stress, resources, and coping: Tools for research, education, and clinical intervention.* St. Paul: University of Minnesota, Department of Family Social Science, Family Stress and Coping Project.

McGoldrick, M., & Gerson, R. (1985). *Genograms in family assessment.* New York: Norton.

Menolascino, F.J. (1968). Parents of the mentally retarded: An operational approach to diagnosis and management. *Journal of the American Academy of Child Psychiatry, 7*, pp. 589～602.

Mercer, J.R. (1965). Social system perspective and clinical perspective: Frames of reference for understanding career patterns of persons labeled as mentally retarded. *Social Problems, 13*, pp. 18～34.

Ministry of Education, Science and Culture (1988). *Special education in Japan.* Tokyo, Japan: Author.

Minuchin, S. (1974). *Families and family therapy.* Cambridge, MA:

Harvard University Press.

Mitchell, D. (1983). Guidance needs and counseling of parents of mentally retarded persons. In N.N. Singh & K. M. Wilton (Eds.), *Mental retardation: Research and Services in New Zealand*, Christchurch, New Zealand: Whitoculls.

Moeller, C.T. (1986). The effect of professionals on the family of a handicapped child. In R.R. Fewell and P.F. Vadasy, *Families of handicapped children: Needs and supports across the life span.* Austin, TX: PRO-ED.

Morgan, D.P., & Jenson, W.R. (1988). *Teaching behaviorally disordered students: Preferred practices.* Columbus: Merrill.

Mosak, H.H., & Dreikurs, R. (1973). Adlerian Psychotherapy. In R. Corsini (Ed.). *Current Psychotherapies.* Itasca, IL: F.E. Peacock Publishers.

National Vocational Rehabilitation Center for the Disabled (1988). *Vocational rehabilitation services for the disabled in Japan.* Saitama, Japan: Author.

Nelipovich, M., & Naegele, L. (1985). The rehabilitation process for persons who are deaf and blind. *Journal of Visual Impairment and Blindness, 79*(3), pp. 104～109.

Neugarten, B.L., & Weinstein, K.K. (1964). The Changing American Grandparent. *Journal of Marriage and the Family, 26*, pp. 199～204.

O'Dell, S. (1974). Training parents in behavior modification: A review. *Psychological Bulletin, 81*, pp. 418～433.

Olshansky, S. (1962). Chronic sorrow: A response to having a mentally defective child. *Social Casework, 43*, pp. 190～193.

Olson, D.H., McCubbin, H.I., Barnes, H., Larsen, A., Muxen, M., &

Wilson, M. (1984). *One thousand families: A national survey.* Beverly Hills, CA: Sage.

Orgel, A.R. (1980). Haim Ginott's approach to parent education. In M.J. Fine (Ed.). *Handbook on parent education.* New York: Academic Press.

Pader, O.F. (1981). *A guide and handbook for parents of mentally retarded children.* Springfield, IL: Charles C. Thomas.

Parsons, T. (1951). *The social system.* New York: Free Press.

Patterson, G.R. (1982). *Coercive family Process.* Eugene, OR: Castalia.

Patterson, J.M. (1988). Chronic illness in children and the impact on families. In C.S. Chilman, E.W. Nunally, & F.M. Cox (Eds.), *Chronic illness and disability.* Beverly Hills: Sage.

Paul, P.V., & Jackson, D.W. (1993). *Toward a psychology of deafness: Theoretical and empirical perspectives.* Boston: Allyn and Bacon.

Pollack, D. (1985). *Educational audiology for the limited-hearing infant and preschooler.* Springfield, Illinois: Charles C. Thomas.

Powell, T.H., & Gallagher, P.A. (1993). *Brothers and sisters: A special part of exceptional families.* Baltimore: Paul H. Brookes.

Powell, T.H., & Ogle, P.A. (1985). *Brothers and sisters: A special part of exceptional families.* Baltimore: Brookes.

Powers, M., & Bruey, C. (1988). Treating the family system. In M. Powers (Ed.) *Expanding systems of service delivery for persons with developmental disabilities.* Baltimore, MD: Paul H. Brookes.

Rank, B. (1949). Adaptation of the psychoanalytic technique for the treatment of young children with atypical development. *American Journal of Orthopsychiatry, 19*, pp. 130～39.

Reinert, H.R., & Huang, A. (1987). *Children in conflict.* Columbus: Merrill.

Retish, P. (1985). *A family with a special needs adolescent.* Unpublished paper.

Robinson, N.M., & Robinson, H.B. (1976). *The mentally retarded child.* New York: McGraw-Hill.

Rosen, L. (1955). Selected aspects in the development of the mother's understanding of her mentally retarded child. *American Journal of Mental Deficiency, 59*, p. 522.

Ross, A.O. (1964). *The exceptional child in the family.* New York: Grune & Stratton.

Sadler, O.W., & Seyden, T. (1976). Groups for parents. *Journal of Community Psychology, 4*, pp. 3～63.

Satir, V. (1972). *Peoplemaking.* Palo Alto, CA: Science and Behavior Books.

Schaefer, E.S. (1983). Parent-professional interactions: Research, parental, professional, and policy perspectives. In R. Haskins & D. Adams (Eds.). *Parent education and Public policy.* Norwood, NJ: Ablex.

Schorr-Ribera, H.K. (1987). *Ethnicity and culture as relevant rehabilitation factors in families with children with disabilities.* Comprehensive paper. University of Pittsburgh.

Scriven, M. (1974). The concept of evaluation. In M. W. Apple, M. J. Subkoviak, H.S. Lufler, Jr. (Eds.), *Educational evaluation: Analysis and responsibility.* Berkeley: McCutchan.

Seligman, M. (1979). *Strategies for helping parents of exceptional children: A guide for teachers.* New York: The Free Press.

Seligman, M. (1983). Understanding and communicating with families of handicapped children. In S. G. Garwood (Ed.), *Educating young handicapped children: A developmental approach.* Rockville, MD: Aspen Systems.

Seligman, M. (1991); Family systems and beyond: Conceptual issues. In M. Seligman (Ed.), *The family with a handicapped child.* Boston: Allyn and Bacon.

Seventh Institute on Rehbilitation Services (1969). *Recommended Standards for closure of cases. Information Memorandum RSA- IM- 71-24.* Washington, D.C.: Rehabilitation Services Administration.

Shore, B.M., Cornell, D.G., Robinson, A., & Ward, V.S. (1991). *Recommended practices in gifted education: A critical analysis.* New York: Teachers College Press.

Simeonsson, R.J., & Bailey, D.B. (1983, September). *Siblings of handicapped children.* Paper presented at NICHD Conference on Research on Families with Retarded Children.

Simeonsson, R.J., & McHale, S. (1981). Review: Research on handicapped children: Sibling relationships. *Child Care, Health, and Development, 7,* pp. 153～171.

Simpson, R.L. (1978). *Parenting the exceptional child.* Lawrence, KS: University of Kansas Press.

Simpson, R.L. (1980). Behavior modification and child management. In M.J. Fine (Ed.), *Handbook on parent education.* New York: Academic Press.

Simpson, R.L. (1982). *Conferencing parents of exceptional children.* Austin, Texas: PRO-ED.

Simpson, R.L., & Poplin, M. (1981). Parents as agents of change: A behavioral approach. *School Psychology Review, 10*, pp. 15～25.

Sinha, J.B. (1967). Birth order and sex difference in need achievement and need affiliation. *Journal of Psychological Research, 11*, pp. 22～27.

Sirridge, S.T. (1980). Transactional analysis: Promoting Ok'ness. In M.J. Fine (Ed.), *Handbook on parent education.* New York: Academic Press.

Skrtic, T.M., Summers, J.A., Brotherson, M.J., Turnbull, A.P. (1984). Severely handicapped children and their brother and sisters. In J. Blacher (Ed.). *Severely handicapped young children and their families: Research in review.* Orlando, Florida: Academic Press.

Smith, J.M., & Smith, E.P. (1966). *Child management*, Ann Arbor, Mich.: Ann Arbor Publishers.

Sonnek, I.M. (1986). Grandparents and the extended family of handicapped children. In R.R. Fewell and P.F. Vadasy (Eds.). *Families of handicapped children: Needs and supports across the life span.* Austin, TX: PRO-ED.

Stacey, M. (1980). Charisma, power, and altruism: A discussion of research in a development center. *Sociology of Health and Illness, 2*, pp. 64～90.

Stagg, V., & Catron, T. (1986). Networks of social supports for parents of handicapped children. In R.R. Fewell and P.F. Vadasy (Eds.), *Families of handicapped children: Needs and supports across the life span.* Austin, TX: PRO-ED.

Steiner, C.M. (1974). *Scripts people live.* New York: Bantam Books.

Stoneman, Z., & Brody, G.H. (1984). Research with families of severely handicapped children: Theoretical and methodological considerations. In J. Blacher (Ed.). *Severely handicapped young children and their families: Research in review.* Orlando: Academic Press.

Strickland, B. (1982). Parent participation, school accountability, and due process. *Exceptional Education Quarterly, 3* (2), pp. 41～49.

Summers, J. A., Behr, S. K., & Turnbull, A. P. (1989). Positive adaptation and coping strengths of families who have children with disabilities. In G.H.S. Singer & L. K. Irvin (Eds.). *Support for caregiving families: Enabling positive adaptation to disability.* Baltimore: Paul H. Brookes.

Sutton-Smith, B., & Rosenberg, B. G. (1970). *The sibling.* New York: Holt, Rinehart & Winston.

Swensen, C. H. (1973). *Introduction to interpersonal relations.* Glenview, Illinois: Scott, Foresman and Company.

Telford, C. W., & Sawrey, J. M. (1977). *The exceptional individual.* Englewood. Cliffs, NJ: Prentice-Hall.

Terman, L. M. (1925). *Genetic studies of genius.* Palo Alto, CA: Stanford University Press.

Tew, B., & Laurence, K. M. (1973). Mothers, brothers, and sisters of patients with spina bifida. *Developmental Medicine and Child Neurology, 15,* pp. 69～76.

The Headquarters for Promoting the Welfare of Disabled Persons (1987). *Long-term plan for government measures for disabled persons.* Tokyo, Japan: Author.

Thompson, S. R. (1995). *Personal communication.* Pasadena, California.

Tokyo Metropolitan Government (1988). *Social welfare in Tokyo.* Tokyo, Japan: Author.

Turnbull, A. P., & Turnbull, H. R. (1986). *Families, professionals, and exceptionality.* Columbus, OH: Merrill.

Turnbull, A. P., & Turnbull, H. R. (1990). *Families, professionals, and exceptionality: A special partnership.* Columbus, OH: Merrill.

U. S. Department of Health and Human Services (1992). *Answers for doctors and other health professionals.* SSA Pub. No. 64～042.

U. S. Department of Health and Human Services (1993a). *Social security and SSI benefits for children with disabilities.* SSA Publication No. 05～10026.

U. S. Department of Health and Human Services (1993b). *Disability-What you need to know.* SSA Publication No. 05～10029.

U. S. Department of Health and Human Services (1994). *If you are blind-How social security and SSI can help.* SSA Publication No. 05～10052.

Walker, B., & Singer, G.H.S. (1993). Improving collaborative communication between professionals and parents. In G.H.S. Singer and L.E. Powers (Eds.), *Families, Disability and Empowerment: Active coping skills and strategies for family interventions.* Baltimore: Paul H. Brookes.

Wikler, L., Wasaw, M., & Hatfield, E. (1981). Chronic sorrow revisited: Parent vs: professional depiction of the adjustment of parents of mentally retarded children. *American Journal of Orthopsychiatry, 51*, p. 63.

Wilson, J., Blacher, J., & Baker, B. L. (1989). Siblings of children with severe handicaps. *Mental Retardation, 27* (3), pp. 167～173.

Wolfensberger, W. (1967). Counseling the parents of the retarded. In A. A. Baumeister (Ed.), *Mental retardation: Appraisal, education, and rehabilitation.* Chicago: Aldine.

Wolraich, M. L. (1982). Communication between physicians and parents of handicapped children. *Exceptional Children, 48*, pp. 324～329.

Wong, D. (1995). *Personal communication.* Hempstead, New York.

◇索　　引◇

一、人名部分

㈠中文人名

[四畫]

王天苗　49, 51, 209

毛連塭　200

[七畫]

李東白　150

李芃娟　296

吳武典　49, 56, 209

宋湘玲　117

何世芸　309

何華國　36, 183, 236, 296

[八～十畫]

林幸台　117

林清江　8

林寶貴　194

畢誠　2, 4

[十一畫]

陳小娟　317

陳尚霖　200

陳英豪　296

陳榮華　130

張世彗　200

許芸菁　200

許澤銘　200

張勝成　200

[十二畫以上]

黃迺毓　18

詹棟樑　146, 149

葛竹婷　200

廖榮利　8

鄭熙彥　117

藍采風　8

(二)英文人名

[A]

Adler, A.　76－87

Albin, R. W.　220

Alexander, R.　246

Andrew, J.　181

Apter, S. J.　323

Axline, V.　89

[B]

Babcock, D. E. 125, 128
Bailey, D. B. 72
Baker, B. L. 71, 152, 168
Bandura, A. 130
Barnes, H. 34
Barsch, R. H. 236
Barta, L. 316
Bartz, K. W. 144－145
Basham, R. B. 44
Becker, W. C. 138
Beckman-Bell, P. 72
Behr, S. K. 220
Berne, E. 114－129
Bernstein, M. E. 316
Bissell N. E. 235
Blacher, J. 71
Borg, W. R. 340
Brabham, R. 179
Bradshaw, J. 49
Brassard, J. A. 217
Brody, G. H. 19
Bronfenbrenner, U. 36－37
Brotherson, M. J. 3, 23－24, 27, 30
Bruey, C. 14
Bruner, J. 283

[C]

Caplan, G. 4

Carberry, H. 236

Catron, T. 204, 207

Christensen, O. C. 76, 84

Clark, B. 294

Cochran, M. M. 217

Collier, H. 138

Conoley, J. C. 55, 64, 85, 95, 166, 217, 290, 323

Cooper, B. 56

Cornell, D. G. 293

Crnic, K. A. 44, 66－69

Crocker, A. C. 65

Cross, A. H. 205, 207, 209

Currie, L. 181

[D]

Darling, R. B. 228, 231, 247

Deluca, K. D. 61

Dewey, J. 111

Dreikurs, R. 76－77, 80－81

Drew, C. J. 65－66, 205, 208

Dunn, D. J. 181

Dunst, C. J. 205, 207, 209, 243

[E]

Ehlers, W. H. 307

Ehly, S. W. 55, 64, 85, 95, 166, 217, 290
Ellis, A. 43
Erikson, E. H. 33
Espinosa, L. 211－212, 225, 247
Eysenck, H. 130

［F］

Farber, B. 25, 29, 225
Featherstone, H. 68
Fewell, R. R. 34, 215
Figley, C. R. 312
Fine, M. J. 8－9
Ford, A. B. 232
Forer, L. K. 28
Francis, V. 241
Freed, A. M. 128

［G］

Gabel, H. 210
Gall, M. D. 340
Gallagher, P. A. 66, 69, 205
Gath, A. 49
Gearheart, B. R. 173, 300
Gearheart, C. J. 173
Gerson, R. 19
Gibbs, B. 210
Ginott, H. G. 87－100
Gliedman, J. 233

Goldstein, A. 130
Gordon, T. 100－113
Gourash, N. 205
Gowan, J. C. 297
Graham-Baca, B. 182
Greenberg, M. T. 44
Grinstead, J. 138
Grossman, F. K. 30

[H]

Hall, M. C. 138
Hall, R. V. 138
Hardman, M. L. 65－66, 205, 208
Harris, R. 168
Harris, T. A. 127
Harrison, S. P. 49
Hartman, A. 41
Hartman, R. C. 167
Hatfield, E. 56
Hill, R. 41, 43
Holland, G. A. 114
Huang, A. 323

[I]

Isaac, S. 331－334, 337

[J]

Jackson, D. D. 33

Jackson, D. W. 316
James, M. 128
Jenson, W. R. 324
Jongeward, D. 128

[K]

Kantor, D. 20－21
Kaplan, M. S. 330, 333
Karpman, S. 124
Karpowitz, D. H. 2, 20, 31
Kaslow, F. W. 56
Kazak, A. E. 44
Keepers, T. D. 125, 128
Kellner, J. 320
Kirby, D. F. 291
Kitano, M. K. 291
Korsch, B. M. 241
Kotsch, L. S. 210
Krishef, C. H. 307
Kroth, R. 9

[L]

Larsen, A. 34
Laurence, K. M. 72
Lavine, M. B. 29
Lawton, D. 49
Laycock, S. R. 295
Leconte, J. M. 66－69

Lederer, W. J. 33
Lehr, W. 20－21
Levin, P. 128
Lewin, K. 37, 81
Lewis, M. 225
Lillie, D. L. 9
Litton, F. W. 300
Lobato, D. J. 71－72
Logan, D. R. 65－66, 205, 208
Lortie, D. C. 235
Love, H. D. 56
Lucyshyn, J. M. 220
Luterman, D. M. 315
Lynch, E. 212

［M］

Mallory, B. L. 225, 245
Mandeville, K. A. 179
Marsh, D. T. 49－50, 52, 65－66, 243, 245, 302
Marvin, R. S. 44
Masterpasqua, F. 244
Mathews, F. N. 296
Mau, J. P. 183
Mawardi, B. H. 232
McCubbin, H. I. 26, 34, 312
McGoldrick, M. 19
McHale, S. 30
Menolascino, F. J. 305

Menz, F. 181
Mercer, J. R. 240
Michael, W. B. 331—334, 337
Minuchin, S. 18, 27
Mitchell, D. 36, 38
Moeller, C. T. 226, 236
Morgan, D. P. 324
Morris, M. J. 241
Mosak, H. H. 76, 81
Muxen, M. 34

[N]

Naegele, L. 167
Nelipovich, M. 167
Neugarten, B. L. 62

[O]

O'Dell, S. 135
Ogle, P. A. 68
Olshansky, S. 49
Olson, D. H. 34
Orgel, A. R. 88, 92
Otteni, H. 9

[P]

Pader, O. F. 68
Parsons, T. 239
Patterson, G. R. 324

Patterson, J. M. 26, 43

Paul, P. V. 316

Pollack, D. 316

Poplin, M. 13, 15

Powell, T. H. 66, 68—69, 205

Powers, M. 14

Prothero, J. C. 307

[R]

Ragozin, A. S. 44

Rank, B. 323

Reinert, H. R. 323

Retish, P. M. 49, 56, 209

Robinson, A. 56, 293

Robinson, H. B. 56, 300, 307

Robinson, N. M. 44, 300, 307

Rosen, L. 301

Rosenberg, B. G. 29—30

Rosenthal, D. 55, 64, 85, 95, 166, 217, 290

Ross, A. O. 291

Roth, W. 233

Ryckman, D. B. 29

[S]

Sadler, O. W. 138

Salerno, S. C. 61

Satir, V. 20

Sawrey, J. M. 57

Schaefer, E. S.　225
Scheinkman, N.　181
Schorr-Ribera, H. K.　26
Scriven, M.　336
Seligman, M.　23－24, 38, 42, 44, 53, 56, 66, 236, 248
Seyden, T.　138
Shearer, M.　211－212, 225, 247
Shore, B. M.　293
Simeonsson, R. J.　30, 72
Simpson, R. L.　5－6, 13, 15, 52, 59, 66, 130, 135, 138, 146, 149
Singer, G. H. S.　237, 244, 250
Sinha, J. B.　28
Sirridge, S. T.　114, 127
Skinner, B. F.　130
Skrtic, T. M.　3, 23－24, 27, 30
Slavson, S. R.　89
Smith, E. P.　138
Smith, J. M.　138
Sonnek, I. M.　62
Stacey, M.　241
Stagg, V.　204, 207
Stein, R.　212
Steiner, C. M.　122
Stoneman, Z.　19
Strickland, B.　218
Stufflebeam, D. I.　330
Summers, J. A.　3, 23－24, 27, 30, 220
Sutton-Smith, B.　29－30

Swensen, C. H. 120

[T]

Telford, C. W. 57

Terman, L. M. 28

Tew, B. 72

Thomas, C. R. 76, 84

Thompson, S. R. 182

Tompkins-McGill, P. 246

Trivette, C. M. 205, 207, 209, 243

Trohanis, P. 9

Turnbull, A. P. 3, 23—25, 27, 30—31, 50, 220

Turnbull, H. R. 3, 23, 25, 30—31, 50

[W]

Walker, B. 237, 244, 250

Ward, V. S. 293

Wasaw, M. 56

Weinstein, K. K. 62

Weishahn, M. W. 173

Wikler, L. 56

Wilcox, B. L. 44

Wilson, J. 71

Wilson, M. 34

Wolfensberger, W. 305, 307

Wolpe, J. 130

Wolraich, M. L. 234

Wong, D. 182

二、名詞部分

(一)中英對照

[二～三畫]

人際子系統 interpersonal subsystem 20

大家庭 extended family 2

工作倫理 work ethic 4

[四～五畫]

內控 internal control 78

文化型態 cultural style 25

反應性行爲 respondent behavior 131

世界觀 worldview 227－234

內涵評鑑 context evaluation 333

父母效能訓練 Parent Effectiveness Training 101－113

古典制約 clssical conditioning 131

生涯抉擇 career choice 4

正常化 normalization 230

[六畫]

行爲改變技術 behavioral modification 130－139

行動研究 action research 219

成長團體 growth group 148

成果評鑑 product evaluation 333

多元文化 pluralism 245

多元架構　multidimensional framework　23－36
合理情緒治療　rational-emotive psychotherapy　43
同儕互動　peer interaction　68
自我形象　self-image　3, 86
自我價值　self-worth　3
自我認定　self-identity　3
早期處遇方案　early intervention program　34

[七～九畫]

完形心理學　Gestalt Psychology　36－37
社會支持　social support　26, 44, 205
社會化　socialization　3
社會保險　social security　166
社會生態模式　social ecology model　36
社會網絡　social networks　44, 205
角色分派　role assignment　29
防衛機制　defense mechanism　53
物理治療　physical therapy　184
施虐與受虐情結　Sadomasochistic Arabesque　325－326
重組家庭　reconstituted family　2

[十畫]

家庭系統理論　family systems theory　18－46, 220
家庭生命週期　family life cycle　23, 31－36
家庭單元子系統　family unit subsystem　21
家長行動主義　parental activism　249
家庭功能　family function　23, 30－31
家庭危機模式　family crises model　41－43

家庭適應與調適反應模式 Family Adjustment and Adaptation Response Model 43－44
家庭統整功能 family integration 300
家庭結構 family structure 23－30
家族治療 family therapy 14
家庭本位的訓練 home-based training 152
敏感訓練 sensitivity training 148
核心家庭 nuclear family 2, 19
個別化教育方案 Individualized Education Program 167, 175
個別化書面復健方案 Individualized Written Rehabilition Program 167, 180
個別的家庭服務計畫 Individual Family Service Plans 178
個體心理學 individual psychology 76
紓解性的照顧 respite care 205, 303
病理學派典 pathology paradigm 243
能力派典 competence paradigm 243
消費者運動 consumer movement 229

[十一～十二畫]

教育責任績效 educational accountability 330
專業支配的優勢 professional dominance 231
情緒的成熟 emotional mastery 3
場地理論 field theory 37
補充行爲 complementary behavior 81
單親家庭 one-parent family 2
過程評鑑 process evaluation 332－333

[十三～十五畫]

肆應機轉　coping mechanism　26, 53
肆應行爲　coping behavior　26
意識型態　ideological style　26
溝通分析　Transactional Analysis　114－129
需求評估　needs assessment　332
適當過程　due process　263

[十六畫]

親職治療　parent therapy　9
親職教育　parent education　8
學校本位的訓練　school-based training　153
學習風格　learning style　292
學習團體　training-group　148
獨立的評量　independent evaluation　262－263
輸入評鑑　input evaluation　333
操作性行爲　operant behavior　131

[十七畫以上]

壓力理論模式　theoretical model of stress　41－43
臨床的方法　clinical approach　342
職能治療　occupational therapy　184
護持角色　advocacy role　249
護持技巧　advocacy skill　15

㈡英漢對照

[A]

action research　行動研究　219

advocacy role　護持角色　249

advocacy skill　護持技巧　15

[B]

behavioral modification　行爲改變技術　130－139

[C]

career choice　生涯抉擇　4

classical conditioning　古典制約　131

clinical approach　臨床的方法　342

competence paradigm　能力派典　243

complementary behavior　補充行爲　81

consumer movement　消費者運動　229

context evaluation　內涵評鑑　333

coping behavior　肆應行爲　26

coping mechanism　肆應機轉　26, 53

cultural style　文化型態　25

[D]

defense mechanism　防衛機制　53

due process　適當過程　263

[E]

early intervention program　早期處遇方案　34

educational accountability　教育責任績效　330
emotional mastery　情緒的成熟　3
extended family　大家庭　2

[F]

Family Adjustment and Adaptation Response Model　家庭適應與調適反應模式　43－44
family crises model　家庭危機模式　41－43
family function　家庭功能　23, 30－31
family integration　家庭統整功能　300
family life cycle　家庭生命週期　23, 31－36
family structure　家庭結構　23－30
family systems theory　家庭系統理論　18－46, 220
family therapy　家族治療　14
family unit subsystem　家庭單元子系統　21
field theory　場地理論　37

[G]

Gestalt Psychology　36－37
growth group　成長團體　148

[H]

home-based training　家庭本位的訓練　152

[I]

ideological style　意識型態　26
independent evaluation　獨立的評量　262－263
Individual Family Service Plans　個別的家庭服務計畫　178

individual psychology　個體心理學　76
Individualized Education Program　個別化教育方案　167, 175
Individualized Written Rehabilitation Program　個別化書面復健方案　167, 180
input evaluation　輸入評鑑　333
internal control　內控　78
interpersonal subsystem　人際子系統　20

[L]

learning style　學習風格　292

[M]

multidimensional framework　多元架構　23－36

[N]

needs assessment　需求評估　332
normalization　正常化　230
nuclear family　核心家庭　2, 19

[O]

occupational therapy　職能治療　184
one-parent family　單親家庭　2
operant behavior　操作性行爲　131

[P]

parent education　親職教育　8
Parent Effectiveness Training　父母效能訓練　101－113
parent therapy　親職治療　9

parental activism 家長行動主義 249
pathology paradigm 病理學派典 243
peer interaction 同儕互動 68
physical therapy 物理治療 184
pluralism 多元文化 245
process evaluation 過程評鑑 332－333
product evaluation 成果評鑑 333
professional dominance 專業支配的優勢 231

［R］

rational-emotive psychotherapy 合理情緒治療 43
reconstituted family 重組家庭 2
respite care 紓解性的照顧 205, 303
respondent behavior 反應性行爲 131
role assignment 角色分派 29

［S］

Sadomasochistic Arabesque 施虐與受虐情結 325－326
school-based training 學校本位的訓練 153
self-identity 自我認定 3
self-image 自我形象 3, 86
self-worth 自我價值 3
sensitivity training 敏感訓練 148
social ecology model 社會生態模式 36
social networks 社會網絡 44, 205
socialization 社會化 3
social security 社會保險 166
social support 社會支持 26, 44, 205

[T]

theoretical model of stress　壓力理論模式　41－43
training-group　學習團體　148
Transactional Analysis　溝通分析　114－129

[W]

work ethic　工作倫理　4
worldview　世界觀　227－234

國家圖書館出版品預行編目資料

特殊兒童親職教育 ／何華國著.
--二版.--臺北市：五南，2004 [民93]
面； 公分
參考書目：面
含索引
ISBN 978-957-11-3490-1（平裝）
1.特殊教育　　2.親職教育
529.6　　92022689

1I66

特殊兒童親職教育

作　者 — 何華國(52)
發行人 — 楊榮川
總編輯 — 王翠華
主　編 — 陳念祖
編　輯 — 李慧娟
出版者 — 五南圖書出版股份有限公司
地　址：106台北市大安區和平東路二段339號4樓
電　話：(02)2705-5066　傳　真：(02)2706-6100
網　址：http://www.wunan.com.tw
電子郵件：wunan@wunan.com.tw
劃撥帳號：01068953
戶　名：五南圖書出版股份有限公司
台中市駐區辦公室/台中市中區中山路6號
電　話：(04)2223-0891　傳　真：(04)2223-3549
高雄市駐區辦公室/高雄市新興區中山一路290號
電　話：(07)2358-702　傳　真：(07)2350-236
法律顧問　元貞聯合法律事務所　張澤平律師
出版日期　1996年12月初版一刷
2002年10月初版四刷
2004年 4 月二版一刷
2013年 3 月二版四刷
定　價　新臺幣495元

凝煉知識品味閱讀